LE SOCIALISME

MÉTHODE ET CHIMÈRE

NOËL BLACHE

LE SOCIALISME

Méthode et Chimère

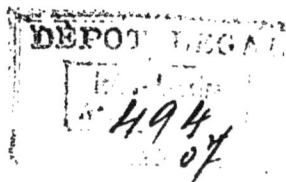

PARIS

ÉDOUARD CORNÉLY ET Cie, ÉDITEURS

101, RUE DE VAUGIRARD, 101

LE SOCIALISME
MÉTHODE ET CHIMÈRE

INTRODUCTION

Je n'ai, dans les études qui vont suivre, d'autre but que de séparer simplement — à l'aide du bon sens et de la science expérimentale — ce qui distingue, dans la doctrine socialiste, la méthode d'organisation raisonnée, de l'amoncellement de chimères qui l'encombrent, la stérilisent et menacent de l'ensanglanter. Je n'ai d'autre vouloir que de dégager clairement de la théorie de l'évolution ce qui détermine la marche en avant, le « devenir » successif et ininterrompu, des sociétés humaines. Cette appellation générale « d'évolution » comprend d'ailleurs la philosophie propre de l'homme-embryon de toute collectivité; la philosophie politique, organisatrice de la constitution gouvernementale de la collectivité; et la philosophie sociale, couronnement suprême de cette organisation, visant exclusivement le processus économique de l'humanité. Négliger l'une d'elles ou les dissocier, c'est préparer un avorte-

1

ment et se vouer à l'impuissance. Individu, gouvernement, société composent, à mes yeux, une trilogie indivisible, puisque l'homme concrétise la base fondamentale de la société et que l'État politique, avec le fonctionnement de son existence constitutionnelle, est — ce que l'on oublie trop souvent — le véritable maître de l'État social.

Cette existence constitutionnelle, dans sa période ultime, peut-elle s'établir en dehors de la forme républicaine? En un mot, l'évolution politique peut-elle rester indifférente à l'action sociale? Assurément non, et je n'hésite pas — dès le seuil même de ce livre — à proclamer que ceux qui pourraient penser le contraire, sans oser cependant professer leur conviction intime, commettraient la plus lourde des erreurs. J'en suis resté, sans effort et sans crainte, à la fière parole de Blanqui : « Il n'y a qu'un titre qui nous convienne, c'est celui de républicain : à lui seul, bien compris, il dit tout. » Blanqui avait tellement raison que l'on a commencé à ne plus se comprendre, à partir du jour où l'on a songé à accoler des épithètes à ce nom de républicain. Comment concevoir, en effet, une oligarchie politique quelle qu'elle soit — autocratie, théocratie, monarchie tempérée ou absolue, prolétariat césarien — qui n'entraîne pas avec elle le maintien de privilèges particuliers attachés à cette oligarchie elle-même? Or, qui dit privilèges, dit par cela même restriction plus ou moins forte des droits de tous au profit des avantages de quelques-uns, et, par suite, répercussion inadmissible de l'Etat politique sur l'Etat social. La forme politique de l'Etat est loin, dès lors, d'être indifférente, pas plus qu'elle n'est inutile à sa constitution sociale : elle se juxtapose à celle de la façon la plus étroite. C'est pour cela qu'à la base d'une organisation sociale réellement évolutive, j'aperçois la nécessité absolue d'un Etat républicain qui, seul, peut assurer l'égalité civile de l'universalité des citoyens.

Cette vérité élémentaire semble pourtant, en dépit de certaines précautions oratoires, être contestée par des penseurs socialistes dont il serait malséant de méconnaître l'importance professionnelle. Au Congrès d'Amsterdam (1904), Bebel disait que, « tout en considérant la République comme *une forme supérieure de gouvernement* qu'il voudrait voir triompher en Allemagne, il mettait cependant en garde les camarades *portés à s'exagérer les bienfaits* du régime démocratique tel qu'il a été jusqu'ici pratiqué en France et aux Etats-Unis ».

Le puissant leader germanique a-t-il voulu n'adresser que quelques ironies amères à l'encontre de certains hommes du temps présent? Il est permis d'en douter quand on le voit préciser sa pensée, avec cette franchise qui fait et perpétue sa force : « La République ne vaut pas assez « pour sacrifier sa tête ou celle de ses coreligion- « naires pour l'obtenir. » Voilà l'hérésie lamentable, qui s'explique cependant si l'on veut bien admettre que, sans qu'il l'avouât jamais, le rude

Allemand était une dupe consciente du socialisme
bismarckien. La monarchie absolue des Hohenzol-
lern a, plus d'une fois, rêvé une alliance avec les
classes ouvrières, et par tradition elle a eu souvent
la volonté de protéger les pauvres contre les
riches bourgeois. Chez Bismarck, le chancelier de
fer se retrouvait toujours grand propriétaire rural,
détestant la bourgeoisie, les industriels, et il con-
finait par ces côtés au socialisme allemand. En
1872, il avait, à Itzenplitz, déclaré nettement que
les désirs des ouvriers étaient justifiés par les
transformations de la science et de l'industrie.
Bebel et ses élèves, quoiqu'ils en eussent contre
le brutal homme d'Etat, se souvenaient de ces
déclarations. Ils n'oubliaient pas non plus que,
dans son message du 17 novembre 1881, l'empereur disait « qu'il ne fallait pas rechercher uniquement dans la répression des excès de la démo-
cratie socialiste la guérison des maux sociaux,
mais qu'il convenait de la demander au progrès
positif du bien-être des ouvriers ». Et ce n'étaient
pas là paroles vaines. Sous l'impulsion monarchique, des lois sociales étaient votées : loi d'assurance en cas de maladie (15 juin 1883); loi sur
les accidents du travail (6 juillet 1884); loi sur la
vieillesse et l'incapacité de travail (22 juin 1889).
Une loi sur le chômage avait même été préparée
par Bismarck, partisan du droit au Travail. Le
chancelier n'ajourna cette loi que devant l'opposition invincible du Parlement. En dépit de leur
lutte irréductible contre Bismarck, les socialistes
allemands ne pouvaient pas cependant mécon-

naître que l'œuvre impériale, qui avait su imposer de telles lois à une société capitaliste, n'était
pas, en somme, vulgaire, pas plus qu'elle n'était
républicaine. Je retrouve donc, dans les paroles
du Congrès d'Amsterdam, l'écho d'une gratitude
involontaire et la trace d'une mentalité spéciale.
Mais ce qu'il m'est plus difficile de comprendre,
c'est, chez nous, la doctrine hautaine de M. Jules
Guesde : « Votre erreur est fondamentale, vous
rattachez le Socialisme à la République et à la
Révolution française. Nous, nous disons que le
socialisme est le résultat de phénomènes purement économiques, et cette conception essentielle
est en opposition irréductible avec la vôtre ; tous,
vous faites de la République le chapitre premier
de la préface du socialisme... Croit-on que la conquête de la République soit de nature à améliorer
en rien la situation du prolétariat ?[1] »

D'où peut provenir un aussi étrange concept
historique de la part d'un penseur dont il faut
avant tout respecter la haute probité politique, la
noble culture intellectuelle et la puissante dialectique ? D'abord, du danger suprême d'être absolu
dans ses idées ; puis, de la tendance innée de l'esprit humain à ne reconnaître comme vrai que ce
qu'il daigne trouver exact. Pascal avait dit déjà :
« Comme la mode fait l'agrément, ainsi fait-elle
la Justice. » Mais, au fond, pourquoi aller chercher
si loin la cause réelle de ces doctrines inexcu-
sables ? Ne serait-ce pas que, par un mystérieux

---

1. Congrès d'Amsterdam, 1904.

atavisme dont ces puissants esprits ne se doutent
pas, la formule du pouvoir absolu — d'essence
monarchique — les attire invinciblement? Ne
voient-ils donc pas que, malgré eux et grâce à
leurs rigidités didactiques pourtant désintéressées,
ils se trouvent fatalement conduits à n'être plus
que les grands-prêtres d'une Eglise nouvelle, dont
ils n'ouvrent les portes qu'à de rares initiés?
Eglise qui, sous les apparences doctrinales de
l'émancipation ouvrière, n'est peut-être au fond
qu'une résurrection inattendue de vouloirs théo-
cratiques; l'écrasement final de la liberté, un rêve
de domination universelle. Rêve d'autant plus
dangereux, qu'il s'adresse surtout à l'imagination
surchauffée des souffrants et des misérables, si
faciles à entraîner dans d'inutiles révolutions. Là
gît le secret de ces superbes indifférences en matière de forme gouvernementale. Ce n'est pas la
liberté féconde, la *liberté républicaine*, que l'on
promet ou que l'on désire. C'est toujours — et
quoi qu'on veuille — de la tyrannie que l'on prépare, en inversant simplement le sommet de la
pyramide. J'en dis autant de la doctrine de
« l'Unité socialiste », qui vient se greffer sur le
dogme de l'Indifférence en matière de gouvernement. L'Unité socialiste suppose une infaillibilité
d'enseignement : elle n'est, en somme, que le
reflet d'un rêve sacerdotal. Unité socialiste, unité
de langues, unité de religions, unité de patries, tout
cela n'est-ce pas du rêve, de la chimère intangible?
Est-ce que le « manifeste communiste » de Marx et
d'Engels n'a pas retenu jadis des doctrines babou-

vistes, avec l'obligation universelle du travail qui
est une loi nécessaire, *la dictature du Prolétariat*
qui est une erreur inadmissible? Car je le déclare
hautement dans ces pages libres, qui n'attendent
rien de personne et ne demandent rien à quiconque, je trouve cette dictature aussi inacceptable que les autres. Depuis ces heures lointaines
d'élucubrations prétendues scientifiques, la question n'a pas fait un pas. Que dis-je? Les ténèbres
semblent au contraire s'épaissir autour des vérités
les plus éclatantes. « De la lumière, de la lumière »,
criait Michelet sur son lit de mort. Moi, je demande de l'air, l'air vivifiant et salubre de la liberté,
de la triomphante expansion de l'individualité
humaine, à la fois incompressible et irréductible!
Expansion que la forme républicaine seule peut
assurer dans le plein épanouissement de la solidarité sociale. Et par ces mots « d'individualité
humaine », loin de mon esprit de magnifier le
« moi » haïssable dont parlait Pascal; de méditer
l'asservissement à l'individu de milliers d'autres
individus, ce qui serait la négation dogmatique
de cette solidarité sociale dont je viens de parler.
Non! Cet individualisme n'est que de l'égotisme
détestable. « Mais il y a un individualisme généreux et salutaire que nous défendons contre lui.
Reconnaissant toutes les obligations de l'individu
envers la communauté, et se faisant honneur de
les remplir avec zèle, l'individualisme que nous
défendons réserve certains droits propres à chaque
homme et à chaque citoyen. Il revendique, pour
chaque homme et pour chaque citoyen, le libre

exercice de leur activité mentale et morale en un domaine sur lequel ne peut sans tyrannie empiéter l'Etat. Il n'admet pas que l'individu soit asservi à la société et prétend que la société trouve sa force dans la force des individus [1]. »

Si cet individualisme, nettement défini et circonscrit, est inconciliable avec le socialisme, ce dernier n'est pas, ne sera jamais ! Que l'on se rassure vite : le socialisme émancipateur d'humanité n'est nullement une panacée, moins encore une profession, mais *une méthode* tout comme l'individualisme. Il n'emprunte aux écoles telles que le marxisme, le bebelisme, le guesdisme, que d'admirables procédés d'informations, d'investigations économiques, procédés que ces écoles ont le tort inexcusable de confondre avec des résultats. Ce socialisme peut regarder sans rougir la terrible épopée de la Révolution française et admirer sans réserve les ancêtres immortels qui s'appelèrent Descartes, d'Alembert, Diderot, Voltaire, Rousseau.

Je me résume : la société future sera républicaine si elle veut être une société d'affranchissement universel et aussi de liberté, de justice pour l'individu. Aucun sophisme intermédiaire n'est admissible. Sous quelque drapeau qu'elles s'abritent, les monarchies — politiques, sacerdotales ou prolétariennes — doivent être supprimées. Si l'on veut aboutir, c'est à la conquête de tous les pouvoirs par le peuple qu'il faut tendre, même s'il est besoin par les voies révolutionnaires. Mais je dis

---

1. GEORGES PÉLISSIER, Conférence faite à Genève.

peuple et non *prolétariat*, sous peine d'oligar-
chiser la misère, de préparer la banqueroute certaine du socialisme. Ce résultat formidable obtenu,
comment devra être organisé ce gouvernement
républicain, quelles seront ses règles ; quels dangers lui faudra-t-il éviter ; vers quel but social
nettement défini sera-t-il indispensable d'orienter
ses efforts ? Ce sont là des problèmes, d'ailleurs
singulièrement éclaircis aujourd'hui, dont l'examen approfondi ne saurait entrer dans le cadre
déjà si large de ces études. Qu'il me suffise de dire
qu'à mes yeux la forme républicaine, sociale-
ment nécessaire, est en dehors et au-dessus de
toute discussion, de toute loi attentatoire à sa
souveraineté suprême : émanât-elle du suffrage
universel aveuglé ou trompé. La volonté populaire, librement exprimée, a bien le droit de modifier les formes contingentes des institutions répu-
blicaines : elle ne peut rien contre la République
elle-même, sinon par coups de force ou par coups
d'État contre lesquels le recours à l'insurrection
demeure perpétuellement ouvert. Ceci dit une fois
pour toutes, contre les soubresauts toujours
possibles de la loi du nombre — ce nombre fût-il
parlementaire ou corporatif. J'en suis resté aussi
sur ce point à la doctrine exposée à la Commune
de Paris, le 1er juin 1793, par un homme qui ne
fut pas précisément « un bourgeois », par Marat :
« Si la représentation nationale met la chose
publique en danger au lieu de la sauver, alors le
peuple doit se sauver lui-même ; il n'a plus de
ressource que dans sa propre énergie. »

J'ai parlé du « peuple », en opposant cette appellation générale au mot restreint de « prolétariat ». Je veux définitivement expliquer ma pensée. En visant le « Peuple », je vise l'intégralité, l'universalité des citoyens — non telle ou telle classe ressuscitée, créée par les doctrines les plus étroites — cette classe fût-elle la plus nombreuse comme la classe ouvrière, ou la plus intelligente, la plus affinée comme la classe dirigeante actuelle. Hors de cette intégralisation, pas de salut, car le soleil social doit luire pour tous, s'il veut éclairer le monde de l'avenir. Si non, et n'en déplaise aux menaces sanglantes, il ne sera qu'un lumignon sur des catacombes.

Ceci m'amène naturellement à m'occuper des deux grands courants dogmatiques qui se partagent les socialistes militants contemporains : l'un le courant *réformiste* ou *révisionniste;* l'autre, le courant purement révolutionnaire. Le premier admet la participation, l'accession de tous aux charges gouvernementales ; la conquête, par la propagande et par l'action, des réformes sociales intégrales, même les plus extrêmes; la conciliation entre les classes, rameaux divers du même tronc social. Il conclut à leur fusion, sans absorption, dans l'universelle harmonie. Le second, partant de ce principe, entretenu avec un soin de dogme jaloux, que les luttes de classes, loin de diminuer, s'accentuent chaque jour davantage, témoin l'accroissement incessant des « classes socialistes », refuse au contraire — et pour le profit exclusif de la classe prolétarienne — une conciliation quelconque avec ce qu'il dénomme « les partis bourgeois existants ». Cette seconde école n'a d'autre but que la suppression de la classe capitaliste dirigeante. Elle ne poursuit, pour le perfectionnement de l'État social, que l'accession exclusive au pouvoir *de la classe ouvrière*, formant à ses yeux l'unique classe émancipatrice et civilisatrice. Ces deux grands courants ont ceci de spécial qu'au lieu de suivre les deux côtés d'un triangle pour converger vers le même sommet, but unique vers lequel devrait tendre l'ensemble des efforts socialisateurs, ils partent de ce sommet pour s'éloigner chacun sur les côtés du triangle, dans une divergence indéfinie.

Comme j'ai l'horreur des mots — de ces mots qui gouvernent les hommes mieux que des enfants et ont fait couler plus de sang encore que d'encre — j'avoue ne pas comprendre l'importance réelle de ces deux courants, alors que je rencontre, dans le réformisme, les plus nobles intelligences ouvrières aux prises, dans le révolutionnarisme, avec des fruits secs de la bourgeoisie ou des ambitieux. S'il m'était cependant imposé de choisir, j'irais sans hésitation du côté des réformistes. Le titre de ce livre en est à la fois la preuve et le programme. Pourquoi ? Parce que seuls les réformistes me paraissent représenter l'école du bon sens, dont les revanches sont implacables, et préparer la conquête d'améliorations, de perfectionnements assurés, quoique successifs. Les révolutionnaires, plus bruyants que logiques, n'envisagent, ne veulent envisager que la classe

ouvrière — sans se soucier des autres classes qui,
voulant vivre, n'accepteront jamais le suicide,
encore moins l'anéantissement par persuasion.
Avec d'autant plus de raison que ces classes comprennent très bien qu'elles sont constituées par un
ensemble de gens possédant certaines choses que
les autres voudraient bien, sans efforts, posséder
à leur place. A l'objection capitale qui précède,
les révolutionnaires répondent, il est vrai, que ce
n'est pas par le raisonnement, mais par la force,
qu'ils imposeront leurs desiderata. A merveille, et
j'entends bien. Seulement l'emploi de la force est
toujours dangereux, même quand il n'est pas criminel. La force n'est pas toujours adéquate au
nombre — n'en déplaise à la terrible loi syndicale — et les professeurs de cet « art nouveau »
social, qui croient pouvoir devenir héroïques sans
danger, oublient trop aisément qu'un peu de
chimie sera souvent plus puissant que les gros
bataillons ; qu'un minuscule explosif aura raison
des dépossessions les plus abusives, et que, dans sa
lutte avec David, ce ne fut pas le géant Goliath
qui l'emporta. *Car la force, c'est la force* POUR *tout
le monde et non* PAR *tout le monde*. Si le but de
l'humanité doit être l'avènement d'une seule classe
par la suppression des autres, quel grief sérieux
fera-t-on à la classe capitaliste d'employer contre
les autres classes la tactique que l'on veut révolutionnairement employer contre elle ? Quelle concession peut-on lui demander, puisqu'on ne lui en
fait aucune, sinon de mourir de bonne grâce au
lieu de disparaître violemment ? Quel reproche

historique, sincère et fondé, sera-t-il permis
d'adresser à cette classe capitaliste, pour avoir
employé dans le passé la méthode que l'on tente
d'accaparer contre elle dans l'avenir? A partir de
l'heure où l'on installe au frontispice des théories
prétendues régénératrices, le sinistre axiome que
« la force prime le droit », on tourne dans un
cercle vicieux, puisque c'est autoriser par avance
les représailles les plus violentes et légaliser les
revanches les plus brutales. C'est légitimer la
théorie des coups d'État ; c'est, comme le proclamait
l'abominable jurisconsulte du 2 décembre 1851,
sortir de la légalité pour rentrer dans le droit. Le
droit entendu dès lors comme ce qui plaît, comme
ce qui sert, comme ce qui réussit et non comme
ce qui est juste ! Loin de moi, certes, la pensée qu'il
faille convaincre *tout le monde* de la légitimité
d'une réforme sociale pour que cette réforme doive
s'accomplir. Ce serait prononcer l'éternelle déchéance de la réforme, devant la tourbe des cu-
pides, des ignorants et des sots ; devant le chaos
des nations barbares à peine en voie de formation
et dont la nébuleuse émancipation, au point de
vue du *socialisme universel,* peut se faire attendre
durant un nombre de siècles indéterminé. Mais
essayer d'imposer, par la violence, une réforme
dont les voies et moyens demeurent inconnus ou
discutables, apparaissent absurdes, c'est vouer la
réforme aux aléas redoutables d'une durée éphémère. En matière sociale, la brutalité, l'excommunication, l'insulte ne servent de rien pour parvenir au but poursuivi. La plupart du temps, ce but

sera atteint beaucoup moins à l'aide de conquêtes précises que par des démolitions nécessaires, en vertu de cet adage de logique banale qu'il est beaucoup plus facile de voir ce qu'il faut éviter que de savoir ce qu'il faut faire. Hors de ces vérités d'immuable justice, tout n'est qu'obscurité, révolution permanente, désordre incessant. Il faut craindre, même quand on l'envie, la beauté des périodes oratoires qui galvanisent la pensée, compromettent la sûreté du jugement et ne servent ni la philosophie ni l'évolution. On s'assure, par elles, à juste titre, l'admiration de ses auditeurs, non la reconnaissance des siècles à venir. C'est pour cela aussi que je trouve équivoque et confuse cette définition d'un certain socialisme scientifique par Paul Louis : « Il (le socialisme) n'écrit pas : *ceci est juste*, mais : *ceci doit advenir*[1]. » Si Paul Louis entend que « ceci doit advenir, parce que ceci doit advenir », sans avoir à se préoccuper de la justice ou de l'injustice de ceci ou de cela, nous tombons alors — ainsi que je le démontrerai ultérieurement et sous prétexte de déterminisme — en plein domaine de la fatalité antique, suppressive du libre arbitre, de l'initiative individuelle. Nous remettons à je ne sais quelle sombre « inévitabilité » les destins mêmes de l'humanité. Nous légitimons tous les banditismes du passé, en amnistiant d'avance toutes les servitudes de l'avenir. Je ne discute pas — je ne veux pas discuter — ce terrible dogme du « c'était

---

1. *Étapes du socialisme*, p. 306.

écrit », qui est peut-être le seul qui satisfasse mon
esprit ; le seul qui puisse expliquer pourquoi l'on
voit ici-bas tant de coquins triomphants, tant
d'enfants adorables morts prématurément devant
les vieillesses désespérées! La pensée de Paul
Louis demanderait alors à être complétée, précisée. Mais si, au contraire, l'écrivain socialiste a
entendu proclamer que « ce qui est juste doit
arriver nécessairement parce que c'est juste », il
devient alors indispensable d'écrire le Code du
Juste et de l'Injuste. Travail redoutable qui peut
facilement verser dans les ornières du charabia
religieux, en passant par les méandres des équivoques idéologiques — le *juste* étant, pour beaucoup de gens, ce qui leur plaît; l'*injuste*, ce qui
plaît aux autres.

Ces considérations générales me paraissent
substantielles Le but à atteindre, en évolution
sociale définitive, me semble si clair, en dépit des
diverses modalités de discussion sous lesquelles
on le dissimule à plaisir, que j'incline à penser
que les deux courants auxquels j'ai fait allusion
et dont la scission est certaine, ne cachent, en
réalité, que des questions de personnes, des rivalités d'individus. Au point de vue doctrinal,
scientifique, cela n'a donc aucune importance. Je
ne m'en occuperai plus que pour mettre en garde
les véritables partisans de la méthode socialiste
— de cette méthode qui veut déterminer avec
précision ce que la collectivité a le devoir de poursuivre et ce qu'elle n'a pas le droit d'imposer —
contre les faux monnayeurs de l'idée socialiste. Je

le ferai d'ailleurs avec une réserve extrême ;
d'abord parce que la tâche est difficile et peut
être inutile ; ensuite parce qu'il est trop commode
de faire le procès aux individus. Ce genre de po-
lémique est séduisant ; il entraîne les crédules,
les ignorants si ductiles à manier. Il ne prouve
malheureusement rien. Quelle est, par exemple, la
théorie certaine, l'enseignement irréductible que
l'on peut tirer du fouillis de diatribes furieuses
qui caractérisent la plupart des revendications
« sociales »? Pas autre chose que la conviction
de se trouver trop souvent en présence de gens
qui ne savent pas. Traiter les capitalistes de
« voleurs et d'exploiteurs » n'implique pas le
moindre raisonnement admissible. Pas plus que
ne constitue une objection décisive contre le socialisme, cette constatation pourtant sans réplique :
que beaucoup de socialistes sont personnellement
fort riches. Ce sont là lieux communs, dont la pué-
rilité sonore sert de thèse aux ambitieux, mais
laissent froid le penseur. De ce que certains ouvriers
ne donnent pas au capitaliste qui les rémunère, la
part de travail à laquelle il a droit, s'ensuit-il qu'il
faille traiter les ouvriers « d'exploiteurs » et magnifier en retour le capitalisme? Par contraire, de ce
que certains patrons écrasent l'ouvrier par une
surproduction dangereuse, l'astreignent à un labeur
inhumain pour rétribuer à l'excès un capital
oisif, faut-il conclure à la condamnation absolue
du capital lui-même, alors que, dans n'importe
quelle organisation sociale, le capital restera le
facteur essentiel, la force motrice indispensable

du travail? On ne détruit pas plus une force ici-
bas qu'on ne fait disparaître une molécule de
matière. On la discipline, on l'assimile, on l'as-
sujettit, on la combine : on ne l'anéantit jamais.
D'ailleurs, en allant au fond des choses, comment
ne pas reconnaître que la condamnation sans
merci du capital s'adresse, non au capital lui-
même, principe générateur et actif, mais *au capital des autres* ? Le jour encore lointain où ces
vérités élémentaires seront acceptées par tous,
l'humanité aura accompli un pas immense, et
cette fois décisif, dans sa marche en avant. Mais
gardez-vous d'exalter la souffrance; de faire luire,
aux regards des déshérités de ce monde, des espérances illusoires; d'emplir les cerveaux embryonnaires de théories à la fois fascinantes et irréalisables, ce serait là une œuvre malsaine que vous
seriez les premiers à regretter. Pas plus que
l'homme, la société n'est tenue à l'impossible. Ce
monde, un point perdu dans l'infini planétaire,
n'est peuplé que de réalités contingentes. Le
bonheur absolu sera toujours ignoré par lui. C'est
ce que voulait exprimer l'immortel rabbi de la
Judée lorsqu'il proclamait que son royaume, le
royaume des heureux, n'était pas de « ce monde ».
Pourquoi oublier sans cesse les austères préceptes du docteur Faust : « Il faut chercher le
succès honnête... Ne soyez pas des fous secouant
des grelots. La raison et le bon sens se produisent
d'eux-mêmes avec un peu d'art. Et quand vous
avez tout de bon quelque chose à dire, est-il nécessaire de faire la chasse aux mots? Oui, vos dis-

2

cours qui sont si brillants, dans lesquels vous enjolivez les vétilles humaines, sont stériles comme le vent brumeux qui murmure en automne à travers les feuilles sèches[1]. »

C'est pour mettre un peu d'ordre, ne fût-ce que pour moi seul, dans le fatras des idéologies prétentieuses, pour chercher la méthode au milieu des chimères amoncelées, que j'ai tenu, dès le début, à poser en axiome que le socialisme a pour pierre angulaire de l'édifice à construire la forme républicaine, représentant à mes yeux l'infrastructure de cet édifice. Toute autre modalité gouvernementale est un leurre, un paradoxe incompatible avec la *solidification* des mesures destinées à assurer le développement continu du « devenir social », du *mieux être* de la collectivité, qui est l'essence même, la définition du socialisme. Quelles seront ces mesures? Dans quelles limites humainement réalisables, ce « devenir social », ce « mieux être » pourront-ils être atteints de façon permanente et durable? Je m'efforcerai de l'établir dans la suite de ces études, qui n'ont d'autre prétention que leur sincérité; qui s'adressent, non à ceux qui veulent « arriver », mais à ceux qui daignent réfléchir. Aussi examinerai-je tout d'abord la théorie de l'individu, base inchangeable de la société humaine. Cette théorie ne saurait être d'ailleurs ni bien longue ni très compliquée. J'ai toujours admiré — sans les comprendre le plus souvent — les penseurs qui ont

---

1. GOETHE, traduction Porchat.

écrit des volumes sur le « moi individuel ». La philosophie entière de ce « moi » tient peut-être dans ces douloureuses paroles de Rousseau : « L'homme naît paresseux, ignare et méchant ». Ce que Rousseau a oublié d'ajouter, c'est qu'il le demeure. La dissection minutieuse de ce « moi » est, au point de vue de la scholastique abstraite, la chose la plus intéressante qu'il soit possible d'embrouiller. Elle ne saurait être d'aucune utilité au point de vue social. Sur ce domaine, la métaphysique du « moi » se réduit à deux observations expérimentales : l'homme est cruel, quand il se sent fort ; il est lâche, quand il se sait faible. La mentalité individuelle s'agite entre ces limites assez bornées.

Toute circonscrite qu'elle soit, la philosophie de l'individu n'en conduira pas moins, avec une sûreté axiomatique, à la découverte des fondements vrais et des règles succinctes de la philosophie sociale, ou philosophie de la collectivité. C'est par elle qu'il sera permis d'entrevoir les lignes principales de cette « cité future » qui, avant toutes choses, se doit à elle-même et doit à l'humanité d'être habitable pour chacun.

Ces recherches, que seules ont guidées la passion de la vérité et l'horreur des phrases, serviront-elles à quelque chose ? Bah ! disait Montaigne, « que sçais-je ? » Je ne suis pourtant pas sans inquiétude ; mais j'avoue être consolé d'avance. J'ai vu de près les « rénovateurs » du genre humain, et l'expérience m'a appris que ceux qui vivent du socialisme sont rarement décidés à

mourir pour lui. Si l'on veut être un véritable
éducateur du peuple, il est nécessaire parfois de
pousser à son égard la franchise jusqu'au scandale et la sincérité jusqu'à l'imprudence. Aussi
les « enseigneurs » de peuples sont-ils presque
toujours impopulaires, car le peuple ne demande
qu'à être flatté et déteste d'être éclairé. « Si
j'avais la main pleine de vérités, disait Fontenelle,
je ne l'ouvrirais pas. » Fontenelle était un sage
qui voulait demeurer « populaire » et désirait
rester tranquille. On a cru voir dans cette boutade
une formule d'égoïste. Erreur! C'était une esthétique de tribun sachant que le moyen assuré de
bien vivre consistait à vivre aux dépens de ceux
qui écoutent.

J'aurais peut-être sagement agi d'imiter Fontenelle, et pourquoi ai-je tant tenu à vouloir que le
socialisme cesse d'être une contrefaçon d'école où
les professeurs s'enrichissent, tandis que les élèves
se ruinent? Ces derniers, après tout, ne me
demandaient rien. Mais je n'ai pas échappé à
cette loi commune de la fatuité humaine, qui veut
que tout homme qui se prépare à noircir des
pages blanches s'imagine sincèrement avoir
quelque chose à dire. Mes recherches auront
pourtant ceci de particulier : c'est qu'elles ne
poursuivent pas un but, mais ne proclament que
des résultats. Sont-ils bons ? Sont-ils mauvais ?
J'ai la conviction intime qu'ils sont excellents, et
cette pensée sereine me suffit. Pourquoi dès lors
publier ces pages ? Est-ce qu'on sait jamais ? Si
je me trompe, mes erreurs pourront peut-être

éclairer quelqu'un. Si je dis vrai, ces vérités pourront peut-être étayer quelque chose. Il me semble difficile que je n'aie pas résolu une des deux faces du problème posé ainsi : cela suffira, non à justifier ce livre, mais à l'expliquer.

Au surplus, à quoi bon justifier ou expliquer un livre ? Celui qui l'a écrit l'a sans doute fait pour son plaisir : il aurait eu tort, dans tous les cas, de songer au plaisir des autres. C'est aux lecteurs à mettre chaque chose au point et les auteurs à leur place. Ils reconnaîtront d'ailleurs bien vite que, si je n'ai pas réussi à rendre les hommes meilleurs — ce qui est difficile — dans tous les cas, je ne les aurai pas rendus pires, ce qui deviendrait impossible. Ceux qui seront de mon avis, applaudiront ; les autres me rejetteront dédaigneusement. Et ils auront tous raison, car il ne faut lire en ce monde que ce qui vous plaît et ne croire qu'à ce qui vous convient. Toute la philosophie humaine réside peut-être dans ces seuls mots.

CHAPITRE I

Si l'évolution politique et l'évolution sociale sont inséparables, c'est que toutes deux tendent indivisément à l'émancipation matérielle de l'individu, à son affranchissement moral par le mieux être social et par la liberté.

Cette double et nécessaire évolution ne saurait être régie que par des lois de justice universelle et dirigée par une méthode d'équité pacifique. *J'appelle socialisme, l'ensemble de ces lois et l'application de cette méthode.*

Tout être vivant apporte, par le phénomène de sa naissance, un ensemble de besoins et une proportionnalité de droits corrélative d'une proportionnalité de devoirs. C'est à la satisfaction de ces besoins, de ces droits, à l'accomplissement de ces devoirs, que doivent tendre les théories de l'évolution, que doit aboutir le Code de Justice politique et sociale. Ce Code ne saurait constituer une série de privilèges pour quiconque : il n'est qu'un ensemble de résultats universalisés. En principe, en effet, les besoins de l'être créé peuvent paraître égaux ; en fait, les droits comme les devoirs ne sauraient être que proportionnels. Ils sont la résultante forcée de moyens fatalement inégaux. Croire à l'égalité mathématique des droits et des

devoirs chez les individus, est une erreur généreuse ; la poursuivre, dans l'intérêt de la masse,
une chimère. De là, tant de systèmes faux con-
damnés à un misérable avortement. La philosophie de l'évolution consiste à dégager les lois
fondamentales, non d'une égalité impossible, mais
de cette légitime et indispensable proportionnalité.

Ces lois doivent être simples et claires. Je ne
crois pas au succès des philosophies obscures
et compliquées. L'homme a en lui un penchant
inné, qu'il faut combattre, à trouver sublimes les
choses qu'il ne comprend pas. On dirait que la
clarté l'aveugle. Pour la plupart d'entre nous,
l'incompréhensible est le premier échelon du
génie. Il est nécessaire d'en finir avec ces atti-
rances néfastes. L'intelligence humaine ne saurait
s'employer toujours à creuser des fossés pour
séparer les hommes, des puits sans fond d'où ne
sort pas la moindre parcelle de vérité. Pourquoi
cette vérité n'habiterait-elle pas les sommets
lumineux, du haut desquels il lui est possible
d'apercevoir l'infini des horizons ? Pourquoi les
maximes qui ont fait fortune à travers les siècles,
sont-elles — sous leur apparente netteté — celles
qui recouvrent le vide désespérant et la confusion
des idées ? Les peuples, toujours enfants, répètent
à satiété des mots qui les fascinent ou les grisent,
mais dont ils n'entendent pas le sens. Les contradictions, les inepties de l'histoire, sont faites de
ces non-sens. Que de fois les masses ont cru
approcher de plus près le bonheur, par cela seul
qu'elles s'abritaient sous des drapeaux aux devises

irréalisables et pompeuses. L'inexplicable semble devenir pour elles le nécessaire; l'inexpliqué, la base de leurs inspirations. Il est indispensable que cette mentalité disparaisse ; indispensable surtout qu'elle ne décourage pas les clairvoyants, trop enclins à trouver qu'il n'y a en politique que deux partis : celui des fous et celui des ambitieux. Or les fous sont légion : légion gouvernée par les ambitieux.

Ces brèves considérations expliquent peut-être pourquoi, en croyant fermement marcher en avant, l'humanité recule si souvent en arrière, vers les balbutiements des premiers âges de son histoire. J'avoue qu'elle y est singulièrement aidée par la substitution de ce que j'appellerai volontiers « la conscience électorale » à ce qui doit rester cependant la conscience éternelle, une, indivisible, synonyme de probité, d'honnêteté, de loyauté, de franchise et de bonne foi. Cette conscience électorale n'a rien de commun avec « l'autre », la conscience des braves gens. « Lorsque je parle à mes électeurs, m'avouait un jour un de mes amis dont on avait fait sur le tard un député, je ne songe pas à leur développer ce que je crois être la vérité utile et féconde ; je me borne à leur crier ce que je sais qu'ils veulent que je leur dise. Le succès est à ce prix ».

L'aveu est redoutable, encore plus instructif, dans son ingénuité. C'est à cette hardiesse de la « conscience électorale » qu'il faut attribuer la fermentation parfois inexpliquée des erreurs profondes qui sollicitent les phalanges démocratiques.

En est-il une plus terrible, par exemple, que celle qui fait, ... aux flatteries des élus, croître la méconnaissance ... es devoirs, en raison inverse de la recherche lé...time des droits ? Le but essentiel de la philosophie évolutionniste doit être de remettre les hommes et les choses au point.

*
* *

Pour y parvenir, je ne crois qu'à l'excellence d'une seule méthode : celle que l'on désigne sous le nom de « méthode expérimentale » ; c'est-à-dire l'application rigoureuse du raisonnement aux faits que fournissent l'expérience et l'observation. La philosophie de l'évolution a un but nettement déterminé : l'organisation pratique et humaine des forces de la société orientée vers le bien-être, la liberté, la sécurité, la moralité de tous. Elle doit donc abandonner le terrain des systèmes préconçus, des théories exclusives, pour entrer définitivement — par la comparaison des faits, l'analyse des idées, les enseignements de l'histoire — dans la voie d'investigation commune aux sciences expérimentales. La méthode expérimentale — et il n'y en a qu'une — a été admirablement définie par Claude Bernard[1] : « la méthode d'après laquelle l'expérience est toujours acquise en vertu d'un raisonnement précis établi sur une idée qu'a fait naître l'observation et que contrôle l'expérience.

---

1. Claude Bernard, *Introduction à l'Étude de la Médecine expérimentale.*

Il y a, en effet, dans toute connaissance expérimentale, trois phases : *observation faite, comparaison établie, jugement motivé.* »

Je ne me dissimule pas que l'application de cette méthode est difficile en socialisation. Les peuples recommencent, en effet, sans cesse, leurs sottises avec une imperturbable sérénité. Si quelque chose pouvait légitimer la théorie de P. Leroux sur le « revivre », ce serait assurément cette ténacité de l'erreur se perpétuant, à travers les âges, en des personnalités nouvelles, qui semblent la résurrection insolente de personnalités disparues et condamnées. Quelle que soit la difficulté de la tâche, il n'importe. L'évolution politique et sociale constitue une des branches les plus importantes des connaissances humaines, à laquelle il faut restituer le véritable caractère de science exacte qu'elle aurait dû toujours avoir. La science des sociétés humaines doit être positive comme la science des faits : tout comme les mathématiques, elle a des théorèmes que les rhéteurs ont seuls intérêt à obscurcir. Le rôle du penseur en ces matières est ainsi nettement précisé. L'homme ne joue pas, dans l'éternelle harmonie des choses, un rôle exceptionnel parmi les êtres organisés. L'homme n'est qu'un anneau d'une série. Quand on voit les êtres organisés régis par des lois immuables, n'est-il pas juste de conclure que le caractère, évidemment privilégié, de la raison humaine n'est pas une excuse suffisante des aberrations de cette raison. L'intelligence est une forme culminante de l'instinct : il ne faut donc pas qu'elle lui devienne inférieure. Comment admettre que cette intelligence, malgré la complexité de ses manifestations, puisse souvent rabaisser l'homme au-dessous de la brute et assurer la supériorité de l'instinct? Certes il n'est pas possible de méconnaître que la raison humaine est souvent altérée par les délires de l'imagination, les caprices des sens, les fantaisies du nervosisme, les suggestions de la mauvaise foi. Mais, de même que le médecin a son rôle tracé au point de vue de l'hygiène publique, de même le philosophe évolutionniste doit s'appliquer, se consacrer à la réalisation de l'hygiène sociale. C'est là une des faces du problème qu'il ne faut pas se lasser d'étudier. La société doit être gouvernée par des esprits sains, non par des fous, encore moins par des violents ou des ambitieux. Se préserver des derniers, guérir les seconds et affermir la prépondérance des premiers, tel est le but suprême de la socialisation.

Ce programme définit et précise le rôle de la méthode expérimentale. Une fois les faits observés, recueillis, classés, il ne reste plus qu'à les mettre en œuvre, c'est-à-dire à leur donner la vie au moyen du raisonnement capable d'en déduire les lois qui gouvernent les phénomènes. Si le raisonnement a pour point de départ l'*observation*, il ne saurait avoir qu'un contrôle : l'*expérience*.

La philosophie de l'évolution doit dès lors se borner à recueillir des faits, *non à les provoquer*. Elle se confondrait, sans cela, avec les sciences d'*induction* qui partent presque toujours d'idées préconçues et incertaines, pour essayer ensuite d'en démontrer le bien-fondé par une expérience *a posteriori*. Les sciences inductives offrent des dangers considérables dans la science politique et sociale. Elles engendrent les idées originales qui deviennent vite « le système ». Or tenter des expériences sur les nations, pour démontrer la sincérité ou la certitude d'un « système », est une œuvre dont il est facile de mesurer les formidables périls. La moitié de l'évolution sera faite, le jour où cette vérité sera bien comprise par tous.

Non cependant qu'il faille bannir rigoureusement les méthodes d'induction. Il ne sera pas en effet toujours nécessaire d'attendre que les faits se développent dans un ordre naturel et progressif, pour en établir les lois directrices, les conclusions logiques. Ce serait récuser péremptoirement les recherches ardentes, quelquefois indisciplinées, pourtant nécessaires de l'esprit novateur qui pousse en avant les sociétés. Mais du moins faudra-t-il alors protéger l'idée novatrice et la guider par les leçons de l'expérience. Certes, ces recherches n'iront pas sans troubles fonctionnels. Ce sont ces troubles que l'on appelle des *révolutions*. Du sein même de ces désordres, souvent plus apparents que réels, surgiront les notions claires, les résultats fertiles. A une condition inéluctable cependant : c'est que ces révolutions — qui deviennent, par la force même des choses, des *observations provoquées*, — ne heurtent pas de front des principes déjà consacrés par une expérience incontestable. Dans cette dernière hypo-

thèse, les révolutions ne peuvent être que crimi-
nelles.

Il résulte des considérations qui précèdent,
qu'une *expérience* ne saurait dès lors être tentée
qu'à la condition de vouloir réaliser une idée que
des faits, déjà établis, ont permis de controler. A
ce prix, seulement, il est permis d'admettre, dans
la science sociale, l'intervention de la méthode
inductive. Hors de là, c'est marcher dans les
ténèbres pour aboutir infailliblement aux abîmes.
Loin de moi la pensée de proscrire la recherche
de l'*inconnu*; mais sous la réserve formelle de
partir toujours du *connu*. Sans cette garantie indispensable, l'humanité s'en remettrait au hasard
seul du soin de ses destinées, et je suis de ceux qui
croient aux lois mathématiques, même en politique. Seulement, de même que les mathématiques procèdent de théorèmes clairs, précis, à la
portée de tous, pour s'élever de là aux plus hautes
conceptions de la pensée humaine, ainsi la science
politique doit se gouverner par des formules véritablement axiomatiques. Le jour où ces formules
seront fixées, la politique sociale méritera le nom
de science et ne tardera pas à fournir à l'humanité des solutions qui seront à l'abri des discussions équivoques ou des ambiguités passionnées.

Ces formules existent-elles? Poser la question,
c'est la résoudre affirmativement. Il suffit, pour
s'en convaincre, de rechercher l'origine et de déterminer la fin de l'homme ici-bas. L'homme
naît sous l'éclosion d'une force naturelle indépendante de son vouloir. L'ovule n'a pas de volonté.

Cet embryon organique, jeté sur le globe en dépit et en dehors de lui, va, par le fait seul de sa naissance, étaler des droits qui auront pour corollaire des devoirs — droits et devoirs proportionnels, ainsi que je l'ai dit. C'est de l'analyse de ces droits et de ces devoirs que jailliront les formules axiomatiques de l'évolution. L'homme — l'être-né — apporte sur le seuil même de son existence terrestre trois ordres de droits coexistant avec trois sortes de devoirs. Il a le droit de vivre, le droit de penser, le droit de travailler — correspondant au triple devoir de respecter ces droits chez les autres. Cette trilogie est la base des théorèmes fondamentaux de la science sociale. Une société qui en méconnaît la vérité ou n'est pas capable d'en assurer le fonctionnement, d'en protéger l'expansion, d'en régler le développement, n'est pas une société organisée, mais une collectivité embryonnaire exposée à tous les à-coups de la violence et à toutes les erreurs de la sottise.

*
* *

De la méconnaissance, souvent consciente, de ces vérités élémentaires, sont nées les discussions d'école les plus creuses, les excitations les plus malsaines, les croyances les plus absurdes. Les unes et les autres sont filles de l'orgueil et de la faiblesse de l'homme : l'orgueil qui le pousse d'abord à vouloir tout constater, tout trouver par lui-même, en lui-même ; la faiblesse qui le conduit à s'adresser aveuglément aux autres, lorsqu'il n'a pas réussi dans ses recherches et ses investigations personnelles. Cet orgueil, cette faiblesse sont, dans leurs manifestations, la résultante de la théorie des idées *a priori*. Or, puisque l'homme s'est convaincu par l'observation de chaque jour, que le monde physique a ses lois naturelles immuables; que l'étude de ces lois était le meilleur critérium de ses systèmes préconçus, pourquoi n'agirait-il pas de même avec le monde moral? Lui aussi, comme l'autre, est gouverné par des lois positives. Ce sont ces lois que la méthode expérimentale permettra de découvrir. Par elle, le penseur arrachera à la *nature morale*, ainsi que les savants l'ont fait pour la *nature physique*, les lambeaux de vérité grâce auxquels l'humanité pourra s'acheminer vers l'idéal entrevu, sans révolutions inutiles, sans les contre-coups qui épuisent les forces vives des nations. Je ne sais rien à cet égard de plus concluant que ces paroles de Claude Bernard[1]. «L'esprit humain, aux diverses périodes de son évolution, a passé successivement par le *sentiment*, la *raison*, l'*expérience*. D'abord le sentiment, seul, s'imposant à la raison, créa les vérités de foi. La raison ou la philosophie, devenant ensuite la maîtresse, enfanta la scolastique. Enfin, l'expérience, c'est-à-dire l'étude des phénomènes naturels, apprit à l'homme que les vérités du monde extérieur ne se trouvent formulées, de prime abord, ni dans le sentiment ni dans la raison. Ce sont seulement nos guides indispensables;

---

1. *Introduction à l'Étude de la Médecine expérimentale*, p. 50.

mais, pour obtenir ces vérités, il faut nécessairement descendre dans la réalité objective des choses
où elles se trouvent cachées avec leur forme phé-
noménale ». C'est ainsi qu'apparut, par le progrès
naturel des idées, la méthode expérimentale qui
résume tout et qui s'appuie successivement sur
les trois branches de ce trépied immuable : le sentiment, la raison, l'expérience. Dans la recherche
de la vérité au moyen de cette méthode, le sentiment a toujours l'initiative ; il engendre l'idée
a priori : le raisonnement développe ensuite l'idée
et déduit ses conséquences logiques. Mais, si le
sentiment doit être éclairé par les lumières de la
raison, la raison à son tour doit être guidée par
l'expérience. Toute philosophie sociale et politique, qui perd de vue ces nobles préceptes du
mécanisme intellectuel seul admissible, est une
philosophie mort-née destinée aux à-coups sinistres
ou aux avortements sanglants.

* *

J'ai parlé, au point de vue de l'organisation
politique et sociale, de vérités axiomatiques fondamentales. Le doute philosophique, c'est-à-dire le
doute incessant, basé sur la conscience de l'incertitude de nos raisonnements, est-il permis à l'encontre de ces vérités ? Je réponds non, sans hésiter,
et cette négation conduit naturellement à la découverte d'une nouvelle formule axiomatique. Si
le doute philosophique était admissible sans limite,
aucune organisation de la société ne serait stable,

puisque les bases mêmes de cette organisation
seraient à chaque instant sapées par la critique et
la discussion. Que l'on ne me parle point de libre
arbitre : les nécessités de l'organisation sociale
suppriment ici la liberté d'examen, de même que
les théories mathématiques suppriment la liberté
d'appréciation. A cet égard, j'admets sans difficulté
que la philosophie sociale est déterministe. A la
limite des notions indispensables au fonctionnement social progressif, notions acquises de siècle
en siècle, s'arrête le doute philosophique. Sont-elles
attaquées, remises en question, la société a le
droit — mieux encore le devoir — de les défendre
implacablement. Cette affirmation est grosse de
conséquences : je les pousse pourtant jusqu'à
l'extrême, en proclamant hautement l'impuissance des majorités contre ces notions axiomatiques.
Le consentement, même universel, qui ne démontre rien, ne saurait avoir de prise contre les
vérités éternelles. Je n'ignore pas que la *loi du
nombre*, formule pratique du principe des majorités, a pris à cette heure des allures d'évangile des
temps modernes. Présentée avec ce caractère absolu et infaillible à la fois, la loi du nombre n'est
pourtant qu'un retour offensif vers la doctrine
déguisée du despotisme de la force. Le *sic volo,
sic jubeo*, n'est pas plus admissible pour le *droit
populaire* que pour le *droit divin*. Je ne m'incli-
nerai jamais devant sa tyrannie.

Mais en dehors de ce champ d'action intellectuelle
nettement circonscrit, il est évident qu'il faut
accepter le doute philosophique comme le prin-

cipe expérimental par excellence. Admettre le contraire ; supprimer, une fois les principes établis, le doute en matière sociale et politique au point de vue de leur application ; le remplacer par l'affirmation audacieuse, irraisonnée ; ne supporter comme vérités uniques que celles que l'on proclame soi-même ; élever l'hypothèse à la hauteur d'un dogme, c'est faire œuvre non de philosophe, mais de sectaire. Il ne faut croire à la sûreté des observations, à l'excellence des théories qui sont des déductions, que sous le bénéfice d'inventaire « expérimental ». Si l'esprit humain doit, sous peine de forfaiture, rester enchaîné au noyau scientifique originel, axiomatique qui est l'essence même, l'axe et le foyer de vérités fondamentales immuables, sa liberté doit au contraire rester intacte, son initiative entière, sa force d'expansion illimitée, toutes les fois qu'au sortir de ce centre lumineux et intangible il entre dans le domaine de l'investigation scientifique. Dans ce domaine, « les vérités expérimentales qui servent de base à nos raisonnements sont tellement enveloppées dans la réalité complexe des phénomènes naturels qu'elles ne nous apparaissent que par lambeaux. Ces vérités expérimentales n'en reposent pas moins sur des principes qui sont *absolus*, parce que, comme ceux des mathématiques, ils s'adressent à notre conscience et à notre raison ». C'est pour cela que plus il se rencontre de forces intellectuelles en mouvement dans une société, plus grands, plus utiles, plus féconds se trouvent être les efforts communs pour l'avènement de la vérité. A la con-

dition pourtant que ces efforts convergent vers le
but suprême assigné à l'évolution, au lieu de s'épar-
piller sous les vocables d'écoles dont il est parfois
aussi difficile d'énumérer les multiples dénominations, que de définir les systèmes ou de sérier
les différences. Dans la réalité lumineuse des
faits, que peuvent bien signifier ces appellations
déconcertantes de *libertaires*, de *radicaux*, de
socialistes, d'*égalitaires*, de *collectivistes*, de *communistes*, que sais-je encore? Non, certes, que
j'aie peur des mots. Mais les mots empêchent parfois de voir les choses et j'exècre le vide désespérant que ces mots ne recouvrent que trop souvent;
j'ai peur des humanités-enfants. Pourquoi ne pas
s'efforcer de mériter simplement le nom d'*hommes*
dont les individus se sont parés dès l'origine des
sociétés, sans en soupçonner l'ampleur peut-être
inaccessible, dont ils ont fait un *genre*, quand il
représente au contraire un ensemble formidable
de qualités? Pourquoi se laisser griser par la so-
norité des phrases creuses, monnaie courante
des ambitieux? Que de théories, qui ne sont au
fond que des légendes : vieilles chansons qui ont
bercé nos pères asservis. Je ne redoute rien tant
que les jongleurs d'idées : ils n'enseignent rien. Je
me garde des théories qui, à l'user, finissent par
laisser voir leur trame génératrice : elle n'est souvent qu'un tissu de systèmes préconçus. Faut-il
répéter encore que la vérité est une : elle s'impose,
mais elle ne se démontre pas plus qu'elle ne se
discute. « Nous sommes sortis de la légalité pour
rentrer dans le droit », est une théorie. « Il n'y

a pas de droit contre le droit » est une vérité. Un
individu qui élabore un discours ou façonne à sa
guise un programme, m'apparaît d'emblée comme
un être dangereux, se préparant à mentir. La nature, éducatrice immortelle, ne parle pas ; elle
crée, elle enfante, elle agit. Imitons la nature.
« La parole, a dit un sage, a été donnée à l'homme
pour déguiser sa pensée ». Gardons nous d'oublier
la maxime de ce sage, qui sûrement avait fait de
la politique et avait dû être, en son temps, un can-
didat heureux. L'homme qui parle, n'agit pas. Si
cela est vrai pour l'individu, combien plus encore
pour la société. La politique d'action peut seule
constituer une politique de résultats, c'est-à-dire
une politique de *détermination*. La pensée humaine ne saurait avoir, dans le domaine de l'évolution sociale, de régulateur plus assuré que l'action. Car l'action se heurte de suite aux réalités ;
la parole au contraire tourne autour de ces difficultés, les déguise, mais ne les résout pas. L'action
corrige le vice originel des démocraties qui ont
l'horreur instinctive des supériorités. Les imbéciles, les ignorants deviennent aisément des bavards — et des bavards écoutés, pourvu qu'ils
aient de la mémoire. Tandis que les hommes
d'action sont rares, parce que l'action suppose
un labeur préalable, un courage inné, un désintéressement complet, une pensée ferme, une
volonté équilibrée, une ténacité indomptable. La
parole est particulariste ; l'action est solidaire. Les
hommes d'action n'ont rien à redouter des erreurs
passagères des démocraties, auxquelles ils ne

demandent rien; ils finissent toujours par s'imposer à elles, en forçant leurs décisions suprêmes. Dans le cas contraire, ils se consolent en les méprisant.

Mais j'ai dit *action*, non *agitation*. La première seule est digne de l'homme; l'autre est l'apanage des enfants qui, hélas! ne sont pas toujours *des jeunes*. J'en ai connu qui avaient les cheveux gris : ce n'étaient ni les moins prétentieux, ni les moins puérils. Le rôle de la critique expérimentale est de mettre les gens à leur place et les doctrines à leur rang.

* *

Pour ce faire, la première des conditions c'est le calme, l'impartialité. L'erreur est presque toujours violente; la vérité, impassible. La science, digne de ce nom, est modeste, bienveillante, car elle apprend à l'homme combien il connaît peu de choses en réalité, et combien il devient faillible devant les difficultés innombrables que l'investigation attentive soulève à chaque instant dans le monde naturel comme dans le monde moral. « Le savant, a dit Bacon, ne devrait jamais avoir l'œil humecté par les passions humaines. » Rien n'est plus exact dans le ressort de la psychologie sociale. C'est là pourtant qu'au lieu de combiner les efforts communs, l'esprit de parti se donne libre carrière, pour les diviser et les neutraliser par des disputes personnelles. Nulle part cependant la modération, la sagesse, la bonne foi ne seraient plus néces-

saires qu'en ces matières passionnantes et ardues.
Et combien plus encore la modestie, à une humanité qui, depuis la création du monde, n'a guère
fait que des sottises, lorsqu'elle a voulu doubler
le pas !

J'en dis autant de la tolérance indispensable
envers les idées contraires à celles qui nous sont
propres. Non point, assurément, de cette tolérance
qui, sous le masque de la liberté de conscience,
n'est que la liberté que l'homme laisse à autrui
de penser comme lui-même; cette liberté qui
consiste à permettre à autrui non de faire ce qu'il
veut, mais à l'autoriser à faire ce que nous voulons. Je ne parle ici que de la tolérance qui est un
affranchissement de l'esprit, une émancipation de
la conscience. Jusqu'à l'heure psychologique où la
doctrine devient démontrable scientifiquement, il
faut se garder de l'enseigner comme un dogme, et
c'est là ce qui constitue la tolérance. Loin de
nous irriter, la contradiction doit servir au contrôle de nos idées, à leur expérimentation. Elle
seule assure l'indépendance intellectuelle dans le
domaine de l'évolution et se substitue au péril
de l'autorité personnelle, trop souvent portée à
oublier qu'il faut démontrer la justesse des idées,
avant de chercher à les imposer. L'autorité personnelle est un guide, une lumière : elle ne saurait
pourtant dicter d'autres lois que celles expliquées,
justifiées par des faits précis. Avec d'autant plus
de raison que si, par l'expérience, il est difficile d'établir, dans le monde politique et social,
des faits en quelque sorte axiomatiques, il faut

reconnaître que de ces faits, soit au moyen de
déductions, soit par le secours de l'hypothèse, on
parviendra à fixer d'autres faits, au sujet desquels il faudra admettre une part de *relativité*.
Ce qui revient à dire qu'à côté des solutions nécessaires, il y aura toujours des solutions contingentes à l'égard desquelles le libre examen, la
libre discussion s'imposeront avec toute leur fer-
meté indépendante et leur clairvoyance impartiale.
Ces vérités vont sembler banales ; elles le sont en
effet. Par quelle étrange aberration de l'esprit
humain, nul ne songe-t-il pourtant à les appliquer, et pourquoi ai-je considéré comme une
nécessité impérieuse le besoin de les rappeler en
tête même de ces études ? C'est que je recherche les
lignes primordiales de la méthode, tandis que
tant d'autres, au fond, ne se préoccupent que des
chimères ensorceleuses.

Après l'affirmation de l'existence d'un certain
nombre de notions intangibles dans le domaine
de l'évolution, j'ai concédé sans peine que le doute
philosophique devenait aussitôt la base même de
la science expérimentale. Mais il est essentiel de
ne pas confondre le doute philosophique, qui n'est
qu'un procédé de raisonnement, avec le scepticisme, qui n'est qu'une forme orgueilleuse de l'ignorance. Le doute s'achemine par le raisonnement
vers une croyance ; le scepticisme est la négation
irraisonnée de la croyance. Le doute, par respect
pour la science, à laquelle il croit, ne se défie que
de ses modes d'interprétation et, pour parvenir à
la vérité scientifique, soumet ses théories au creu-

set de l'expérience et de l'analyse. Le scepticisme, au contraire, n'a d'autre aboutissement logique que l'impuissance. Le fait — *quel qu'il soit* — existe. Pour en déduire les conséquences, il faut l'éclairer par la raison, qui devient ainsi le véritable critère de la science expérimentale. Le doute pourra hésiter entre ces diverses conséquences, jusqu'à ce que la raison lui ait montré le droit chemin. Le scepticisme, que la raison embarrasse, se contentera de nier le fait ou de le railler. Le doute est un mécanisme expérimental. Le scepticisme n'est qu'un amusement de l'esprit. Il peut conduire à l'indifférence qui est la forme suprême de la tolérance; il peut avoir comme couronnement la bienveillance, qui est une modalité polie du mépris. Il est capable d'insinuer que le tréfonds des philosophies humaines est resté le même; que les psychologies les plus savantes ou les plus naïves ne sont que d'inutiles rééditions; que la morale, c'est de l'écriture, non du fait; qu'il serait moins dangereux de brûler toutes les bibliothèques que de supprimer le Code pénal. Mais c'est là œuvre de stérilité et de mort. Si le doute conteste et discute pour affirmer, le scepticisme ironise et détruit pour nier. Le scepticisme est au doute ce que, dans l'acception inverse, la crédulité est à la croyance. Un peuple de sceptiques, aussi bien qu'un peuple de crédules, est d'avance voué aux servitudes de l'avenir. Le doute philosophique a pour corollaire le libre examen; le scepticisme se dénoue fatalement dans le fanatisme et la superstition — deux fléaux de la pensée

humaine 'qui l'étouffent en l'enserrant dans les
replis de leurs syllogismes menteurs.

Qu'est-ce à dire en résumé ? C'est que, si le
point de départ de tous les raisonnements réside
dans des *vérités absolues*, qui sont le déterminisme
nécessaire des phénomènes sociaux, dans l'étude
de ces phénomènes et de leur application il faudra
procéder par des tâtonnements que consolideront
ensuite les faits observés, les raisonnements victorieux, les déductions irréfutables. Mais s'imaginer
qu'il est possible d'arriver de plein saut à la vérité
absolue, est folie. Ce n'est qu'insensiblement que
l'humanité peut s'efforcer d'atteindre les régions
sereines de la justice et du droit, ces deux pôles
idéals — peut-être inaccessibles — de la science
politique. Condorcet l'avait admirablement entrevu dans son *Tableau des progrès de l'esprit
humain :* « La philosophie doit comprendre dans la
même proscription le préjugé qui rejetterait avec
orgueil les leçons de l'expérience. Sans doute, la
méditation seule peut, par d'heureuses combinaisons, nous conduire aux vérités générales de la
science de l'homme. Mais, si l'observation des
individus de l'espèce humaine est utile au méta-
physicien, pourquoi celle des sociétés le leur serait-
elle moins ? Pourquoi ne le serait-elle pas au philosophe politique ? » La discrète question de Condorcet
doit être aujourd'hui résolue par l'affirmative,
et c'est dans cette affirmative que réside la légitimité, mieux encore la *nécessité* de la philosophie
évolutive. Puisque les principes qui régissent
le monde social ne peuvent être exprimés que par

les rapports indispensables des choses, n'est-il pas évident que l'évolution seule sera capable d'assurer ces rapports, de déduire ces principes à l'aide de la connaissance scientifique de la loi des phénomènes sociaux? Cette loi que les siècles, en s'amoncelant, n'ont pas su encore appliquer, avait été pourtant formulée en termes lapidaires par les jurisconsultes romains. *Honeste vivere, neminem lædere, suum cuique tribuere.* Les faiseurs de systèmes les plus avancés n'ont pas encore trouvé mieux. N'est-ce pas vers la réalisation pratique de cette loi qu'il faut sans cesser diriger notre pensée, faire converger nos efforts, synthétiser nos travaux? N'est-ce pas l'avènement de son règne qu'il faut préparer sans relâche, puisqu'elle est ici-bas le seul souverain devant lequel l'homme doive s'incliner? Pour cela, il ne faut pas perdre de vue que l'Histoire, qui raconte la marche de la société des hommes, est de tous les temps et de tous les peuples; que les lois du monde politique et social doivent être générales puisqu'elles s'appliquent à tous, et nécessairement contingentes puisqu'elles relèvent de chacun. A ce point de vue, l'évolution et la révolution deviennent synonymes, à la condition expresse pourtant que la révolution représente la tentative universelle d'émancipation et de liberté basée sur la justice, sur la loi, sur l'effort matériel ou moral de l'individu pour arriver à la proclamation de ses droits, à la reconnaissance de ses devoirs.

La conclusion, c'est que, dans cette matière immense, il faut toujours raisonner suivant les

règles de la technique logique et les enseignements
inéluctables de l'expérience. Cet art du raisonnement est le principe essentiel sur lequel repose
la véritable et définitive organisation sociale ; il
est l'acheminement nécessaire vers le perfectionnement certain de l'humanité. C'est ici qu'à l'encontre d'une grande école historique, le fameux
précepte de Quintilien, *scribitur ad narrandum,
non ad probandum*, doit être rejeté comme la
plus formidable des erreurs. La conviction, même
la plus sincère, ne suffit pas pour légitimer l'intolérance, le fanatisme des écoles sociales contemporaines. La conviction est assurément une vertu ;
mais, suivant la forte parole d'Aristote, toute vertu
est placée entre deux vices dont l'un en est le
défaut et l'autre l'excès. Ici le défaut est de croire à
la possession *a priori* de la vérité ; l'excès est de
vouloir imposer — même par la force — une prétendue vérité que l'on affirme, sans chercher à la
démontrer ou supporter qu'on la discute. C'est
alors que s'établit la nécessité de la méthode
expérimentale telle que je l'ai définie dans ses
grandes lignes ; telle, surtout, que j'ai essayé d'en
esquisser les assises fondamentales. La science
seule, peut et doit nous amener à discerner,
entre les vouloirs extrêmes ou les desiderata
puérils, le point exact qu'il nous est permis d'atteindre et qu'il n'est peut-être pas possible de
dépasser. Tout autre mode de procéder est faux,
car il s'écarte du domaine de la science pour entrer
dans celui de l'imagination. Il substitue à la certitude quasi mathématique de l'expérimentation,

les fantaisies de doctrines passionnées. Les révolutions faites au nom d'idées *a priori* avorteront, tant que ces idées n'auront pas été vérifiées scientifiquement. C'est pour l'oublier sans cesse que les sociétés modernes se traînent dans les douleurs et les épreuves des parturitions imparfaites. Hors de la science, tout n'est que mensonge, hypocrisie ou erreur.

Ces maximes ne sont pas bonnes à proclamer : je ne recule pourtant pas devant elles. J'écris pour le peuple de demain, pour une société *intégrale* librement organisée, dirigée par des hommes ayant la pleine conscience de leurs droits et surtout de leurs devoirs. Ces pages sincères n'auront donc sans doute aucun succès auprès des foules d'aujourd'hui, involontairement trompées par les brûleurs d'étapes dont la générosité superbe ne veut pas se plier aux lenteurs de l'évolution; exaspérées aussi par les défaillances d'une bourgeoisie aveugle ou apeurée. Qu'importe à qui a la haine du parti pris triomphant? La haine est ici le commencement de la sagesse, car la haine réellement agressive, s'adresse surtout à l'erreur. Pourquoi se lamenter devant les abandons de l'ingratitude et les injustices de la calomnie? Longtemps encore les foules, crédules comme les enfants, écouteront les contes bleus des imaginations trop ardentes, trop enthousiastes qui berceront leurs souffrances, sans alléger leur misère. Le penseur se console des anathèmes inoffensifs ou intéressés, en se penchant sur les annales douloureuses de l'histoire des opprimés. Il n'a pour éviter les lassitudes du découragement qu'à contempler la face sereine des idées libératrices de l'humanité. Et puis qui sait si, à l'user des déceptions cruelles, le peuple ne finira pas par voir clair dans les obscurités de l'avenir? Le caillou grossier des roches marines, roulé par la vague sur les grèves, finit par devenir blanc et poli. Qui osera affirmer qu'il n'en ira pas de même du peuple sorti de sa gangue, à force d'être ballotté entre les rêves-impossibles et les réalités implacables?

CHAPITRE II

La première des notions, redoutable et complexe à la fois, à laquelle se heurte la philosophie de l'évolution, est la théorie du progrès. Redoutable par la fausseté des solutions que l'idée de « progrès » peut engendrer, et les conséquences de ces erreurs ; complexe par le monde de problèmes que cette idée soulève aussi bien au point de vue moral où elle est synonyme de perfectibilité, qu'au point de vue matériel, où elle reste le « progrès » proprement dit.

Il est indispensable, tout d'abord, de bien fixer le sens de ce mot de progrès, dont on abuse avec une prodigalité que l'ignorance ne suffit pas toujours à expliquer. La meilleure de ses définitions en a été peut-être donnée par un doux et charmant philosophe, Eugène Pelletan : « Le progrès consiste à dégager sans cesse de la matière humaine ou humanisée par le travail, une plus grande quantité de pensées. » J'ajoute vite *et de bonheur*, car le progrès est surtout *un but*, non un procédé.

Le progrès dans l'humanité est assurément *indéterminé*, de même que la perfectibilité humaine, sans laquelle il peut rester lettre morte. Mais ce serait une erreur périlleuse de croire que

progrès et perfectibilité, dans leur union nécessaire, sont *illimités*. Quiconque enseigne l'éternelle révolte au malheur que le progrès doit
combattre sans relâche sans pouvoir le supprimer,
est un coquin ou un fou. Non, certes, qu'il faille
accepter la doctrine fataliste de la résignation pas-
sive : cela, c'est la doctrine théologique du péché
originel. Mais de là à récriminer sans cesse contre
les coups de cette force brutale que l'on nomme
le destin; à faire luire aux yeux et aux cœurs de
ceux qui souffrent, l'avènement immédiat et certain d'un bonheur irréalisable, il y a un abîme.
Enseigner au malheur qu'il est possible de franchir d'un bond cet abîme, est un mensonge de la
part de ceux qui se prétendent à tort des éducateurs d'humanité; ou tout au moins, comme je
viens de l'écrire, une erreur orgueilleuse; génératrice de tous les désordres, de toutes les révolutions inutiles qui ensanglantent, en la retardant,
la marche de l'humanité.

D'où provient cette erreur? D'une confusion
évidente entre la notion philosophique du progrès idéal proprement dit et la réalité pratique de
ce que je place sous le vocable générique d'*améliorations sociales*. Si cette notion philosophique,
qui s'agite dans le pur domaine de la spéculation
théorique, peut ne pas assigner de bornes à ses
raisonnements, les *améliorations sociales*, dont la
recherche inlassable est légitime dans leur principe essentiel, ne sont pas au contraire illimitées,
dans leur application incessante et toujours suc-
cessive.

Examinons de près en effet ce théorème, dont
l'adaptation sociale et la démonstration sont d'une
importance suprême. Si la perfectibilité humaine
est particulariste et individuelle, il est certain que
le progrès proprement dit ne peut viser que les
masses elles-mêmes, les collectivités, si fatalement
diverses et *inégales* dans leur essence physiologique. Chercher à améliorer *indéfiniment* leur
sort, est indispensable; mieux encore, logique.
Mais, sous le prétexte de progrès et d'améliorations
s'incarnant dans un rêve humanitaire sublime,
ne reconnaître aucune borne à ce rêve; vouloir
unifier toutes les études; égaliser, par expansion
ou par compression, tous les efforts intellectuels, les alimenter par la même science, est
absurde. Ce n'est pas le bonheur des collectivités que l'on poursuit avec ces idéologies naïves,
mais leur ruine que l'on prépare par les déceptions les plus cruelles, ou leur asservissement que
l'on guette par d'irréalisables promesses.

En parlant ici des « améliorations sociales », j'ai
entendu sous le même vocable aussi bien les améliorations qui concernent la vie matérielle des peuples
que celles qui embrassent leur vie intellectuelle.
Ni dans un domaine ni dans l'autre — et malgré
les conquêtes ininterrompues d'une science qui peut
arriver à surprendre, à dépasser la nature créatrice elle-même — ces améliorations, évidemment
indéterminées, ne sauraient être *infinies*. Il serait
oiseux de dire aux masses : « Vous n'irez pas
plus loin ». Mais combien téméraire de leur crier
« Vous irez jusqu'au bout ! » Pourquoi ? Parce qu'il

n'est pas vrai que l'*individu*, à la fois unité et tréfonds de ces humaines masses, soit perfectible dans le sens inépuisable du mot. Cette simple vérité est grosse de conséquences immédiates. C'est ainsi, et pour ce qui vise le cycle intellectuel des améliorations, que promettre l'*Instruction intégrale* à tous, est une flagrante chimère. Car l'instruction intégrale suppose *a priori* l'égalité capacitaire des cerveaux : fantaisie imaginative d'autres cerveaux mal équilibrés. Qu'est-ce à dire ? sinon que les théories les plus séduisantes de la science sociale seront fatalement vouées à l'impuissance, tant qu'elles graviteront autour de ces deux erreurs fondamentales si chères à tant de réformateurs : *égalité physique*, entraînant l'égalité des besoins ; *égalité intellectuelle*, partant d'une égalité des esprits pour aboutir à une égalité *des droits*. Pour assurer les améliorations incessantes au sein de la collectivité, c'est non à la collectivité elle-même, mais à l'individu — cellule de cette collectivité — qu'il faut s'adresser. Cette déduction d'un principe évident est vérifiée, contrôlée par l'expérience de tous les temps. Où est l'œuvre de génie créée par la masse ? Les découvertes, les progrès, les améliorations les plus importantes, n'ont été et ne pouvaient être que des *œuvres individuelles*. Cette simple et indiscutable observation ne devrait-elle pas suffire à rendre la masse plus respectueuse de l'individu ; la *loi du Nombre*, incarnation de la masse, moins orgueilleuse dans sa force brutale ? Bien plus encore. Ces œuvres individuelles, devant les-

quelles s'inclinent les siècles, n'ont-elles pas dû
presque toujours, pour assurer leur victoire,
triompher des vouloirs égoïstes, féroces ou jaloux
de la multitude? Je sais bien que l'on parle sans
cesse, avec une superbe assurance, de *l'âme des
foules*. Hélas! cette âme n'est presque toujours
qu'un état psychologique confus et irraisonné,
ayant parfois ses grandeurs d'une heure, mais
aussi ses caprices cruels qui retardent, sans cesse,
l'ascension de la société. Quel est le grand
homme que cette âme des foules n'ait voué aux
gémonies? Quel est le tyran aux succès duquel
elle n'ait applaudi et dont elle n'ait admiré les
audaces triomphantes? L'horreur des supériorités
est la caractéristique de cette âme des foules,
non parce qu'elles sont ignorantes, aveugles et
sourdes — mais parce qu'elles seront toujours les
foules, c'est-à-dire le creuset brûlant où se fondent,
se détruisent, se vaporisent les vouloirs les plus
intenses de l'individu. L'âme des foules est obscure et primitive : par là elle confine à l'animalité
universelle qui ne possède que des instincts et
pas de volonté réfléchie. Ceux qui bâtissent leurs
systèmes sociaux sur cette âme des foules; ceux
qui ne s'occupent que d'elle, la prennent comme
seul guide et en font une sorte de Divinité, édifient sur le sable. Ils commettent une erreur
philosophique qui serait généreuse si elle était
sincère, mais qui n'est la plupart du temps
qu'une flatterie intéressée. Je touche ici au
fond même de la genèse sociale de la doctrine
du progrès; de cette doctrine qui, quoi qu'on fasse

ou qu'on veuille, met face à face l'individu et la multitude, au risque envisagé par tant de gens avec gaieté de cœur, de laisser écraser le premier par la seconde et de le forcer à se soumettre à ses farouches décrets. Cela vaut donc la peine d'être examiné de près, sans passion comme sans faiblesse ; sans autre désir que celui de se rendre compte des destinées possibles de l'humanité. Sans oublier surtout ce double et brûlant problème, qu'il faut à la fois apprendre à l'humanité à respecter l'individu et aussi à se défier de lui.

J'ai dit que cette multitude n'avait que des instincts ; j'ajoute qu'elle n'obéit qu'à des impulsions spontanées qui sont la négation même de l'idée de continuité ascensionnelle du progrès, et constituent la menace éternelle suspendue sur l'avenir des démocraties. Pourquoi ? Parce qu'on entraîne, on surexcite, on affole, on ameute une foule ; on ne l'enseigne pas. Car elle n'apprend rien, elle ne peut rien apprendre dans le tumulte de ses bonds, dans le caprice de ses désordres. Étudiez les foules dans leurs manifestations les plus diverses : vous les trouvez prêtes à toutes les violences, disposées à toutes les servitudes. Elles n'écoutent aucun raisonnement, parce qu'elles frappent toujours avant d'écouter. L'erreur les séduit et les subjugue ; la vérité leur déplaît, car elle ne les flatte jamais. Les foules ont des passions ; elles n'ont point de sentiments. C'est pour cela qu'elles ignorent la reconnaissance et élèvent l'ingratitude à la hauteur d'un dogme. Aussi faut-il, non point les blâmer — ce qui serait une injustice — mais les connaître, ne serait-ce que pour se garer d'illusions théoriques dangereuses et chercher, dans la limite humaine du possible, à corriger et à endiguer leurs erreurs meurtrières. Œuvre assurément difficile, mais essentielle, indispensable, car il n'est pas permis d'oublier que c'est la foule qui, en définitive, doit demeurer la seule maîtresse de la souveraineté future.

Lorsqu'on sonde, sans amertume, sinon sans tristesse, cette âme des foules à la fois impulsive et inconstante, il est un premier point que la raison doit reconnaître, et une première constatation qu'il lui faut subir, quitte à en tirer les déductions nécessaires ou à essayer d'en conjurer les conséquences inéluctables. Au sens spiritualiste du mot, l'âme des foules est toujours demeurée pareille à elle-même à travers ses mouvantes profondeurs. Sourde aux générosités suprêmes, elle est restée rebelle aux vouloirs héroïques, inapte aux admirations superbes. Dans cette âme, la matière a toujours dominé l'idée. A travers les âges, je vois cette âme des foules applaudisseuse féroce des tyrannies, pourvoyeuse des bûchers, enivrée par le « *Panem et Circenses* ». Elle a banni les Justes de l'antiquité; elle s'est ruée au devant des chars de triomphe des empereurs romains, qui ne furent que des scélérats couronnés. Elle a ri devant la ciguë de Socrate; elle a préféré Barabbas à Jésus; elle a soutenu, de ses insultes, les bandits de l'Inquisition; elle a chassé à coups d'arquebuse les huguenots à la Saint-Barthélemy;

elle a présidé aux massacres de Septembre ; elle a accompagné, de ses hurlements sauvages, les charrettes qui conduisaient à la mort les Girondins, puis Danton, puis Desmoulins, Robespierre, Saint-Just ; elle a ricané autour de la plate-forme de l'échafaud d'où un jeune homme héroïque, un fils adoré, lui jetait, en la saluant, le nom de Buffon. De nos jours, elle a raillé Baudin mourant sur les barricades ; elle a dételé la voiture du César de contrebande partant pour la guerre d'Italie. Plus près encore, elle a hué Zola et célébré les faussaires à l'affût des crimes. On criera au réquisitoire ; je répondrai : *résumé !* On objectera que ce n'étaient là que des ramassis d'individus ? Non ; c'était bien la foule, ondoyante et diverse comme les flots aveugles d'une mer en furie. Pourquoi vouloir sans cesse fermer les yeux devant les vérités cruelles ? C'est ainsi que l'on arrive aux pires sophismes ; que l'on aboutit aux plus ineptes déceptions.

Cette âme des foules changera-t-elle devant la poussée formidable des événements et la clarté aveuglante des conquêtes d'une science que, chaque jour, tant de génies individuels rendent plus nombreuses et plus décisives ? Là gît le problème capital, le problème social tout entier, mais aussi le point noir de l'avenir. Car il ne faut pas s'abuser : cette âme des foules, c'est l'humanité elle-même, et il ne saurait y avoir de progrès durable et *acquis* pour cette humanité, si cette âme des foules n'est pas modifiée, bouleversée dans ses élans les plus irraisonnés.

J'ai dit problème capital, non point insoluble.
A la condition pourtant d'éviter les erreurs de
tant d'écoles philosophiques contemporaines; de
ne pas méconnaître par ambition ou dédaigner
par orgueil, ce que j'ai appelé les vérités fondamentales. L'âme des foules a ses profondeurs
comme les océans; elle a ses courses furieuses
comme les torrents. Ne cherchez pas à maîtriser
les océans, quand souffle la tempête; à endiguer
le torrent, quand gronde la tourmente. Seulement,
efforcez vous de ne pas déchaîner les tempêtes,
de ne pas soulever les tourmentes. Toute doctrine
contraire, c'est-à-dire toute doctrine qui ne peut
qu'engendrer la tempête; qui porte dans ses flancs
la tourmente irrésistible, est une doctrine périlleuse et fausse, vouée fatalement aux désastres,
à la ruine. Il y a là un théorème de science sociale
devant lequel la mauvaise foi seule ne s'inclinera
pas. Rechercher d'un bond les lois du progrès
indéfini, de la perfectibilité humaine universalisée,
c'est se perdre dans les théories de la quadrature
du cercle et de la découverte de la pierre philosophale. Ce n'est pas faire de la mathématique
ni de la science; mais de l'algèbre de mots, de
l'alchimie sociale. L'erreur primordiale de presque
toutes les philosophies est de croire qu'elles ont
étudié une humanité, quand elles n'ont disséqué
qu'un cerveau; plus encore, qu'elles ont découvert
les lois fondamentales d'une société, quand elles
n'ont péniblement enfanté que la théorie de
l'humanité sans la relier à l'individu. Ces philosophies tentent l'aventure du serrurier qui voudrait

ouvrir, avec une clef unique, les serrures les plus
diverses, même les serrures cassées.

Sont-ce là des doctrines de découragement?
Qu'importerait, en somme, si elles sont vraies?
A toujours - reculer, par intérêt ou par peur,
devant l'évidence, l'humanité passe son temps
à barrer sa route d'obstacles dont l'enlève-
ment ou la destruction demandent ensuite des
siècles de luttes et de sacrifices. Or, il me paraît
difficile de répondre autrement que par des
phrases creuses ou des excommunications aisées,
à la constatation impassible de ce qui est; pis
encore : de ce qui menace d'être toujours. Il n'y a
rien de plus simple que de forger d'emblée les règles
théoriques du bonheur universel; de prendre,
comme base de ces règles, la notion de la perfectibilité humaine illimitée. La difficulté commence,
lorsqu'il s'agit de faire cadrer ces règles et cette
notion avec les expériences de l'histoire et les
enseignements de la psychologie. Parce qu'alors
il faut s'adresser à la multitude elle-même et non
plus à des intellectualités restreintes, à des minorités d'élite dont le groupement social a pu changer de nom, mais n'a pas changé sensiblement
de nombre à travers les siècles. Parce qu'alors
surtout apparaît le danger des doctrines qui, mises
à la disposition de tout le monde sans être pour
cela à la portée de chacun, produisent si souvent
les effets meurtriers d'armes de guerre destinées à
des hommes et confiées par mégarde à des enfants.
La conclusion? Elle m'apparaît très claire, alors
que d'aucuns la proclameront déplorable : c'est

qu'au sens idéaliste, philosophique des mots, il faut laisser tranquilles les doctrines de progrès indéfinis, de perfectibilité humaine illimitée et ne songer qu'à poursuivre, qu'à étudier sans relâche, qu'à assurer enfin les améliorations sociales proprement dites. Cette poursuite, cette étude, cette assurance constitueront, en effet, le véritable « Progrès », non plus dans une acception abstraite de l'idée, mais dans la réalisation pratique de la chose. La science sociale n'a pas, ne peut pas avoir d'autre but.

Qu'est-ce en effet, au point de vue suprême de l'idéalisme social, que le Progrès ? Non point seulement un mouvement, une révolution continuelle en avant ; mais encore la défaite de l'égoïsme, la suppression des ambitions malsaines, des calculs personnels ; l'annihilation de l'orgueil individuel, des préoccupations de la vanité. C'est le désintéressement devenu une méthode, l'altruisme élevé à la hauteur d'un dogme, le travail érigé en institution sociale nécessaire ; le culte de la patrie — petite ou grande — uni à l'amour de l'humanité ; c'est la solidarité universelle substituée à la personnalité implacable. Mais cela, c'est le rêve : rêve généreux et sublime que l'on peut garder intact au tréfonds de sa pensée, mais auquel on ne pourra atteindre qu'en changeant l'âme de l'humanité terrestre et, par une conséquence inéluctable, l'âme même, la nature propre de l'individu. Croire à ce rêve est bien ; attendre de sa réalisation le bonheur pratique et *possible* de l'humanité est fou ! C'est ici surtout que le mieux serait l'ennemi du bien. La croyance à l'évolution indéfinie du Progrès repose sur une fausse conception de la nature de l'homme et du rôle exact de notre humanité dans l'universalité planétaire. C'est, sans qu'on s'en doute ou qu'on veuille l'avouer, le résultat indéniable d'un atavisme sacerdotal basé sur la conception théologique d'un Dieu spécial, créant l'homme à son image et seul maître du seul univers existant dans les espaces de l'infini. Erreur fatale qui asservit notre intelligence, opprime notre cerveau sous la poussée d'illusions, de désirs que la réalité est impuissante à assouvir. L'homme n'est, dans la nature immortelle, qu'une production terrestre éminemment contingente, une ébauche animale imparfaite, mêlant ses grandeurs stupéfiantes à ses tares originelles indélébiles, à ses désharmonies inexplicables. De même que notre terre n'est qu'un point perdu dans l'immensité, un atome dans les mondes de l'univers. Croire que l'homme est *indéfiniment* perfectible, c'est penser qu'il arrivera à être le dernier terme, la suprême expression de la création mondiale, la manifestation ultime de la vie universelle. N'est-ce pas là la résultante d'une fatuité cérébrale inadmissible ; une conséquence évidente des dogmes étroits des religions révélées qui ne saurait résister au froid examen de la raison pure ? C'est sous une forme, plus accessible peut-être, la doctrine du « Surhomme » de Nietzche, « Ainsi parla Zarathustra ! » Hélas ! nous les avons entendu parler les Zarathustra, imprégnés jusqu'à la moelle de la folie des grandeurs. Ils habitent les maisons d'aliénés. L'homme indéfi-

niment perfectible, c'est l'Homme-Dieu. Or, s'imaginer que les individus dont la collectivité constitue l'humanité terrestre peuvent devenir des
hommes-dieux, est une prétentieuse divagation
que confirme l'ironique brièveté de notre existence. C'est pour cela que je me refuse à croire à
cette « perfectibilité indéfinie » de l'homme, à ce
« progrès illimité », tels que l'entendent de trop
banales et de trop faciles écoles de philosophie
sociale.

Mais j'admets au contraire ce que j'ai appelé
« les améliorations » sociales ininterrompues. C'est
à la recherche de ces améliorations que doit
s'arrêter la véritable méthode socialiste scientifique — non purement spéculative — fécondée par
la sensibilité et l'intelligence. Aller au delà, c'est
aboutir aux doctrines de pure esthétique religieuse, à l'étouffement ; c'est changer l'école en
secte et la méthode elle-même en tremplin. L'idée
de « perfectibilité indéfinie » suppose la modification continuelle et ascendante de ce que la psychologie appelle « les instincts premiers », c'est-à-
dire du fond même de la nature humaine qui est
absolument irréductible, échappe à toutes les lois
et se soustrait à toutes les analyses générales. Les
améliorations, au contraire, constituent les résultantes proportionnelles du vouloir individuel combiné avec l'activité sociale. Ces résultantes sont
des actes et se meuvent dans un champ d'action
illimité. Elles sont la mise en pratique féconde,
raisonnée de ce que j'appellerai volontiers « *le
désir humain* », c'est-à-dire l'ensemble poursuivi

des besoins matériels et immatériels de l'homme,
besoins qu'il faut sans relâche chercher à satisfaire. Mais, si le cycle de cette satisfaction ne peut,
ne doit pas être borné, qu'il y a loin de là à la
croyance de la « perfectibilité indéfinie » de
l'homme lui-même, qui n'est qu'une illusion à la
fois suspecte et dangereuse. Illusion qui, suivant la
profonde parole de Pascal, que l'on ne comprend
pas assez, tend à faire de l'homme « un ange » et
aboutit la plupart du temps à constater qu'il n'est
« qu'une bête ». Si, par le fait de son animalité
supérieure, l'homme en effet confine quelquefois
à l'ange, il n'en conserve pas moins, de ce fond
indéracinable d'animalité, une force d'impulsion
qui le pousse invinciblement vers la bête. Cela
par cette raison — évidente quoique intangible —
que l'homme est un produit assurément remarquable de la nature créatrice, mais seulement un
produit intermédiaire et une ébauche imparfaite.
Je laisse donc à l'idéologie spéculative ces notions
philosophiques de progrès, de perfectibilité, pour
ne m'occuper que de ce que je considère comme la
seule réalité pratique : les améliorations sociales.

Ces améliorations, quelles sont-elles ? Elles
paraissent pouvoir se catégoriser en trois groupes
sériels distincts et néanmoins indivisibles : les
améliorations doivent être *individuelles*, *profes-
sionnelles*, *sociales*. Les premières comprennent ce
qui a trait au sort et à la destinée de l'individu qui
n'est pas seulement une unité, mais *un être* ; qui
n'est pas seulement un ventre, mais un cerveau ;
qui n'est pas uniquement matière, mais aussi pen-

sée ; qui vit dans *le Tout*, en étant lui-même un tout complet quoique imparfait. Les secondes embrassent ce qui touche aux intérêts professionnels et par suite à l'organisation, à la codification, à la rémunération du travail quel qu'il soit et quelles que soient les professions. Les dernières, enfin, s'appliquent à ce qui se rapporte à l'épanouissement intensif de l'avenir des agglomérations sociales considérées dans leur collectivité, qui est assuré par les devoirs de l'individu et qui assure à son tour le droit de l'individu.

Si ces améliorations nécessaires sont distinctes quant à leur catégorisation, il est indispensable, ainsi que je viens de le dire, qu'elles restent indivisibles dans la réciprocité de leurs fonctions ; car cette indivisibilité est le fondement, la condition essentielle de toute évolution sérieuse et définitivement acquise. Oublier, méconnaître ou nier cette indivisibilité, c'est marcher à la stérilité, à l'impuissance. Là gît l'écueil fatal de tant de systèmes de réformation ; le vice originel de tant de philosophies contemporaines. Ne s'occuper que de l'individu que l'on voit, que l'on touche, que l'on coudoie ; le regarder comme un tout, quand il n'est qu'une fonction essentielle, c'est rouler sans vergogne à la doctrine inféconde, énervante, de l'individualisme. Ne tenir aucun compte de cette fonction, de la personnalité de l'individu, de ce que je nommerai *le personnalisme*, c'est par contraire glisser tout droit vers la plus insupportable des tyrannies. Ne viser que les professions, c'est ériger en dogme la lutte des classes, lutte pitoyable qui, sous des noms divers, menace, en s'éternisant, de rendre impossible l'essor de l'humanité. Ne se soucier que de la collectivité, c'est faire litière de l'être individuel indestructible, du *moi humain*, essayer de le réduire à l'état de rouage inconscient d'une immense machine pneumatique exposée, par ces tentatives d'absorption, à des détraquements successifs, à des explosions meurtrières. Toutes les réformes doivent donc être basées sur cette triple fonction de la personnalité humaine : individuelle, professionnelle, sociale. Dans ce sens, les réformes ne sauraient être limitées. Leur avènement durable, leur conquête définitive, c'est l'évolution sociale elle-même, le triomphe des « idées » qui détermineront le succès de cette évolution.

J'ai écrit : *idées*, non : *doctrines*, parce que je considère comme un malheur commun aux philosophies, leur tendance invincible à vouloir établir un corps de « doctrines » qui finissent par devenir le formulaire facile à l'aide duquel les diverses Écoles se combattent et s'excommunient. Toute doctrine est nécessairement intransigeante. Or, il ne saurait y avoir d'intransigeance en ce monde, où l'absolu n'existe pas, où tout est contingence et relativité. Les religions seules peuvent avoir la prétention, grâce à ce qu'elles appellent la Révélation, de posséder un corps de doctrines. La philosophie, qui n'a point à se préoccuper de la Révélation, forme antique et sacerdotale de la crédulité humaine, doit, au contraire, rejeter les doctrines proprement dites, c'est-à-dire les systèmes bâtis de toutes pièces et toujours conçus sur des raisonnements *a priori*. Mais si je redoute les systèmes, si je ne les admets pas, je crois, en revanche, à la puissance sereine des « idées » qui, sous l'égide de la méthode expérimentale, se meuvent librement dans le pur domaine de l'induction ou de la déduction. Ces idées seront diverses, complexes, obscures ou contradictoires ; leur ensemble, leur concordance conduira à des affirmations, leur choc à des négations. Qu'importe ? C'est de ces concordances, de ces chocs, que sortiront au jour le jour, par étapes successives mais ininterrompues, ce que l'on désigne sous le vocable générique de « progrès » et ce que j'ai résumé simplement sous celui « d'améliorations ». Comment pourrait-il en être autrement d'ailleurs, et pourquoi les hommes, dans leurs manifestations cérébrales traduites par « les idées » qui se meuvent si souvent dans le domaine de l'incertain, de l'inexploré, de l'inexplicable, seraient-ils semblables les uns aux autres, alors que la nature — créatrice universelle — est si dissemblable à elle-même dans la matérialité de ses manifestations génératrices ? Le « système » circonscrit, limite, arrête le champ de l'activité humaine, par cela seul qu'il est le système. « L'idée », au contraire, dans son expansion immortelle, élargit les horizons et marche, sans fatigue et sans relâche, du connu expérimentable à l'inconnu insondé. Le système parle toujours *ex cathedra* ; l'idée ne perd jamais de vue le raisonnement qui lui enseigne tout d'abord

que ce que l'on appelle pompeusement « la société » n'est, en somme qu'une vaste collection
d'individus dissemblables. Que de théories préconçues, que de prétendues réformes mises à
néant par cette simple comparaison philosophique
entre le « système » ou doctrinarisme et l'idée
incompressible, qui, elle, peut être patiente, parce
qu'elle est véritablement éternelle. L'idée finira
par décider de tout en ce monde ; parce que, seule,
elle pourra y mettre le temps. Seule, elle pourra
rester indifférente à nos maux et à nos souffrances
passagers, parce que, si elle est juste, son heure son-
nera toujours à l'horloge des siècles. Le « système »
a sa chapelle ; « l'idée » a pour théâtre le monde
entier de la pensée. Le « système » cherche le
plus souvent à gouverner les intérêts matériels
contre les « idées » ; les « idées » au contraire
veulent à la fois donner satisfaction aux besoins
de l'estomac et aux nécessités de l'esprit. C'est
pour cela, et au point de vue de l'évolution, que
je hausse les épaules, lorsque le « système » me
sert longuement les Icaries séduisantes où tout
est réglé d'avance, jusqu'au moindre déjeuner
de l'homme futur. Sous le commode prétexte
de genèse sociale, de cité de l'Avenir, ces Icaries,
qui partent de l'*utilité collective*, n'aboutissent
qu'à enserrer l'individu dans l'inextricable réseau
de leurs mailles prétendues réformatrices. Quand
l'idée formule une loi, c'est que cette loi est basée sur la méthode expérimentale et les enseignements de l'histoire. Rien de systématique, de sectaire dans cette loi, car elle cesserait sans cela

d'être « la loi » pour devenir le dogme de la force ou le commandement de la tyrannie. Le système, au contraire, ne discute pas, ne démontre pas « la loi » : il fait simplement cadrer ce qu'il appelle « des lois » avec ses hypothèses les plus hasardées, qui ne sont, la plupart du temps, que les moyens de parvenir de ses adeptes et de ses sectateurs. Que l'on cesse donc de parler de « systèmes » : je ne reconnais que les lois qui étudient l'individu dans ses manifestations personnelles, pour les adapter aux rapports réciproques, nécessaires, des collectivités d'individus. Les lois qui méconnaissent ou dédaignent ce principe ne sont que des *lois d'État :* lois de combat, lois d'exception toujours oppressives. Les lois faites pour un seul contre tous, ne sont pas plus admissibles que les lois faites pour tous contre un seul : à leur égard, l'insurrection devient le plus saint, le plus clair des devoirs. Ces lois d'ailleurs ne peuvent être qu'éphémères, car elles oublient que la société, représentant la masse des citoyens, n'est qu'une sorte de fiction conventionnelle, tandis que l'individu seul est une réalité vivante, pensante, agissante. Mais, et je ne saurais assez insister sur ce point, je parle ici de l'individu tel que je l'ai défini dans sa triple fonction unitaire, professionnelle, sociale. Certes, ces affirmations n'iront pas toutes seules et je n'ai sur ce point aucune illusion. Elles n'en constituent pas moins des vérités élémentaires, en dehors desquelles tout n'est que déclamation vaine, rhétorique creuse, peut-être productive pour quelques-uns — mais inutile, dangereuse pour la masse qui attend, qui souffre en espérant toujours. Et dans cette étude profonde et compliquée des « lois de l'Individu » formant, par leur ensemble, leur cohésion, le véritable *droit social*, j'estime, à l'égal d'une vérité axiomatique, qu'il faut partir de ces principes fondamentaux : « que la création n'a sur nous que deux pouvoirs : elle nous fait naître, elle nous fait mourir ». Hors de là, nous devons rester les maîtres absolus de nos destinées. Les autres accidents, les autres modalités de l'existence humaine, ne sont que des contingences dont notre volonté doit triompher ou contre lesquelles l'état social doit nous protéger. —

C'est à permettre à l'homme de devenir ce maître absolu — et le but est immense — qu'il faut orienter les philosophies de l'évolution. Elles auront alors le droit de se résumer en articles de lois applicables à tous. L'individu *complet*, c'est-à-dire assuré dans ses droits, docile à ses devoirs — c'est la société *intégrale*. Protégé dans ses droits, l'individu possède en effet la plénitude de son existence sociale. Obéissant à ses devoirs, il coopère au fonctionnement indispensable du corps social. Dans ce sens, la loi ordonne à l'individu — en affirmant ses ordres par les coercitions nécessaires — les actes dont l'omission est réprouvée par la conscience universelle ; elle lui interdit les actes dont l'exécution serait une atteinte à l'*unité sociale*. Mais elle ne saurait aller plus loin et prendre texte, par exemple, de cette utilité sociale, pour commander des actes attentatoires aux facultés et aux droits de l'individu. Proclamer le contraire, c'est préparer la révolte, en enseignant un non-sens. Léser un droit, c'est atteindre l'individu dans son essence et, par une action réflexe inéluctable, atteindre la société elle-même. Mais ne pas exiger l'accomplissement d'un devoir, c'est menacer la collectivité entière, en établissant la suprématie d'un individu sur les autres individus dont l'ensemble forme cette collectivité. Les lois qui règlent ces formes et ces devoirs forment, par leur cohésion indissoluble, à la fois le code de l'individu et celui de la collectivité. Les séparer, rechercher l'un sans promulguer l'autre, c'est faire œuvre de stérilité et de mort.

Vainement objecterait-on que ce sont là des principes individualistes d'essence orgueilleuse. Il n'y a aucun orgueil, mais simplement du bon sens, à reconnaître l'indestructible caractère du moi éternel qu'il faut chercher à développer, à éduquer jusqu'à le rendre générateur de toutes les expansions, dispensateur de tous les enthousiasmes, créateur de toutes les générosités. L'œuvre est difficile; peut-être irréalisable dans son amplitude philosophique. Mais en dehors d'elle je ne vois, sans vouloir froisser ni accuser personne, que des doctrines d'abaissement et de servitude. Le despotisme aura changé de nom; la tyrannie ne sera plus une *unité*, mais une *pluralité*. Mais ce sera toujours le despotisme; ce sera toujours la tyrannie oppressive et plus étouffante encore. *L'individu libre dans la collectivité laborieuse :* il n'est pas d'autre formule possible de la rénovation sociale. Le cri sublime de Michelet : « *On veut me voler mon*

Moi » est de tous les temps ; il plane sur toutes les tentatives théoriques et les juge. C'est le cri de la révolte éternelle du moi contre l'écrasement de ce moi par la multitude. La Révolution française, à laquelle il faut toujours revenir quand on recherche le critérium des doctrines de l'émancipation humaine, n'a été que l'exaltation suprême, parfois féroce, de l'individualisme. Les grands philosophes de la Révolution, hommes de théorie à la fois et d'action, portaient dans leurs veines, charriaient dans leur sang, l'effroi des siècles passés où les masses populaires étaient courbées sous le joug despotique de quelques puissants. Ils guillotinèrent les puissants : c'était la revanche sanglante de l'individu écrasé, mais se soulevant sous la poussée furieuse de ses élans comprimés, de ses droits méconnus. Ils n'avaient vu, ils ne pouvaient voir, dans le sombre drame de cette revanche, qu'une des faces du redoutable problème de l'évolution. C'est à l'évangile futur de l'humanité à compléter leur œuvre, en protégeant les droits de l'individu, tout en proclamant à son tour ses devoirs multiples, sacrés, envers la société. Sans cela, l'œuvre de la Révolution resterait incomplète et grosse des plus terribles méprises. Dans cette puissante tragédie, la Révolution a supprimé l'aristocratie de la naissance. Il ne faut pas qu'elle ait, comme postface et conclusion, l'avènement de l'aristocratie du nombre, aussi inintelligente et plus implacable peut-être. Car les réactions oppressives des droits et des libertés de l'individu ont été le résultat de l'ignorance, de l'affolement des masses. L'histoire nous apprend que les émancipations sociales ont été la conséquence d'actions individuelles héroïques. Qui dit individu, dit force; qui dit masse, dit entraînement. Il faut redouter les entraînements collectifs qu'on ne peut maîtriser et qui ne raisonnent jamais. Si donc vous voulez qu'un jour — et c'est là le but ultime de l'évolution — l'œuvre des masses soit féconde, ne perdez pas de vue la culture de l'individu. Sans cela vous roulerez dans les abîmes des coups de force ou des coups de tête, dans les décrépitudes des rhétoriques inutiles. Assurez à l'individu sa pleine expansion, l'entier développement de ses facultés personnelles dans la limite seule où elles sont capables de se mouvoir; protégez sa santé physique comme sa santé morale — et cela sans rêver je ne sais quel niveau égalitaire chimérique qui supprime l'individu, en ayant l'air de le magnifier. Je n'ignore pas que certains guides humanitaires traiteront cela de « préjugés individualistes ». Ces « préjugés », s'ils ne sont pas satisfaits, n'en menaceront et n'en reculeront pas moins indéfiniment la matérialisation durable de leurs rêves. Tout sera à craindre tant que l'individu ne sera pas assuré de l'exercice intégral de *ses droits* — de même que rien ne sera fait tant qu'on n'aura pas contraint l'individu, au risque même de le briser, à l'application exacte, absolument rigoureuse de *ses devoirs*, dont la synthèse constitue *les droits des autres*. Négliger l'un des deux termes de ce principe, c'est tenter l'impossible et vouloir gouverner le néant. Ce double principe limitera peut-être le progrès; mais il conduira à l'expansion indéfinie des améliorations sociales, en corrigeant les appétits insatiables de l'égoïsme individuel — qui forment le tréfonds de tant de prétendues réformes égalitaires — par les nécessités, même juridiques, de ce qui est la véritable solidarité humaine. Si bien que, dans cet ordre d'idées, si l'individu résiste ou se rebelle, je n'hésite pas à déclarer sa défaite, sa suppression nécessaires. Ainsi entendu dans son *unitalisation* collective, l'ensemble de ces individualités éduquées, amendées, solidarisées, formera la société idéale de l'avenir, dans le sens à la fois terrestre et restreint où cette société idéale peut être établie. Société dont les vouloirs seront raisonnés et raisonnables; dont les aspirations socialisées seront nécessairement géminées avec les besoins individuels. Hors de là, tout n'est que ténèbres et chaos. Car exalter et diviniser la masse aux dépens de l'individu qu'elle écrase; étouffer par le socialisme ce que j'ai nommé le « personnalisme » humain, c'est — quoi qu'on dise et qu'on veuille — courir au devant du despotisme et de la servitude. C'est ouvrir les portes de l'insurrection permanente à la volonté humaine individualisée et indestructible. C'est créer un bagne social dont l'individu ne pourra s'échapper que par la révolte ou la mort. A cette théorie de la masse oppressive et triomphante, une seule doctrine demeure opposable : la doctrine de l'*anarchie*, qui devient ainsi le palladium suprême, la ressource unique contre l'écrasement de l'individu. On a dit avec raison que l'anarchie n'était que l'exagération folle et sauvage de l'individualisme déchaîné. Que l'on prenne garde cependant de rendre l'anarchie nécessaire en face des théories aveuglément niveleuses d'un collectivisme étroit; de faire de l'anarchie la loi d'un seul contre l'oppression de tous. Accorder à la collectivité — parce qu'elle est le nombre et la force — l'autorité suprême, le droit exclusif de toute volonté individuelle, c'est donner, par un juste retour, à la bombe libératrice, l'ultime argument de la raison pure révoltée. Ce jour-là, les « Bourses du travail » sauteraient elles-mêmes comme vulgaires châteaux de « bourgeois » ! A cela, que répondra-t-on? La mort? Elle est la ressource éphémère des despotismes vainqueurs. Non! J'aperçois clairement une autre conclusion qui devient ainsi, au point de vue social, le *criterium* à l'aide duquel il est facile de juger la plupart des systèmes de nos philosophes modernes. Tant que l'on ne fera plier le *moi humain* que devant les exigences impérieuses, inévitables du devoir social, *ce moi* devra s'incliner passivement. Mais le jour où, sous le prétendu prétexte de besoins innomés de la collectivité, lâchement adulée, bassement courtisée, on supprimera absolument *ce moi* au profit exclusif de la collectivité, et par cette raison seule qu'elle est la collectivité; c'est-à-dire la force; qu'elle a, dès lors, le droit de constituer comme elle l'entend la société idéale, ce jour-là le *moi* se révoltera et fera exploser la société. S'il est aisé de juger un arbre par ses fruits, combien plus aisé encore d'apprécier

certaines théories par les déductions expérimentales auxquelles elles conduisent le penseur. En
veut-on une preuve irréfutable? Sans vouloir entrer ici dans les discussions générales et encore
obscures que soulève l'examen approfondi du *droit
à la grève*, il n'en est pas moins évident que ce
droit *est absolument naturel*. Mais il est non moins
évident que ce droit à la grève existe pour protéger le travail, non pour lui porter atteinte. Or, en
face de ce droit naturel de la grève, je trouve un
autre droit, non moins naturel, non moins évident :
le *droit de vivre*. Au nom de quel droit supérieur,
une force syndicale puissamment organisée, m'in-
terdira-t-elle, à moi qui suis isolé, *le droit de vivre*,
si je ne suis pas d'accord avec cette puissance syndicale sur les conditions de la grève décrétée par
elle; sur son utilité, sur sa justice? Comment, à
quel titre, le droit syndical collectif sera-t-il plus
fort que mon droit personnel, si je démontre l'illé-
gitimité de l'initiative prise par ce droit collectif? La
question est des plus graves, des plus délicates. Je
vais plus loin. Si, à mon tour, je m'unis à d'autres
qui penseront comme moi; si cette union conduit
à une action commune plus puissante que la vôtre,
admettrez-vous que cette action nouvelle puisse
annihiler votre première initiative? Accepterez-
vous que, pour cette action contraire, je puisse
faire appel à l'État — puissance publique — pour
assurer notre droit de vivre contre votre droit de ne
pas travailler? Si vous ne l'admettez pas, pas plus
que je ne l'admets moi-même, comment voulez-
vous que d'autres consentent à ce qu'il vous soit

loisible, à votre tour, de vous adresser à l'État pour protéger *votre droit de grève* contre *notre droit de vivre?* Certains docteurs ès sciences sociales me crieront que je n'y comprends rien. Je me bornerai à leur répondre que les droits se valent *lorsque ce sont des droits* — et que les devoirs sont égaux, *qu'ils soient collectifs ou individuels.* D'autres, plus sérieux, me diront que ces objections essentielles disparaîtront par le développement de l'arbitrage; que les conflits seront évités, le droit de vivre assuré par le fonctionnement régulier de vastes organismes fédératifs. Cela, je l'admets sans peine, à la condition toutefois que ce fonctionnement n'entraîne pas le « *Tout pour les uns, rien pour les autres* »; que les décisions arbitrales soient respectées par ceux à qui elles donnent tort. A la condition encore que ce fonctionnement ne nous ramène pas, avec des noms nouveaux, aux anciennes maîtrises et jurandes dont il ne serait possible d'éviter la tyrannie que par la plus sanglante des révolutions. Mais, après tout, peut-être m'alarmé-je à tort? Ne nous a-t-on pas prédit l'avènement prochain d'un ordre nouveau où la suppression des capitalistes et des salariés rendra toute grève inutile? Ne nous a-t-on pas laissé entrevoir l'établissement d'une immense coopération sociale, administrant par des travailleurs associés le domaine de la production? Ainsi éclairé, le problème social ne devient-il pas d'une simplicité idéale? Je n'ose pourtant y croire sans hésitation, tant je redoute, de bonne foi, que ces doctrines ne ressemblent à celles des médecins qui tuent leurs malades pour être bien sûrs qu'ils ont guéri la maladie.

Cette terreur instinctive, menaçante de la toute-puissance irraisonnée et aveugle de *la loi du nombre*, je la retrouve, poussée jusqu'à ses dernières limites, mais sans l'appoint et le correctif nécessaire de la notion primordiale du *devoir social*, dans le livre superbe *l'Unique*, de Max Stirner, qui fut le précurseur de Nietzche. Stirner, individualiste passionné, a été l'adversaire résolu du grand courant démocratique qui emporte les sociétés contemporaines vers un idéal qu'elles croient juste, mais dont elles ne soupçonnent ni les écueils ni les dangers. Pour Stirner, l'anarchie dont je viens de parler n'est nullement l'absence de toute organisation. C'est au contraire l'organisation par excellence, le véritable *organisme social* dont l'Individu, « l'Unique », libre de toute entrave, tout-puissant, maître absolu de lui-même, serait *la cellule*, l'*utricule primordiale*. Pour « l'Unique », plus de religions, de codes, de morales conventionnelles. Triomphant dans ses énergies propres, « l'Unique », dépourvu de tout scrupule, n'a d'autre considération que celle de son intérêt exclusivement personnel, d'autre vouloir que la victoire de cet intérêt. Je n'éprouve aucune difficulté à reconnaître que cette doctrine, si séduisante pour mon *moi*, est essentiellement fausse, puisqu'elle sépare l'individu de la société; « la cellule » du corps organisé dont elle fait partie, auquel elle s'agrège, qu'elle anime et vivifie. Il faudrait pourtant s'y rallier sans réserve le jour où, sous le prétexte de devoir social, on arriverait à la suppression, odieuse quoique déguisée, des droits de l'individu. Là gisent les dangers, l'écueil formidable contre lesquels donnent, tête baissée, les théories outrancières de la loi du nombre — loi toute aussi fausse que celle de « l'Unique » dont elle déchaînerait la terrible explosion, le jour où elle tenterait d'établir sa suprématie exclusive et intransigeante. Nul sophisme, de quelque nom qu'il s'affuble, quelque drapeau qu'il déploie, ne prévaudra contre ces vérités. Pourquoi chercher à se dissimuler en effet que la plupart des écoles qui se prétendent socialistes et se posent en adversaires résolus de la philosophie évolutionnelle, sont affligées de deux vices originels qui les minent et les neutralisent ? elles ignorent la Nature et ne tiennent aucun compte de l'individu, tout en paraissant ne s'occuper que de lui. Je m'explique tout de suite sur ces deux points capitaux.

La nature, mère immortelle et d'essence divine, avec ses leçons grandioses, ses enseignements profonds, ses spectacles sublimes, ses poésies étincelantes, ses harmonies, n'existe pas pour les réformateurs sociaux. Il en est de même de l'individu, qui ne constitue à leurs yeux qu'une unité de vulgaire agrégation, que l'on pétrit à sa guise et dont on dispose à sa volonté. Or, un semblable concept de philosophie, qui éclate aux yeux les plus prévenus, que je retrouve au fond des doctrines ésotériques de la Révolution sociale, ne saurait aboutir qu'à l'impuissance. La pensée, pour garder des allures scientifiques, n'a pas besoin de raser sans cesse la terre, comme l'hirondelle en temps d'orage. Pareille à l'alouette gauloise, elle peut aussi voler et chanter dans le ciel bleu. Est-ce que la nature n'est pas le livre incomparable dans lequel il faut savoir lire, « livre écrit avec des soleils et des étoiles », suivant une admirable parole? Est-ce qu'une envolée de poésie ne vaut pas mieux parfois qu'un morceau de pain? L'incarcération violente de l'individu dans le bagne universel des déshérités et des souffrants, est-elle donc le synonyme de bonheur collectif? « Je pense, donc je suis ». Supprimer l'individualité humaine en essayant d'absorber, de fondre, de dissoudre l'individu dans le sein d'une collectivité anonyme, scientifiquement organisée, sera-ce supprimer la pensée? Quelle épouvantable erreur! La pensée restera une, personnelle; elle demeurera debout sur les ruines, rebelle inassouvie qui s'insurgera contre la tyrannie collective et fera, comme je l'ai dit, sauter en l'air l'État social, jusqu'à ce qu'on lui rende son indépendance propre et sa liberté. Prenez garde : je ne suis pas seulement *un*, je suis *moi*. Tant que l'on ne respectera pas ce moi, dont les droits ne sont limités que par les droits du *moi voisin*, je crierai à l'asservissement, au néant, aux « lois scélérates ». Cela, *parce que je veux être et que je n'admets pas seulement que nous soyons. Ou plutôt, si nous sommes, nous ne serons que parce que je serai.* Chercher à édifier le contraire à l'aide de sophismes violents, de passions surexcitées, c'est installer au cœur même des sociétés le germe indestructible des dissolutions inévitables; c'est essayer de bâtir un monde, non sur des adhésions libres et fortes, mais sur des unités incohérentes et inconciliables. Un pareil but peut être le rêve de malheureux affamés : ce n'est ni une solution ni davantage une évolution. Pour vivre, il ne faut pas seulement manger : il faut aussi respirer. Or, on ne respire à l'aise que sur les sommets, non dans les bas-fonds ou les marécages. Toutes les fois qu'une doctrine se présente à moi, je lui demande ce qu'elle fait de l'individu, de l'individu homme, non de l'individu électeur, facile à séduire, plus facile encore à tromper. Si elle me répond, avec une superbe arrogance, qu'au nom d'un intérêt social suprême — *lex populi, salus esto* — elle l'annihile et l'absorbe dans la masse unifiée, je la repousse, fût-ce à coups de fusil. Il ne saurait y avoir de contradiction durable entre la doctrine du personnalisme et les nécessités évidentes de l'utilité sociale. Une conciliation suprême et définitive est indispensable entre ces deux dogmes de la société future : *individualité protégée, collectivité évoluant librement.* Conciliation difficile, soit; mais qui a du moins le rare mérite d'indiquer dès l'abord, avec clarté, les doctrines qu'il faut absolument rejeter. On est bien près de la vérité, lorsqu'on connaît les sources de l'erreur. On n'est pas loin de savoir ce qu'il faut faire, lorsqu'on n'ignore rien de ce qu'il faut à tout prix éviter. L'évolution sociale doit procéder beaucoup plus par élimination que par idées préconçues, même généreuses, et par bonds capricieux, même sublimes. Les théorèmes,

les principes de sens et d'esprit naturels, sont
seuls humains et pratiquement réalisables. Il faut
laisser au pur domaine du rêve, les fantaisies de
l'imagination qui résistent aux données de l'expérience. Pour me résumer sur ces divers points,
j'estime que, dans le domaine matériel comme
dans le domaine moral, *le bien, c'est l'utile* : l'utile
limité par les exigences sociales de la solidarité
humaine, mais sans perdre de vue, pour ne pas
tomber dans la plus étrange aberration, que, qui
dit *solidarité*, sous-entend par cela même personnalisme. Là, en effet, où l'individu disparaît, où
son moi se dilue au sein de la collectivité, les
principes de solidarité, d'altruisme ne comportent
plus aucune signification, ne conservent pas la
moindre importance. Car alors la collectivité se
chargeant de tout, l'individu-unité n'a plus que
des droits. L'obligation du devoir cesse pour lui,
puisqu'il a perdu la nécessité de vouloir et la possibilité d'initiative. Presque toutes les théories socialistes actuelles proclament bien le droit absolu de
la masse, qu'elles divinisent et placent au-dessus,
en dehors de toute discussion. Mais où est le
Code des devoirs de cette masse vis-à-vis de
l'individu dont elles suppriment ainsi, par une
conséquence fatale, les droits personnels en lui
imposant les devoirs sociaux ? Un pareil enseignement est contraire aux lois expérimentales, car il
méconnaît, il foule aux pieds le *substratum* de la
nature humaine qui existe, qu'on peut améliorer,
mais qu'on ne crée pas plus qu'on ne le supprime.

CHAPITRE III

Les considérations qui précèdent m'amènent, par une logique évidente, et avant tout examen des théories des écoles réformatrices de la société, à étudier de près « l'individu » dont la psychologie forme la base de l'évolution sociale. Il est, en effet, un triple axiome qui me paraît s'imposer à un esprit avide de solutions précises :

a) Dans le nombre, tout dérive de l'unité ;

b) Dans le monde créé, tout vient de la cellule ;

c) Dans le monde social, tout part de l'individu.

C'est à l'individu que l'on doit donc s'adresser, pour savoir ce que l'on peut attendre et faire de lui, et arriver ensuite à la connaissance de ce qu'il est permis d'espérer et de réaliser pour la société.

Il n'y a pas à s'y tromper en effet : nous ne connaissons un peu de l'humanité, que l'homme ; de la collectivité, que l'individu. La philosophie sociale doit procéder — si elle veut être pratique et utile — du particulier au général, du connu à l'inconnu. Assurément, le socialisme, en visant le mieux être de la masse, ne saurait se préoccuper exclusivement du bonheur particulier de l'indi-

vidu. Il a le droit incontestable d'imposer, même
par la force, à cette masse elle-même ce que l'on
appelle « le bonheur social » sans se soucier à
l'excès des appétences, du degré de préparation de
l'individu pour ce bonheur. Mais dans sa recherche
des lois générales qui régissent le bonheur social
— lois dont l'individu peut être la victime dans
le for de son égotisme personnel — il ne doit pas
perdre de vue que la vie humaine, avec ses manifestations diverses, l'ensemble de son mécanisme
générateur, est une comédie, ou un drame, aux
cent actes divers. N'est-il pas, dès lors, logique
avant de jouer la pièce, d'observer les artistes qui
y figurent et d'assigner à chacun le rôle que sa
personnalité comporte. Aussi la psychologie de
l'individu est-elle la base essentielle de la philosophie sociale. L'humanité a des besoins, des
aspirations, des droits et des devoirs. Mais ces
besoins, ces aspirations, ces droits, ces devoirs,
à moins de demeurer purement spéculatifs, ne
deviendront pratiques que par la conciliation des
besoins, des aspirations, des droits, des devoirs
de l'individu. La *personnalité sociale* existe au
même titre que la *personnalité civile* des sociétés ;
elle ne saurait être, pourtant, que la résultante
des personnalités individuelles, qui sont intangibles. Ces dernières seront adaptées, amodiées
suivant le milieu social dans lequel elles seront
appelées à vivre. Mais quelle erreur capitale,
attentatoire au salut social, que de s'imaginer
qu'elles peuvent être confisquées, annihilées par un
concept social dans lequel elles ne joueraient plus

qu'un rôle accessoire de comparses, de figurants.
Lorsqu'on parle de « l'amélioration des classes laborieuses », que vise-t-on, sinon l'amélioration des
unités qui les composent? Le contraire ressem-
blerait à l'œuvre des communautés religieuses dont
le domaine temporel s'élargit et s'accroît sans cesse
par la mainmorte, tandis que les membres de
ces communautés, fidèles à leurs vœux, libres
du moins dans leur sacrifice, demeurent obstinément pauvres. Il faut donc élargir l'homme, pour
élargir l'humanité. Croire que le milieu dans
lequel l'individu est appelé à vivre, se transformera
sans cesse *en entraînant comme conséquence les
transformations nécessaires de cet individu,* est
une erreur capitale. Supprimer l'alcoolisme, ne
fera pas disparaître l'alcoolique; décréter la bonté,
ne rendra pas l'homme meilleur. Lois et décrets
sont souvent des mots avec lesquels on amuse
les masses, sans aboutir pour cela à des réalités
tangibles. Les siècles, en s'amoncelant, ont amélioré, de façon évidente, l'état social; ont apporté
à son fonctionnement des progrès indiscutables.
Mais pourquoi les ambiances sociales, après avoir
singulièrement transformé l'individu primitif —
anthropoïde, primate, homme — semblent-elles
menacées dans leur essor incessant par le brusque
arrêt, ou mieux la stagnation indéniable de l'Individu dans ce courant transformiste? C'est parce
que les progrès de l'homme-unité, qui sont
réels, n'ont pas suivi l'ascension de l'humanité
qui se trouve, par là, limitée. Il faut donc conclure que les progrès d'ensemble de l'humanité

n'atteindront leur plein épanouissement que par
l'expansion libre, incessante des initiatives personnelles, par la science individuelle. L'observation nous ramène ainsi à l'individu. Si, suivant la
théorie de Colasanni, il faut reconnaître l'existence
des *razze superiore* et des *razze inferiore*, ne serait-
il pas insensé de nier, au profit de je ne sais
quelle chimérique égalité, qu'il y a des hommes
supérieurs, émergeant seuls d'une multitude
« d'hommes inférieurs » et imprimant à l'ensemble social le processus ininterrompu qui a
reçu le nom de « Progrès »? Améliorer l'individu,
c'est donc accroître humainement le nombre des
hommes que l'on peut appeler *supérieurs;* c'est
augmenter d'âge en âge la somme des progrès
dans des proportions *indéterminées*, mais non *illimitées*, puisque cette amélioration nécessaire de
l'individu ne saurait être *indéfinie!*

Ces considérations préliminaires comportent
une première déduction sur laquelle je reviendrai d'ailleurs : c'est que l'homme auquel on
n'offre ici-bas, pour toute vérité, que la satisfaction
de ses besoins, de ses appétits matériels, ressemblera toujours aux fruits venus en serre
chaude : ils n'ont que la couleur et l'apparence
des maturités réelles. Mais si on les ouvre, si on
les goûte, on ne leur trouvera jamais le parfum
exquis des fruits mordorés par le grand soleil des
canicules. L'idéal parfume et mûrit l'âme humaine,
comme le soleil d'été mûrit et parfume les fruits.
L'idéal est le soleil éternel des humanités en
marche vers les invisibles insondés.

Quel peut être cet idéal pour l'individu et, par une répercussion nécessaire, pour la société ? Je ne saurais apercevoir d'autre formule que celle du *bonheur intégral :* c'est-à-dire celle qui comprend la conquête du *bonheur matériel* correspondant à l'idée première de *nécessité*, et celle, radieuse et féconde, du *bonheur moral, intellectuel*, qui, géminé avec le premier, satisfait aux plus intimes aspirations de l'être humain. Gémination qui assurera l'intime apaisement de ses désirs les plus cachés et préparera l'épanouissement de son individualité terrestre, au sein d'une société de parfaite solidarité.

Pour parvenir à ce bonheur intégral, l'homme ne dispose que de deux facteurs : le *travail* d'un côté ; la *volonté d'être heureux* de l'autre. Mais facteurs d'une incomparable puissance, et en dehors desquels tout n'est que paradoxe, leurre, mensonge. Cela, il ne faut pas se lasser de le répéter à l'insoucieuse multitude, au risque de déchaîner ses colères. Une société d'oisifs est impossible : mieux que cela, impudente et inacceptable. Une société de violents, toujours en quête du mieux sans daigner reconnaître le bien, est une collectivité de fous. Ceux qui ne le comprennent pas ou qui enseignent le contraire composent ou préparent des générations vouées aux disparitions prochaines. C'est parmi eux que je place non point ceux que je plains, mais ceux que je méprise le plus.

J'ai parlé de bonheur intégral. Il faut bien se garder d'entendre par là le *bonheur absolu*, et surtout d'espérer pouvoir l'atteindre. Espérance paradoxale, chimérique, dans tous les cas *ultra-terrestre*. Ce que j'appelle le bonheur intégral ici-bas, pour compléter et éclairer la définition que j'en ai donnée, ne saurait être en somme qu'un *bonheur différentiel* où, de même que dans le calcul différentiel, l'accroissement des *variables* qui constituent les accroissements du bonheur lui-même, doit être considéré comme une série d'*infiniment petits*. L'homme, voué dès la première minute de son existence aux écroulements successifs, de nature incomplète et complexe, ne saurait atteindre à une amplitude de bonheur parfaite. Ses passions innées, à la fois incoercibles et incorrigibles, le lui interdisent. Il suffit, pour s'en convaincre, de voir à l'œuvre l'humanité. Est-ce que la nature, bonne mère, ne nous avertit pas, presque toujours *avant*, des dangers que nous allons courir? Pourquoi cependant ne l'écoutons-nous jamais *qu'après*, à tel point que l'on pourrait dire que l'expérience n'est que la constatation tardive de cette vérité philosophique? Vouloir tracer dès lors un programme du bonheur est une œuvre vaine, car c'est tenter l'esquisse d'un programme universel, alors que chacun ici-bas demeure le maître aussi absolu qu'inexpérimenté de son bonheur. Un pareil programme, s'il était réalisable, supprimerait-il chez l'individu la maladie qui l'étreint, l'envie qui le mine, la colère qui l'aveugle, l'amour qui l'affole? Réalités oppressives et dominantes, dont la disparition, si elle était admissible, serait la négation matérielle de l'individualité humaine telle que la nature l'a faite, telle que la société doit l'accepter; telle aussi que la science éliminatrice et broyeuse tend chaque jour à l'amoindrir et à l'inutiliser.

Quelque sublime que puisse être dès lors le rêve de collectivité altruiste poursuivi par le penseur; quel que soit son désir ardent d'améliorer cet individu, base initiale de la collectivité, ce rêve et ce désir auront toujours des bornes fatales, parce qu'il faudra considérer l'individu, non tel qu'il pourrait être, mais tel qu'il est, tel qu'il demeurera d'après les lois inéluctables de la création elle-même. Un *nouvel homme* serait non pas *un homme amélioré*, mais l'apparition sur le globe d'un être absolument dissemblable, dû à quelque fécondation mystérieuse de la nature. Il vaut mieux, dans les quadratures sociales, ne tenir compte que de ce qui existe, et éviter avec soin de bâtir sur *ce qui peut être*, toujours problématique et invérifié. Certes, loin d'être décourageante, cette théorie est faite de virile sincérité. Les doctrines contraires sont de généreuses utopies : non point utopies de la veille, mais de tous les temps. Le bonheur intégral pour l'individu ne saurait se présenter que relatif, car l'existence humaine n'est elle-même qu'un *modus vivendi*, une relativité réflexe. De même aussi, le bonheur ne saurait être que *différentiel*, ainsi que je l'ai défini et adapté à la physionomie propre de l'Individu. Cette physionomie, qui n'est que sa figuration déterminée dans l'espace de temps restreint de son existence, sera modifiée, atténuée ou accrue, au point de vue social, par l'effort d'une ambiance altruiste et solidaire. Mais ces modifications, ces atténuations seront essentiellement variables, proportionnelles et ne constitueront jamais que des *infiniment petits*, parce que cette même physionomie, cette figuration resteront identiques à elles-mêmes par l'effet du personnalisme humain. Toute autre doctrine, quel qu'en soit le but généreux, est essentiellement rhétoricienne, sans possibilité de résultat pratique. Mais il ne faut point perdre de vue cependant, pour demeurer dans le réel domaine de la vérité philosophique, que les observations qui précèdent ne s'appliquent qu'au *moi* humain réflexe et non *désolidarisé;* au *moi* sachant se replier sur lui-même et se soustraire en même temps à l'idée anti-sociale de l'égoïsme individuel; décidé enfin à se mêler aux autres *moi* de la collectivité sans lesquels il n'aurait plus qu'une existence précaire et nominale à la fois.

On objectera peut-être que c'est là du dogmatisme étroit, de limitation intellectuelle bien rétrécie et bornée. Est-il donc nécessaire, pour dégager la vérité philosophique, de s'embourber dans le fatras indigeste des théories obscures et les amoncellements de fantaisies paradoxales? Assurément non. A partir du moment où, sur des théorèmes donnés, la science philosophique s'élève à la hauteur d'un axiome mathématique, il faut, si elle veut conserver sa sereine indiscutabilité, qu'elle sache se maintenir sur le terrain circonscrit de ces théorèmes triomphants. N'est-il pas évident que le *Cogito, ergo sum* de Descartes est aussi irréfutable que l'égalité algébrique $a + b = b + a$? Terrain étroit cependant, mais qui est encore suffisant pour laisser passer toute l'humanité, la consoler peut-être, la guider sûrement! Dans cet ordre d'idées, le livre de La Rochefoucault est le meilleur traité de philosophie qu'on ait écrit, après celui toutefois des fables de La Fontaine qui, lui, a su faire parler les bêtes, cette autre humanité.

J'ai dit que le personnalisme humain n'était guère susceptible de s'accroître que par des infiniment petits. Etudiez en effet l'individu parvenu à l'apogée de l'existence; ayant vécu, pensé, souffert, aimé, et demandez-lui ce que c'est que « l'expérience »? S'il est sincère, il vous répondra que l'expérience — qui devrait être le guide infaillible — n'est la plupart du temps que le souvenir stérile, le remords infécond des fautes passées. Et il aura raison; car il faut bien reconnaître que « l'expérience » des autres n'a jamais servi d'exemple à personne. L'homme ne croit pas aux leçons d'autrui, et il s'en prend généralement au voisin des fautes qu'il a commises lui-même. Ne sont-ce pas là des vérités de tous les jours? L'homme, arrivé à la fin de sa vie, ne cesse de répéter : « Ah! si je recommençais cette vie! » Pauvre fou! Tu as si peu changé et tu es si bien resté le même à travers les siècles, que si tu revivais ta vie, tu repasserais par les mêmes sentiers pour tenter de cueillir les mêmes fleurs ; tu te laisserais entraîner par les mêmes erreurs, parce que tu serais poussé par les mêmes passions.

L'homme qui vante son expérience est un sénile caduc, que son impuissance rend inapte à reprendre les anciens chemins de folie battus par sa jeunesse. Redonnez-lui cette jeunesse comme au docteur Faust, et vous le verrez bientôt à l'œuvre, cet homme qui sera cependant la pierre angulaire de votre rénovation sociale.

Après tout, n'a-t-il pas raison, cet incorrigible écervelé? Qu'est-ce que la joie ici-bas? Un rêve égoïste qui passe. Qu'est-ce que la douleur? Une réalité qui demeure. Le m..'e marche entre ce rêve d'une heure et cett réalité de tous les jours. Une organisation sociale qui méconnaît ces contingences, n'exi.. .. C'e .our cela qu'il faut enseigner d'abord à l'homme à ne jamais sauter à pieds joints .. joie, qu lque minime qu'elle puisse être, à ne jamais dédaigner une espérance, quelque légère qu'elle soit. Cette espérance immortelle n'est que le ressouvenir inconscient des vies écoulées ou le pressentiment involontaire des mondes futurs. Ah! quel terrain magique pour la philosophie de l'individu! Passant terrestre, profite de l'heure qui se lève, pourvu que cette heure soit ensoleillée, car tu ignores si le soleil en éclairera d'autres pour toi! Aux sinistres éducateurs qui te parlent sans cesse de pauvreté ou de richesse, réponds hardiment que la douleur est misérable; que, seule, la joie est millionnaire. J'ai veillé, sous des rideaux de soie, les agonies d'êtres adorés : quel est le prolétaire qui eût échangé les gais sourires de sa petite fille avec mes sanglots désespérés de

« bourgeois » ? Les pauvres et les riches ? Je ne
connais que les heureux et les malheureux. Il te
faut travailler pour vivre ? Qu'importe, si tu
peux travailler en chantant! Le travail n'est ni
une souffrance ni une expiation, si l'insouciance
peut illuminer les heures de labeur. Ceux qui
t'enseignent le contraire, se trompent à force de
vouloir faire ton bonheur. Homme, ne crois pas
à ces doctrines de lassitude mortelle : quelle qu'ait
été ta part d'existence ici-bas, cette part aura été
la bonne, si, en fermant ta paupière, tu peux songer une fois encore avec joie aux jours envolés.

La philosophie humaine n'est ni aussi compliquée ni aussi obscure que ce que l'on répète fré-
quemment. Seulement, il ne faut pas demander
à la vie plus qu'elle ne peut donner, ni s'imaginer
que l'on peut être heureux à force d'envier les
autres. Pour apprécier ce que l'on vaut, il n'est
nul besoin de se regarder : il suffit de savoir se
comparer. Il en est de même pour la connaissance
de son propre bonheur. La vie de l'individu est
faite, non de paroles, mais d'actes. Qu'importe de
dire : *je ferai ceci*, s'il n'est pas possible d'ajouter :
j'ai fait cela. On ne juge pas les gens sur des promesses qui ne sont que des intentions, mais sur
des réalités acquises qui sont des preuves. Un sou
soigneusement recueilli peut être le commencement d'une fortune ; des millions entrevus en rêve
ne sont souvent que des prolégomènes de débâcle.
Ce petit sou conservé, n'en déplaise aux théoriciens de la propriété sociale, est *une base* :
mieux encore *un acte*. Les millions entrevus, de

la fortune en fumée ; pis encore, *une parole.* Or,
dans le domaine psychologique comme dans le
droit civil, j'affirme avec le rude adage de nos
pères : « que les actes sont des mâles, et les paroles,
des femelles ». Si l'on mettait en pratique cette
simple observation, bien des théories philosophiques seraient ruinées par le bon sens populaire. Si le mieux est l'ennemi du bien, le simple
est le fondement du vrai. Il est bien rare qu'une
idée compliquée soit juste, et je suis de ceux
qui n'échangeraient pas une phrase de Voltaire
contre les trois quarts de l'exégèse allemande.
« Ce que l'on conçoit bien s'énonce clairement. »
Il serait plus juste de dire qu'il faut énoncer clairement ce que l'on veut faire concevoir aux autres.
La théorie qui s'appuie sur des raisonnements
alambiqués ou obscurs, est, en général, une théorie fausse ; tout au moins, une théorie dangereuse.
Encore plus les théories qui sont édifiées sur des
mots, non sur des faits. Les premières sont l'apanage des bavards ; les secondes appartiennent aux
hommes d'action. Homme, méfie-toi toujours des
bavards ! Méfie-toi surtout des théories inutiles.
J'appelle de ce nom les doctrines qui passent par
dessus la tête de l'individu tel qu'on le connaît,
pour aller à la multitude que l'on ignore. Non
parce qu'elles sont utopiques — l'utopie ne m'a
jamais fait peur — mais parce que prématurées.
Or, j'estime avec les imbéciles de ce bas monde —
et nous sommes légion — qu'en toutes choses il
faut commencer par le commencement. En veut-
on un exemple ? Tant que le *substratum* de l'in-

dividu n'aura pas été radicalement modifié, les
théories qui veulent remplacer l'argent monnayé
par le libre échange des produits acquis, sont
inutiles. Pourquoi ? Parce que l'argent est une
monnaie conventionnelle, peut-être créée par les
voleurs, mais sûrement amassée par les avares et
dilapidée par les sots. Avant de penser au libre
échange des produits, songez donc à vous débarrasser des voleurs, des avares et des sots. Si l'on
m'objecte que la tentative n'a aucune chance de
succès, je répondrai alors que la théorie est inutile ; que je regarde avec terreur l'amoncellement
des livres écrits pour démontrer le contraire. Et
qui pourrait affirmer que l'objection n'est pas
définitive ? En étudiant l'homme de près, n'est-on
pas conduit à reconnaître qu'en vieillissant, il ne
se corrige que de ses qualités, parce qu'à la rude
école de la vie il a fini par se laisser séduire par
le conseil de Talleyrand : « Méfiez-vous du premier mouvement, c'est le bon ! » Si, en vieillissant, l'humanité allait faire comme l'individu
lui-même, que deviendraient les doctrines du
« progrès éternel » au sujet desquelles je me suis
déjà longuement expliqué ? Ne serait-on pas
amené à conclure qu'il en est des humanités, toujours ascendantes, comme des armées en marche
vers un but déterminé ? Les armées avancent, mais
sans qu'un seul soldat ait changé de nature depuis
le moment du départ. La « stabilité » de l'individu ne serait dès lors même point un obstacle
insurmontable à la marche en avant de l'humanité.
A une condition essentielle cependant, c'est que,

de même que pour les armées, il y ait des chefs
clairvoyants et avisés pour diriger et protéger cette
marche. D'où la nécessité absolue, et quoi qu'on
fasse ou qu'on veuille dire, du maintien de la
suprématie de « classes dirigeantes » dont la tâche
sera cependant singulièrement facilitée, et dont
les velléités d'oppression seront rendues impossibles par l'amélioration de l'individu. De telle
sorte que, quelle que soit l'hypothèse à laquelle
on s'arrête, quel que soit le mode d'envisager
l'avenir que l'on choisisse, c'est à l'individu
qu'il faut aboutir. A cet individu pour lequel
une saine philosophie éducative devra se souvenir
que ce que l'on appelle une qualité n'est que
l'absence d'un défaut ; qu'il n'y a entre l'homme
et l'animal qu'une différence : c'est que le second
ignore, tandis que le premier ne se souvient
plus.

Aussi, quoi de plus fugitif et aussi de moins
compliqué pour l'homme, que ce but idéal vers
lequel ses efforts tendent sans cesse et qu'il
appelle le bonheur? Si toute force ici-bas est une
résultante, le bonheur, lui, n'est qu'un résultat.
Être heureux, ce n'est pas seulement être content ;
c'est bien plutôt, ainsi que l'a écrit un sage, *être
contenu*. Le bonheur n'a rien de mathématique,
et le chiffre ne vaut pas toujours le rêve. J'ai
connu des rêveurs qui ont vécu de leurs songes ;
j'ai vu des sages mourir devant leurs additions.
D'ailleurs, être contenu, c'est aussi — mesure de
prudence suprême — ne pas avoir une conception
trop haute de la personnalité humaine. Ceux qui

prétendent le contraire sont des orgueilleux ou
des entêtés. Je leur préfère de beaucoup les âmes
simples, les cœurs droits qui ne demandent à la
vie que ce qu'elle est capable de donner. Les gens
simples sont vraiment les forts. Ils ne raisonnent
ni ne calculent ; ils se contentent de vivre, sans
avoir la prétention de commander à l'inconnu. Or,
la vie n'est-elle pas l'inconnu même, dans ce qu'il
a de plus troublant et de plus passionnant à la
fois ? Nous ne savons pas, nous ne saurons jamais
d'où nous venons, où nous allons, et nous gardons des prétentions à la souveraineté de l'être
humain ! Le jour où quelqu'un a proclamé l'homme
« le roi de la Création », ce quelqu'un a dit la
suprême bêtise. L'homme, un roi ? Mais l'homme,
qui est au-dessous des instincts de la bête par
l'irréductibilité de ses passions, ne lui est réellement supérieur que par la souffrance. Triste
royauté que celle qui n'a pour apanage que la
douleur ! Il est vrai que si l'on peut affirmer que
l'orgueil est un alambic d'où tout s'évapore, en
revanche la douleur est un creuset où tout s'épure.
Mais, par une triste infériorité de la nature
humaine, la douleur ne nous épure vraiment que
lorsque nous devenons résignés. Or, la résignation
est la forme définitive et pour ainsi dire tangible
de l'indifférence suprême. Une âme résignée est
une âme morte : les révoltés sont seuls éternellement vivants. Lorsqu'au lieu dit de Gethsémani,
le sublime philosophe de la Judée se résigna,
après sa troisième prière, à vider le calice amer
de sa destinée, il « était tombé en agonie ». Le

Dieu de la légende était redevenu l'homme de
tous les temps, le malheureux de tous les siècles.
Le jour où la méthode socialiste aura convaincu
les individus de ces vérités, ce jour-là le socialisme
règnera en souverain sur les humanités enfin con-
quises. Il aura surtout cessé de faire luire aux
yeux éblouis des dupes éternelles, les espoirs
infinis que la réalité ne peut satisfaire. Pauvres
dupes qui roulent, à travers les siècles et de
génération en génération, leurs déceptions et
leurs colères. Pourquoi la méthode socialiste, au
lieu d'affirmer, avec une hauteur sacerdotale, ce
qu'elle ne sait pas, ce qu'elle ne connaîtra jamais
des lois mystérieuses qui régissent les mondes,
n'apprend-elle pas aux individus le doute bien-
faisant et presque toujours consolateur ? Pourquoi
oublie-t-elle sans cesse que douter, ce n'est pas
nier : c'est croire simplement qu'il y a des choses
que l'intelligence humaine n'entendra jamais, et
que l'action de l'homme ne réalisera pas. Ces
simples observations devraient rendre les théoriciens plus modestes dans leur dogmatisme hautain.
Montaigne se demandait : « Que sçais-je ? » Les
niais seuls ne se demandent jamais s'ils ignorent
quelque chose. La plupart des crédulités, des
naïvetés humaines, ont leur source dans l'ignorance. Car il n'est nul besoin de croire à ce que
l'on sait : le savoir suffit. C'est surtout à ce que
l'on ignore que va la croyance aveugle, irraisonnée.
L'individu qui sait ouvrir les yeux et regarder, qui
sait observer et raisonner, est mûr pour l'humanité régénérée. A celui-là d'abord il ne sera pas

difficile de faire admettre — et quelle admirable
préparation pour le bonheur terrestre — que si
le rêve est souvent meilleur que la réalité ; si le
sage sait se contenter de peu, la plupart du temps
les malheureux sont surtout les gens qui ont une
santé frêle. La méthode socialiste se préoccupe à
bon droit des relations du travail et du capital.
Ne devrait-elle pas, au point de vue de l'hygiène
sociale, méditer aussi sur les relations de l'estomac et de la digestion. La seule vraie fortune en
ce monde est une santé vigoureuse. *Mens sana
in corpore sano*. Les anciens avaient raison, à la
condition de traduire *mens sana* par âme joyeuse.
Quelle que soit la nourriture que la « cité de
l'avenir » réserve à ses habitants socialisés, encore
faut-il la digérer convenablement. Une bonne
digestion est une des formules essentielles du
bonheur : les docteurs socialistes y ont-ils suffisam-
ment réfléchi pour les autres ? Je ne sais s'il est
vrai qu'il vaut mieux être goujat debout qu'empereur mort. Mais je suis certain qu'il est préférable
d'être goujat bien portant qu'empereur malade !
Les délicats hausseront peut-être les épaules.
Qu'importe ? Je n'écris pas pour ceux qui mangent
bien et digèrent mieux, mais pour ceux qui souffrent, qui espèrent et auxquels on octroie, en guise
de mets substantiels, des promesses qui ne se réa-
liseront jamais.

A ceux-là, du reste, je ne réclame aucune reconnaissance, même si j'ai la joie de les remettre
dans le droit chemin. Car, si flétrir l'ingratitude
est une naïveté, rechercher la reconnaissance est

une duperie. Consoler une âme malheureuse,
m'aura suffi. On a dit que l'ingratitude était l'indépendance du cœur ; ce n'est pas une raison pour
condamner la bonté comme niaiserie. Il ne faut
jamais, quoi qu'il advienne, se lasser d'être bon.
N'est-ce pas pour l'individu le moyen assuré de
devenir meilleur ? Peut-être même au fond, la
bonté n'est-elle qu'une forme adorable de l'égoïsme,
puisqu'elle est une satisfaction indicible de la conscience, un apaisement du cœur emportant avec
lui la plus sûre des récompenses. Avant de savoir
d'un homme s'il est intelligent, demandez vous
seulement s'il est bon. Un grand cœur vaut mieux
qu'une vaste intelligence. La bonté est la suprême vertu. Être honnête, c'est bien ; être bon,
c'est mieux. Les doctrines qui, sans le vouloir
peut-être, rendent l'homme mauvais et méchant,
sont des doctrines qu'il faut combattre sans merci.
Avais-je tort de dire qu'avant d'organiser la
société, il était indispensable de connaître et de
reconnaître l'individu ?

Si la méthode socialiste ne doit pas négliger la
bonté, encore moins devrait-elle laisser ignorer à
l'individu tout le prix de l'amitié, cette autre
douce vertu de l'être intime, dont l'habitude est
le plus puissant facteur et qui l'initie au désintéressement, à la joie de l'expansion, qui est l'acheminement initial vers la fraternité et la solidarité.
Car on n'est véritablement l'ami d'un homme, que
lorsqu'on nourrit l'espérance ou qu'on possède
la certitude de pouvoir un jour lui rendre service. Hélas ! que de gens se figurent encore que

l'amitié n'est que la conviction que celui que
l'on appelle « l'ami » pourra un jour nous être
utile !

Cette même méthode devrait enseigner aussi
à l'individu que la modestie sied à l'homme,
comme la parure convient à la femme. La modestie pallie les défauts du premier ; la parure
dissimule les imperfections de la seconde. L'orgueil n'est-il pas du reste, chez l'homme, une des
formes les plus exaspérantes de la bêtise ? La
simplicité sied aux grandes intelligences. Le vrai
mérite est toujours modeste, car ce n'est qu'après
avoir longuement et fortement étudié, que l'on
commence à s'apercevoir que l'on ignore à peu
près tout. Il faut être allé jusqu'au tréfonds d'une
science pour être en mesure d'affirmer que l'on en
soupçonne les premiers éléments. Aussi ne faut-il
jamais s'interroger sur ce que l'on a appris, mais
se demander ce que l'on apprendra. A la première
question, le découragement et la lassitude pourraient répondre : *rien* ; tant la science est infinie,
universelle ; tant ses horizons sont incessamment
renouvelés, ses découvertes illimitées. La seconde,
au contraire, voudra se satisfaire et se réfugiera
dans le labeur de chaque heure, la poursuite incessante de l'idée ; dans le travail enfin qui est le but
suprême, l'excuse de la vie, la sauvegarde de
l'orgueil. Tous les imbéciles sont orgueilleux.
L'orgueil est à l'esprit ce que la grossièreté est à
l'éducation. L'orgueil conduit toujours à l'entêtement, qui est, à n'en pas douter, une des modalités funestes et l'aliénation mentale. Dans tout

homme fou, il y a un obstiné. Comme l'entêté, le
fou ne raisonne ni ne discute : il affirme. Les doctrines à la fois hautaines et fausses n'ont point
d'autre point de départ. Seulement, il faut plaindre
le fou et mépriser l'entêté, qui n'est qu'un produit dégénéré de l'orgueilleux.

Mais s'il faut rire de celui qui s'écrie : je suis
un homme fort, il est prudent de se défier de celui qui proclame sa faiblesse. S'il n'est pas un
habile, il est toujours un dangereux. Dans un
duel au pistolet, il y a tout à redouter d'un ma-
ladroit. Les balles perdues sont souvent mortelles,
et il n'y a que les fusils que l'on ne croit pas
chargés qui partent seuls.

On me dira que cela c'est du sentiment; que
le positivisme nécessaire des sciences sociales ne
reconnaît d'autres lois que celles de la raison. Je
n'y contredirai certainement pas. Mais la doctrine
philosophique qui opposerait de parti pris la raison au sentiment, ne serait-elle pas essentiellement
erronée; plus encore, orgueilleuse et étroite ? Je
crains bien que la méthode socialiste qui résiste
aux apaisements d'un sentimentalisme, même
excessif, au nom de la dureté métallique des doctrines les plus discutables, ne soit aussi incomplète qu'illusoire. Le sentimentalisme vient de
l'inspiration et confine à l'enthousiasme. Outre
qu'il n'a en soi rien de déraisonnable, il est seul
capable d'engendrer les grandes actions, de créer
les grandes choses. Les vertus héroïques, les passions généreuses ne sont-elles pas toujours dérai-
sonnables, puisqu'elles ne peuvent jamais être

raisonnées? La raison absolue est le contraire de l'action; car agir, c'est s'exposer à n'être pas raisonnable, et l'immobilité, en cessant d'être sujette à l'erreur, devient ainsi une formule adéquate à la raison pure. La raison et le sentiment ne sauraient rester inconciliables, sans exposer l'homme — premier anneau de la collectivité — aux pires folies ou aux plus féroces abstentions. Savoir raisonner est nécessaire; savoir sentir est indispensable. Voilà pourquoi tant de doctrines socialistes ne satisfont ni l'esprit ni le cœur de l'individu. Celui qui ne sait que raisonner, ne sera pas malheureux au sens prosaïque du mot; mais, par un juste retour offensif du sentiment, il ignorera toujours les joies d'ici-bas. Le *summum jus, summa injuria* est un axiome de raison pure, de même que l'égoïsme en est l'expression souveraine. Les doctrines de solidarité sociale sont, au contraire, l'épanouissement fécond d'un sentimentalisme idéal, Reconnaître cette vérité, c'est peut-être changer l'axe de bien des doctrines, mais c'est orienter l'humanité vers ses destinées les plus éclatantes et les plus radieuses. *Le sentimentalisme est un acte de foi humaine ;* la raison ne doit être qu'une méthode d'investigation. Tant pis pour la méthode, si elle se trouve en contradiction avec un sentiment généreux. C'est qu'alors les procédés de la méthode sont faux ; c'est qu'elle perd de vue l'individu qui est la réalité agissante, pour ne considérer qu'une entité sociale qui est une abstraction. La raison n'est plus alors, par une conséquence logique et inattendue, que l'apparence trompeuse, le masque menteur sous lesquels on déguise les plus bas instincts de la nature humaine.

Est-ce prétendre cependant que la raison ne sert à rien? Ce serait à la fois une folie de le croire ; un crime de l'enseigner. Mais lui assigner dans les catégorisations de la mentalité indivi-duelle, un rôle exclusif et prépondérant, consti-tuerait un danger. La raison ne doit servir qu'à *discerner* entre les méthodes d'induction et de déduction, qui sont des *méthodes sentimentales*, puisqu'elles mettent presque toujours en jeu, et sous forme de raisonnement, des hypothèses, c'est-à-dire des formules sentimentales. A côté de cette raison qui discerne, il faut donc placer l'intuition qui devine, l'observation expérimen-tale qui indique, l'entendement qui généralise, la volonté qui dirige et enfin le sentiment qui agit. Or, l'action est le *propre de l'homme* au sens vrai du mot ; de l'homme qui, en pratiquant le culte de la raison, n t complet que s'il est aussi un impulsif. Ceux qui ne le comprennent ni ne l'admettent, ne comprendront jamais l'humanité. La raison procède en effet par voie d'*extériorité* : elle va du dedans, du for intime de l'individu, vers la société extérieure, pour déterminer, pro-voquer l'action qui sera la résultante de cette *exté-riorisation*. Cela pour le seul profit de l'individu se mouvant librement au sein de la société. Le sen-timent, au contraire (de *sentire*, sentir), procède par voie d'*intériorisation :* il découle de l'impres-sion *extérieure* pour aboutir à la détermination

intérieure qui, par voie réflexe, réglera l'action de
l'individu, pour le plus grand profit du monde
social qui l'entoure. C'est au nom de la raison
que l'individualisme est tenté de régner en maître
souverain ; c'est du sentiment que naissent les
idées d'altruisme dans le plein essor de la solidarité humaine. Or, n'est-ce pas vers la conciliation
définitive de ces deux puissants facteurs sociaux
— individualisme, altruisme — qu'il faut orienter l'homme si l'on veut en même temps assurer
à la collectivité son développement ? Il faut lire
et relire Montaigne, si l'on veut saisir la portée
de cette démonstration. Nul livre, plus que ses
Essais, qui sont une des merveilles de la pensée
humaine, ne saurait revendiquer le titre de « glo-
rificateur de la raison ». Mais de la raison seule.
Que l'on examine le fond de cette doctrine d'apparence irréfutable. Dans sa magnifique *Histoire de
la Révolution française*, Louis Blanc dit que Montaigne fut l'apôtre de « l'égoïsme indulgent ». Peut-
être eût-il mieux fait de proclamer que Montaigne
fut surtout l'apôtre de « la raison pure ». Le but
de la vie, suivant Montaigne, est « de s'estudier,
de se connaître, de se contempler, *de se posséder*,
de se suffire ». Ne sont-ce pas là les termes divers d'une équation que, seule, la raison humaine
peut résoudre ? La doctrine qui se dégage des
Essais de Montaigne, c'est que « vivre pour soi,
c'est cela seul qui est vivre ». Il se peut que Montaigne ait raison contre les buveurs d'idéal. Les
tristes jongleries de l'humanité, ne sont pas
faites pour démontrer l'erreur de son terrible en-

seignement. Mais alors, il faut déchirer les pages
du livre d'or de l'avenir? Pages de rêve, dira-t-on?
Mais combien consolantes pour l'humanité qui
roule à travers les siècles ses espérances inassouvies. Si l'on ne considère dans la société que la
collection d'individus, dont on a toujours négligé
ce que j'appellerai l'*Éducation sociale*, il n'est que
trop facile d'en mesurer les faiblesses, d'en dé-
nombrer les vices, d'en apprécier les défauts. Le
cri de Montaigne « Desnouez-vous de la société! »
apparaît comme un avertissement lumineux. Mais
si l'on considère aussi que cette société, dont on
cherchera à se « desnouer », ne nous lâchera pas
pour cela; que la solitude vers laquelle on tente
de se réfugier n'est qu'un leurre, puisque —
pour la trouver — il faudrait supprimer l'humanité elle-même, on est bien contraint de s'avouer
qu'à côté de l'individu que l'on est, il y a aussi
les individus qui seront éternellement et avec lesquels il faudra toujours vivre, et compter. C'est
donc bien à l'individu qu'il faut aller d'abord;
c'est lui qu'il faut élever, développer et surtout
socialiser. Et c'est alors qu'apparaît la doctrine
du sentimentalisme, qui — dans la souveraineté
de son rêve — corrige ce que la raison a de trop
férocement égoïste; de même que la raison, dans
le terre-à-terre de ses impulsions, modère les
excès et les ingénuités du sentimentalisme. Hors
de là, c'est la mainmise sur les vouloirs aveugles de
l'humanité et, par la logique inflexible des choses,
l'explosion des pires et inutiles révolutions.

Il est évident que, sur ce terrain transactionnel

entre la raison et le sentiment, on peut divaguer
à l'aise et éterniser les plus stériles discussions.
Cela ne saurait empêcher de proclamer que ce
terrain transactionnel est le seul assez solide pour
laisser mouvoir à leur aise les formules définitives
de l'évolution sociale. Non qu'il soit possible de
fixer d'un coup ces formules, de leur donner
d'emblée la force suprême que l'expérience seule
permettra de consacrer[1]. Mais il est permis du
moins d'admettre, dès à présent, deux vérités axiomatiques dont l'oubli ou le mépris conduiraient
aux pires catastrophes. La première, c'est que
supprimer l'individu, au bénéfice d'une collectivité anonyme, est une erreur monstrueuse, inadmissible. La communauté ne doit pas chercher à
absorber l'individu, car ce serait forger les chaînes
de la plus exaspérante des tyrannies. Hélas! il y
en aura assez de la science future et de ses découvertes imprévisibles, pour réduire en ce monde
la place de l'individu! La seconde, c'est que sacrifier les nécessités de la collectivité à l'individu lui-
même, est un crime social, générateur inévitable
des expiations les plus sanglantes. La bourgeoisie
en fera, avant qu'il soit longtemps, la cruelle expérience. C'est le code de ces droits et de ces devoirs
à la fois sociaux et individuels, qui seul pourra
légitimement espérer de gouverner la société
future et de présider utilement à ses destinées.
Tout le reste est de la fantaisie rhétoricienne, dont

---

1. « L'organisme social... est l'œuvre de tous, par le temps, les
tâtonnements, l'expérience progressive, par un courant inconnu,
spontané. » BLANQUI.

il ne faut point songer à se plaindre du reste, car
on ne saura jamais assez par combien d'idées
fausses il est nécessaire de passer, pour arriver à
une idée vraie. Le pour et le contre, d'apparence
si contradictoire, ne constituent pourtant que les
deux faces d'une pensée unique : il est plus facile
de la discuter que de la découvrir. Cette découverte aboutit presque toujours à un juste milieu,
défini assez exactement le terme le plus voisin de
la sagesse. La recherche de la vérité ressemble
au travail du myope qui essuie les verres de ses
lunettes pour mieux y voir. Combien peu d'hommes
savent essuyer leurs verres. L'orgueil est la buée
qui les ternit constamment. Il en est de même de
la fureur des violents, de la démence des sots;
fureur et démence qu'il faut se garder de confondre avec la sainte colère des cœurs ardents.
Loin d'être aveugle, cette colère est la plus clair-
voyante des passions humaines. N'a-t-elle pas
toujours pour mobiles initiaux l'enthousiasme
que l'on bafoue, la générosité que l'on ridiculise,
la bonté que l'on dédaigne? Il en est peut-être ainsi
de la haine. Les âmes faibles n'ont pas de haines,
pas plus que les cœurs veules n'ont de colères.
Lorsqu'après une longue existence de labeur, on
fait asseoir sa jeunesse au foyer de son âge
mûr, ce sont surtout les haines et les colères
d'antan qui revivent, vibrantes, dans le souvenir !

La conclusion de ce qui précède — conclusion qui
doit servir de base à l'enseignement de l'individu
— c'est que la pensée humaine, pour être féconde,
doit être guidée par la science et la raison; équi-

librée par le cœur et le sentiment. Celui qui ne croit qu'à la science peut se tromper lourdement. Est-ce que, dans les circonstances difficiles de l'existence, les purs mathématiciens ne font pas preuve souvent d'un jugement souverainement faux et d'une remarquable étroitesse d'esprit? Le chiffre bossue le cerveau et dessèche le cœur; il imprime à l'intelligence une sorte d'allure géométrique inconciliable avec les besoins urgents et les complexités de la vie. Le chiffre a établi que la ligne droite était le plus court chemin d'un point à un autre : il ne s'est pas aperçu qu'un lacis de lignes droites pouvait former un inextricable écheveau de lignes brisées. N'est-ce pas ce que Pascal voulait dire, lorsqu'il écrivait : « Les géomètres qui ne sont « que géomètres, ont l'esprit droit, mais pourvu « qu'on leur explique bien toutes choses par défini- « tions et par principes. Autrement, ils sont faux « et insupportables ». Mais celui qui ne se gouverne que par le cœur est exposé aux plus grossières erreurs. C'est par la conciliation entre la science qui gît dans le cerveau et l'imagination qui sort du cœur, que l'homme peut espérer atteindre à la somme de bonheur qui lui est départie ici-bas. Je ne conçois pas plus une humanité sans science que sans imagination : cela, je ne cesserai de le clamer aux doctrinaires systématiques qui ont la prétention d'orienter le peuple vers ses destinées futures. Si la science aboutit à la réalité, pourquoi nier que cette réalité est souvent et fatalement désespérante? Pourquoi vouloir tarir dans l'homme ces élans d'imagination qui enfantent le

rêve et qui le consolent? L'imagination est l'eau
bienfaisante qui féconde les sols arides desséchés
par la science. La science engendre l'impassibilité
qui conduit à la folie du néant. L'imagination est
la mère des utopies éternelles et berceuses d'âmes.
L'être humain ne saurait être complet que s'il est
à la fois la résultante logique de ces deux forces :
la science et l'imagination. On dira que c'est de la
crédulité naïve? Il n'est pas, à mes yeux, d'hommes
plus dangereux que ceux qui ne croient à rien,
car je les considère comme capables de croire à
tout. On sourira de cette philosophie sereine, avec
l'indulgence du scepticisme? Mais le scepticisme
n'est-il pas lui-même un simple procédé métaphysique des plus commode pour se débarrasser
des problèmes embarrassants? Quoi de plus aisé,
en effet, pour raisonner de toutes choses, que
d'avoir l'air de douter de tout par parti pris? Le
scepticisme ne saurait constituer une doctrine, car
ses prémisses railleuses reculeront toujours devant leurs conséquences extrêmes. Le scepticisme
s'arrête de lui-même devant l'idée primordiale
du devoir, de la moralité; principes supérieurs
auxquels il n'ose s'attaquer. Cela suffit pour juger
le scepticisme en tant qu'école philosophique. Au
fond de tout sceptique, il y a un naïf ou un paresseux. Aussi les sceptiques seront-ils toujours la
proie des sectaires qui, la plupart du temps,
appellent « doctrines » la négation hautaine des doctrines des autres, et, de peur d'avoir tort, affirment
audacieusement qu'ils ont raison. Si je déteste les
sectaires, je reconnais pourtant leur force et leur

logique. Ils finissent toujours par imposer leurs vouloirs à la faiblesse de l'humanité. L'évolution sociale ne sera assurée que lorsque l'homme comprendra que c'est avec des raisonnements, mais non avec des « *Non possumus* » que l'on doit gouverner les sociétés.

On n'y parviendra sûrement du reste qu'en apprenant à l'homme, en inculquant à son esprit, quelques-unes de ces maximes qui lui faciliteront sa tâche sociale, tout en allégeant les accablements humains de son existence individuelle. La suprême sagesse, celle qui, au sens vrai du mot, est réellement internationale, n'est nullement compliquée, et ses préceptes sont peu nombreux. Je crois même que le jour où l'on aura convaincu l'individu qu'il doit s'arranger pour vivre avec ses semblables, sans illusions, et avec la société, sans découragement, un grand pas aura été fait sur le chemin du bonheur collectif. Ce jour-là, l'individu pardonnera aux hommes d'être capables de tout et à la société de n'être si souvent capable de rien. Il gardera alors sa colère pour lui-même s'il est nécessaire, et il réservera son indulgence pour les autres qui en auront sûrement besoin. Cela lui permettra même de conserver son sang-froid au milieu du désarroi général, sans pour cela devenir suspect à tout le monde, en vertu de cette inéluctable constatation que le berger est l'être le plus cordialement détesté par les moutons de Panurge. Il saura aussi que la reconnaissance est une lettre de change que le besoin accepte avec plaisir et que le cœur laisse protester avec enthousiasme ; que l'oubli est une des caractéristiques de l'ingratitude humaine, puisqu'on n'oublie que ceux qui vous ont surtout obligé. Il lui sera possible — indispensable même — de croire à la solidarité humaine, qui peut être rendue obligatoire par un certain nombre de lois. Je l'engage à être plus réservé sur « l'altruisme », illusion généreuse de cœurs candides, et à se méfier de la belle maxime : « Aime ton prochain comme toi-même ». Est-ce ressouvenir inconscient de nos vies antérieures inconnues ? Répulsion irraisonnée, instinctive, de notre nature intime ? N'importe. Il est « des prochains » qui nous feront toujours peur, que nous exécrerons toujours, et toutes les bibliothèques de moralistes n'y feront rien. Bâtir des systèmes sociaux sur l'altruisme, est un passe-temps agréable, rappelant les inscriptions tracées sur le sable mouvant des grèves : l'océan a bientôt fait de les submerger sous les vagues niveleuses de ses puissantes marées. L'individu se souviendra que le *age quod agis* est le principe éternel de l'activité humaine ; que les paresseux de la cité future rêvent seuls le *age quod non agimus*. L'homme, que je voudrais voir s'élever au-dessus des discussions oiseuses des métaphysiques byzantines ne marchera en avant dans la vie qu'en se retournant sans cesse en arrière, car c'est là que gisent sa jeunesse morte, ses illusions envolées, les êtres adorés qui l'ont laissé pantelant sur la route, tous ses paradis perdus. C'est en arrière qu'il retrouvera les réconforts puissants, les enthousiasmes juvéniles, les convictions éclatantes et, peut-être, les bêtises sacrées. Hélas! en avant, il ne découvrira que la solitude, les abandons, le découragement et la mort. Non que la mort soit redoutable, puisqu'elle est la réparatrice de la vie, de même que le sommeil est l'apaisement de la misère humaine. Mais il deviendra fort devant l'adversité, courageux devant la douleur, compatissant envers ceux qui souffrent. Le malheur ne rend mauvaises que les natures inférieures. Je sais bien que l'homme souverainement bon a été jusqu'ici souverainement bête. Cela changera-t-il? Et quand même!... Il sera bon devant sa conscience; il ne deviendra bête que par rapport aux autres. Puis, il aimera la nature, sans redouter qu'un pareil amour soit attentatoire à la sécheresse d'un socialisme intransigeant et borné. La nature est la mère immortelle qu'il faut adorer et qui console bien souvent de l'humanité qu'il faut plaindre. Toutes les fois que l'on se trouve devant l'obscurité louche d'une âme, c'est vers la radieuse clarté du soleil qu'il faut se tourner. Il y a peut-être plus de vérité *vraie* dans un brin d'herbe que dans les livres les plus compacts de philosophie; et n'en déplaise aux sectaires funèbres, la fleur seule ne trompe jamais sur l'éclat de sa corolle et la douceur de son parfum. Non point cependant que la vie soit absolument mauvaise à vivre : les éternels découragés sont des malades névrosés ou des impuissants. Mais encore faut-il savoir vivre cette vie, sans attendre d'elle ou lui réclamer l'impossible.

Presque tous les hommes proclament, qu'il est dangereux et triste de vivre : dangereux, parce que l'existence, en se prolongeant, n'apporte à la pensée humaine que doutes et négations ; triste, parce que le lointain sans cesse croissant des années finit par vous séparer à jamais de ce qui fit la force, la joie, le bonheur de la jeunesse. Pourquoi donc chacun s'obstine-t-il à vivre, à agrandir le cycle fermé de la vieillesse ? C'est que la vieillesse seule permet le souvenir et qu'il vaut peut-être mieux encore se souvenir qu'espérer ? Mais que cette philosophie sereine est loin des âpres desiderata de la plupart des systèmes socialistes ! Bien à tort selon moi, car le bonheur social complet proprement dit, est aussi chimérique que le bonheur individuel intégral. Où il n'y a ni espérances ni rêves, il ne saurait, par un phénomène psychique étrange, se rencontrer de réalités consolantes. Lorsque je vois l'humanité se ruer, à travers les tempêtes et le sang, vers ce qu'elle croit être le bonheur, je me demande avec anxiété si cette même humanité n'est pas le plus bizarre assemblage d'aliénés ? Pourquoi les chercheurs de pierre philosophale, s'ils sont sincères, ne tournent-ils pas les yeux vers le passé ? Comme ils reconnaîtraient vite que seules, en ce monde, la douleur et la souffrance sont éternelles. Elles ont peut-être changé de nom, de caractère à travers les méandres de l'histoire : elles n'en ont pas moins eu, pour unique champ de bataille, le cœur de l'homme. Sur notre vie, à chaque pas d'avancée vers les profondeurs obscures de la

mort, tombent le deuil et le silence. Que sont
devenues nos amours ? Qu'est devenue notre ado-
lescence enthousiaste ? Que reste-t-il des rares
beaux jours vécus ? Un peu de cendre, des larmes
brûlantes, des angoisses, de la tristesse. Vous
pourrez fouiller les bibliothèques : les milliers de
livres qui y dorment dans la poussière ne vous
apprendront pas autre chose. Si toute la philosophie humaine aboutit à cette cruelle constatation que la suprême espérance de l'individu
pourrait être de partager également son existence entre les rires et les larmes, que veulent
les docteurs en félicité sociale, qui n'ont pas
même su regarder l'individu ? Ah! comme je
comprends qu'ils le négligent, le méprisent, le
submergent dans la collectivité, cet individu pourtant irréductible et incompressible, qui domine
leurs systèmes et fait exploser leurs programmes.
Il n'en subsiste pas moins, intransigeant et
farouche, et c'est pour cela que j'en ai exprimé
rapidement la philosophie séculaire, au seuil de
ce livre, qui s'occupe de ses destinées. C'est à la
lueur de son âpre et irrésistible bon sens que
Clémenceau a pu écrire : « que la révolution intérieure de l'individu est la condition première de
la révolution de tous, et que la culture profonde de
l'intelligence comme des sentiments rendra seule
possible l'adaptation commune à des formes supérieures de socialisation[1]. »

_____

1. *Aurore*, 10 juillet 1905.

CHAPITRE IV

Je viens de résumer à larges traits ce que je pense de l'individu. Il faut le voir à l'œuvre maintenant dans la société moderne ; le trouver aux prises avec cette société et mieux encore avec les diverses écoles qui se partagent la scène du monde et ont la prétention d'édifier les assises définitives de l'avenir. Après avoir créé cette société à son image, l'homme s'est aperçu que les moyens de cette société restaient limités et bornés, tandis que les exigences de ses besoins personnels croissaient en raison directe des satisfactions qu'on leur donnait. Il ne s'est pas demandé s'il était possible qu'il en fût autrement ; si les rêves de son imagination, les suggestions de ses appétits, les vouloirs de ses passions, n'étaient pas souvent des chimères. Il a simplement décidé qu'il *en serait autrement;* que ces chimères deviendraient des réalités certaines. Il a condamné la société qu'il avait mis des siècles à bâtir ; il l'a flétrie du nom de société « capitaliste ». Et, après l'avoir pulvérisée à l'aide d'une épithète ; après avoir proclamé la nécessité bienfaisante de la Révolution ; avoir fait de ce nom, le synonyme — non d'un moyen transitoire parfois formidable — mais d'un remède constant, d'une panacée universelle, il a ébauché tout un code de doctrines qu'il a appelées *socialisme*. Les « Écoles socialistes » sont sorties de là.

Qu'a été d'abord pour elles, dont je vais bientôt examiner la sériation et le fonctionnement, le socialisme? Les aspirations, les desiderata de l'humanité se résolvent à cet égard en cette définition fort claire du socialisme donnée par Danela Nieuwenhuis : « Le socialisme en général peut être défini comme un mouvement ayant pour but de détruire les inégalités des conditions sociales dans le monde, par une transformation économique. »

Si on analyse cette définition, si on décompose ce mouvement, il est facile de reconnaître que son principe générateur, absolument matérialiste, réside dans l'*idée de justice basée sur une égalité nécessaire*. Tous heureux ou tous malheureux. Nul n'avouera franchement la brutalité de la formule; mais chacun y travaillera en déclarant qu'il ne saurait exister de *juste milieu*. Les inégalités — autres que les inégalités physiques et naturelles — doivent disparaître au nom de la justice sociale, qui n'est elle-même que l'incarnation agissante du principe d'égalité.

Peut-être est-il bon de constater dès à présent que ce qui fait d'ailleurs la force et surtout le danger des doctrines que je vais étudier, leur séduisance fascinatrice, c'est leur étonnante faculté d'assimilation des plus palpables absurdités, pourvu que ces absurdités soient d'apparence généreuse. Cela ne s'explique-t-il pas du reste naturellement, par la facilité d'adaptation de ces absurdités aux cervelles des souffrants et des malheureux ? —

L'idée mère une fois trouvée, il n'était point malaisé d'en faire découler les conséquences logiques. C'est au nom de cette égalité inexorable qu'il faut supprimer les privilèges de fortune et de naissance, c'est-à-dire d'un côté la propriété individuelle et l'héritage, véhicules des privilèges de fortune ; de l'autre la famille, constitutive des privilèges de naissance.

Si le but de la révolution sociale est ainsi nettement défini par les écoles socialistes, combien acerbes et implacables leurs critiques de la société capitaliste bourgeoise! Critiques d'autant plus fécondes qu'elles s'adressent, pour les soulever, à des masses qui n'ayant rien, ne risquent qu'une chose : c'est de ne pas avoir davantage. J'ajoute — pour ne laisser subsister aucune équivoque sur ma pensée — que ces critiques sont presque toutes d'une inexorable justesse. La bourgeoisie ferait bien de les méditer au lieu de s'enfermer, impuissante et aveugle, dans ses réactions apeurées, son scepticisme ou ses indifférences systématiques.

Elle ferait bien surtout de se souvenir — si elle veut retarder sa disparition prochaine — qu'elle a failli à sa mission, renié ses origines et sa raison d'être; qu'après avoir fait la Révolution, elle s'est bornée à prendre la place de ceux qu'elle avait combattus et détruits; qu'elle a créé le despotisme du capital, la noblesse de l'argent; qu'elle a érigé pour ses fils l'oisiveté en dogme, et qu'elle s'est rendue en un mot impossible, après être devenue dangereuse.

Que voit-on en effet aujourd'hui dans cette organisation de la société capitaliste? A côté de nombreuses et ignobles misères, le scandale de fortunes individuelles énormes; les capitalistes, maîtres du commerce et de l'industrie; la concurrence organisée de telle façon oppressive, que, tout en fournissant le superflu à l'oisif, elle n'assure même pas le nécessaire au travailleur.

Ce tableau de la société bourgeoise, tracé par les écoles socialistes, est-il exact? Il serait puéril de le contester. La conclusion est dès lors facile pour ces mêmes écoles : les grandes fortunes individuelles sont inutiles. Inutile aussi le commerce; plus inutile encore et meurtrière, la concurrence. Ceux qui prétendent le contraire disent toujours que le « capital » est une chose, un facteur indispensable. Assurément! Mais ils commettent une étrange confusion entre le *capitaliste* et le *capital*. Le premier peut et doit disparaître. Quant au second, auxiliaire essentiel du développement social, il sera fourni non par un seul — ce qui amène la servitude de tous — mais par des milliers d'individus, même indigents, ce qui conduira à l'affranchissement de tous. Cet affranchissement a sa source dans le travail. Or, qu'est-il besoin d'un capitaliste — à la fois chef et maître — pour l'organisation de ce travail, qu'il pressure et exploite à sa guise? A quoi sert, dans cette organisation, le capital venu de l'épargne, sinon à devenir un objet de plus à pressurer?

Le penseur qui se contenterait de sourire dédaigneusement de cette philippique sociale, serait au-dessous de sa mission. Combien préférable d'en reconnaître la flagrante exactitude et de suivre le raisonnement jusqu'au bout. La philippique en effet ne s'arrête pas là. Après avoir ainsi démontré la réalité morbide de ce qui existe, les écoles socialistes reconnaissent que tout cela est logique dans la société bourgeoise, parce que « tout cela » garantit la mise en pratique des théories d'esthétique, de beauté, de sélection morale, d'idéalisme, bonnes pour cette société; mais elles proclament tout de suite que cela n'a rien à faire dans l'*État socialiste*. L'État socialiste n'est en effet qu'un *État politique et économique*, n'ayant à se préoccuper que de *la moindre misère*, c'est-à-dire de celle qui ne peut être évitée et ne visant d'autre but que le bonheur pratique, *non idéalisé*, de l'universalité des membres de la société. La pensée, le songe, l'idéal? Cela est bon pour ceux dont la digestion est acquise, inefficace pour ceux qui ont faim. « Ventre creux n'a pas d'oreilles ». Que l'on commence par donner à chacun le nécessaire; on aura le temps ensuite de voir si le superflu sert à quelque chose, est profitable à quelqu'un, et si ce quelqu'un a besoin — pour être heureux — d'être bercé par les vieilles chansons de la poésie. Dans cet ordre d'idées, la disparition des grandes fortunes, par leur diffusion dans la masse sociale, améliorera le sort de

cette masse dans des proportions assurément inconnues, mais cependant certaines. Cette disparition marquera la fin d'un scandale social. Car les
grandes fortunes sont scandaleuses, beaucoup
moins par elles-mêmes que parce qu'elles font
sentir aux pauvres leur pauvreté par les plus
cruelles comparaisons. On souffre moins de ce qui
vous manque que de ce que les autres ont en trop
et par surcroît. Qui est-ce qui fait le pauvre ? C'est
le riche. Du moment qu'il n'y a plus de riches, *il
n'y a plus que des gens qui ne sont pas riches.*
Mais il n'existe plus de pauvres, puisque tout le
monde se trouve égalisé devant la misère, supprimée par son universalisation même.

Je comprends très bien que cette théorie fasse
passer un long frisson dans le dos des « bourgeois ». Elle n'en constitue pas moins une certitude économique. Le socialisme n'a pas le temps
ni la volonté de s'enquérir des parfums des roses
de l'existence. Il ne sait qu'une chose : c'est
que ces roses ont des épines, et que dès lors il
n'est pas juste que les uns gardent pour eux seuls
ces dernières, tandis que les autres ne respireront
que ces parfums. Tout malade étant soigné, tout
vieillard retraité, tout homme valide assuré de
vivre en travaillant, que pourra-t-on demander
de plus? S'il n'y a plus de riches proprement
dits — riches qui sont du reste une tangible minorité dans la société capitaliste — du moins il
n'y aura plus de pauvres, puisque la misère
« bourgeoise » *qui n'est que relative,* aura disparu.
Dira-t-on que c'est l'idée de l'égalité poussée jus-

qu'au dogme aveugle, au fanatisme sectaire? Soit!
Le socialisme répond qu'il n'en reconnaît aucun
autre. La misère n'est la misère que par son con-
traste avec la richesse individuelle, condamnée à
mort.

C'est à la lueur des mêmes principes qu'après
avoir détruit cette richesse, les méthodistes sociaux
proclament l'absurdité essentielle du commerce. A
quoi, disent-ils, a abouti le commerce? A un fait
social monstrueux : la création, entre le producteur ignorant des lois de la production et les consommateurs isolés dans leur impuissance, de ce
parasite social appelé l'*Intermédiaire* qui, seul,
s'enrichit aux dépens de tous. Est-ce que la suppression de ce parasite affameur ne s'impose pas
d'une façon absolue? Dans l'organisation sociale
future, il ne doit plus exister que des producteurs
et des consommateurs se rencontrant sur le terrain
de l'échange universel dont l'État devient le maître
suprême. C'est lui qui, d'un côté, régularise la
production ; de l'autre assure la consommation
dans les limites des besoins de chacun. Jusque-là,
le commerce — tel qu'il est pratiqué par le capitalisme bourgeois — n'est qu'une calamité sociale.
Grâce à son fonctionnement criminel, aucun produit n'a *sa valeur vraie*. Le producteur est volé,
parce que le commerce lui achète son produit
moins qu'il ne vaut ; le consommateur est dépouillé,
parce que le commerce, qui a acheté le produit au-
dessous de sa valeur, le lui revend *en le majorant*,
c'est-à-dire à un prix supérieur à sa valeur propre.
Cette opération double constitue l'essence même

du commerce « bourgeois ». Elle est néfaste, puisqu'elle assure la fortune de quelques-uns par la misère, l'asservissement de tous.

La critique des méthodistes est ici tellement lumineuse qu'elle devient irréfutable. Mais elle va plus loin encore et non moins sûrement. Pour parvenir sans peine à ces fortunes individuelles édifiées sur les ruines, qu'a fait le commerce? Il a créé la concurrence qui aboutit fatalement, par la valeur décroissante du produit, à la misère du producteur et à celle du consommateur par l'avilissement du salaire. De même que le commerce qui l'a engendrée, la concurrence est un fléau social. La concurrence amène les désordres, les désastres de la surproduction, qui écrase le fabricant sous la mévente de ses produits et affame l'ouvrier par le chômage forcé qu'elle entraîne. Le fabricant et l'ouvrier meurent de faim devant des magasins et des docks gorgés de marchandises dont l'écoulement est impossible. Quel beau spectacle bourgeois! Quelle admirable organisation capitaliste, que celle du commerce enfantant la concurrence; la concurrence amenant la surproduction, le chômage, la déroute finale! Est-ce que ce ne sont pas là des Carthages capitalistes à détruire sans merci?

La question ainsi posée est d'autant plus terrible que les écoles socialistes la résolvent d'emblée : seule, la suppression de ce mécanisme étouffant et usuraire, fera cesser l'anarchie qui règne dans l'état industriel bourgeois, où chacun fait ce qu'il veut, à ses risques et périls bien en-

tendu, mais sans se soucier si la machine qu'il
met en mouvement ne va pas écraser les voisins
aux alentours. L'État socialiste n'admet pas cette
particularité dans l'écrasement. S'il se met, lui
aussi, à écraser, du moins écrasera-t-il tout le
monde. Or, comment parviendra-t-il à faire
cesser cette anarchie meurtrière? En réglant la
production, que rien aujourd'hui ne limite ni ne
réfrène devant une consommation stationnaire. De
quelle façon? 'En organisant le *travail collectif*,
qui comporte une direction, une discipline, un
ordre économique que l'État socialiste, seul, peut
assurer, combiner, exiger. C'est donc au travail
collectif qu'il faut arriver d'abord.

Mais ce n'est là que la première étape à franchir, la première halte à gagner. Puisqu'il faut
répartir équitablement les produits entre les
membres de la société ; régler la production en la
réduisant au nécessaire ; supprimer le commerce
comme inutile, la concurrence comme meurtrière,
il faut — par une nécessité récursoire — extirper
les causes génératrices de ces résultats. En première ligne, la propriété individuelle protagoniste
de ces maux, en l'empêchant de renaître telle
qu'elle existe. Il n'y a pour cela qu'un moyen : le
rapport à la communauté, comme à une masse
successorale, de tout ce qui est matière à appropriation. La communauté, ou collectivité, est
l'unique propriétaire. Seule, elle doit exploiter,
produire et consommer. Dès lors plus de lutte pour
la vie, puisqu'il n'y aura plus de gain possible ;
plus d'épargne à conquérir ; plus de capital indi-

viduel à amasser. C'est l'avènement définitif et terrestre du bonheur social — dans ce qu'il a d'humain, d'universel et même de particulier.

Je viens d'examiner, aussi succinctement, mais avec autant de clarté que possible, les théories générales du socialisme contemporain. Malgré les décrets autoritaires des Congrès, plusieurs écoles se partagent cependant le pur domaine de l'abstraction socialiste. Celle que je rencontre d'abord, c'est l'école du collectivisme, premier acheminement vers la sereine et idéale conception communiste. C'est elle qui a la prétention, considérée comme indiscutable, d'appliquer à l'organisation de la société les procédés méthodiques du socialisme, qui n'est et ne peut être lui-même qu'*une méthode*.

Je n'éprouve nulle difficulté à reconnaître qu'aucune école n'est à la fois plus généreuse, plus séduisante, plus commode, que l'école collectiviste. Je tiens cependant, avant de me laisser entraîner par les séductions charmeuses qu'elle exerce sur mon esprit, à voir si d'aventure elle ne serait pas aussi la plus rebelle des écoles sociologiques aux principes tutélaires de la méthode expérimentale et aux modestes enseignements du bon sens. Je le ferai avec l'indépendance du penseur qui n'a aucun souci des étiquettes et ne va au fond des choses que pour en mesurer la sincérité, en apprécier la portée pratique. Il ne faut pas perdre de vue qu'il ne s'agit point ici du domaine spéculatif des idées, où les erreurs ne préjudicient qu'à ceux qui les commettent, mais de la structure légis-

lative des sociétés humaines où l'erreur, en
bouleversant de fond en comble ces sociétés,
peut en amener la destruction totale, l'anéantissement. —

Je veux surtout ne me soucier en rien de ce que
j'appellerais volontiers, pour préciser ma pensée,
« le despotisme de secte ». Sans qu'ils s'en doutent
peut-être, et par une loi d'atavisme historique
inéluctable, certains doctrinaires du socialisme, et
non des moins grands ni des moins respectables,
procèdent des enseignements et de la stratégie du
prêtre, dont la main a passé, à travers les siècles,
sur le modelage de leurs cerveaux. Le prêtre mau-
dit, excommunie ceux qui ne consentent pas à
vivre passivement dans le giron de son culte.
Comme lui, ces doctrinaires proscrivent, anathé-
matisent ceux qui n'acceptent pas les conclusions
tyranniques de leurs chapelles. Comment les pratiquants de ces chapelles ne voient-ils pas qu'en
érigeant en dogmes leurs projets de réformes, ils
se comportent comme les dévôts de l'Église elle-
même, qui est la négation principale du libre
examen et la suppression du raisonnement?

Qu'importe d'ailleurs que les pratiquants de ces
chapelles soient convaincus? La conviction peut
forcer le respect des adversaires : elle ne légitime
ni n'excuse le fanatisme et l'intolérance, inconciliables avec la science. Et la science seule, en dépit
de tout, doit amener la société à choisir, entre les
idées extrêmes et les conceptions puériles, le but
idéal auquel il lui est permis d'aspirer et qu'il lui
est possible d'atteindre. La science assure la mé-

thode; les conceptions fantaisistes ne créent et n'enfantent que les chimères.

Au point de vue social organique, ce qui constitue la force de la doctrine collectiviste, c'est qu'elle est d'apparence sérieuse et très méthodique. Elle repose sur des critiques amères et indiscutables d'un état social tout imprégné de cette mentalité combative et âprement exclusive que j'appellerai « *le Bourgeoisisme* ». La société collectiviste est basée sur l'obligation universelle du travail dont l'État, seul capitaliste, devient le chef suprême. Des mains particularistes entre lesquelles il n'est qu'un instrument d'oppression, de misère et d'opprobre, le capital, *qui pourtant est resté le même, puisque, en tant que force sociale il est indestructible*, a passé en entier entre les mains de l'État. L'État se transforme en régulateur souverain de la production et de la consommation. Pour les besoins généraux : défense du pays, relations étrangères, justice, police, outillage national, l'État prélève une partie de ce capital concentré dont il est l'unique possesseur. Puis, il fait travailler. Comme il est mieux placé que personne pour connaître les nécessités de la production, il règle cette production au mieux des intérêts de chacun. Il se base, pour cela, d'un côté sur les limites *minima* de cette production; de l'autre, sur les besoins *maxima* d'une consommation régie par une *formule sociale* que l'État seul sera en mesure de proclamer. Assurément, la découverte de cette formule ne sera pas facile. Peut-être même serait-il prudent de la trouver,

avant de sauter à pieds joints dans l'inconnu. Je
ne veux pas cependant y regarder de trop près, et
je me contente de ne pas perdre de vue que, pour
sa mise en œuvre, il sera nécessaire de tenir la
balance exacte entre les besoins parfois exagérés
et les droits parfaitement limités de chacun. Ce
sera affaire à l'État de se reconnaître au milieu
de ces embarras indéniables. Ces difficultés solu-
tionnées par lui, il n'y a plus de misère ni de
chômage, puisque chacun vit et travaille. Les
deux termes de l'équation du bonheur social sont
nettement établis, puisque cette équation, en supprimant les riches, a la bonne fortune de supprimer, par cela même, les malheureux. Les riches
ne seront peut-être pas convaincus de prime saut ;
mais ils se consoleront en se répétant que la doctrine le veut ainsi. La société idéalisée représente
une immense agglomération de fonctionnaires
assurément modestes, mais rétribués suivant leurs
besoins. Comme l'État est le patron respecté
d'une universalité de travailleurs, inutile de songer dans l'avenir à une révolution quelconque :
la situation de la société étant irréductible et
inchangeable. Ce régime n'est-il pas dès lors le
régime pacifique par excellence? Le problème
social était révolutionnaire : je le retrouve maintenant résolu par le régime du patriarcat, dans un
merveilleux essor d'apaisement suprême et définitif.

Je comprends que de semblables perspectives,
développées avec un art infini par l'école collectiviste, appuyées de plus sur une critique impla-

cable de la société capitaliste, aient séduit, fasciné les imaginations populaires. Le premier penseur qui dessina à larges traits les principales lignes de la méthode collectiviste était assurément un philosophe de haute envolée. Il savait que rien n'est plus relatif ici-bas que le bonheur; que chacun prend son bonheur, non où il est, mais comme il l'entend ; que le dernier mot de la perfectibilité humaine est peut-être, non de rendre l'homme heureux, *mais de l'empêcher d'être malheureux du bonheur des autres.* A sa suite, les autres proclamèrent que l'*individu social* devait être cerveau et bras, formule heureuse qui sur-le-champ posséda un charme fascinateur. Si quelque indiscret voulut connaître alors ce que l'on ferait des imbéciles qui n'ont que des bras, ou des intellectuels qui ne possèdent que des cerveaux, la réponse fut aussi commode que péremptoire : les seconds nourriraient les premiers transformés ainsi en prédestinés. Les masses applaudirent. Quelques obstinés pourtant ne furent pas convaincus et formulèrent certaines objections spéciales, qu'il sera cependant nécessaire d'examiner. Mais, avant d'en arriver là, qu'il me soit permis de m'arrêter d'abord devant quelques constatations générales. Au point de vue social, et quelle que soit la manière impartiale, exempte de parti pris, d'envisager le *collectivisme,* il est évident que cette méthode repose en entier sur le principe de l'*expropriation communaliste des résultantes, dans l'individualisation des forces productrices.* Toute force est en effet essentiellement individuelle et nominative, puisque les défenseurs les plus autorisés, les plus remarquables du communisme, étape ultime du collectivisme, M. Georges Renard par exemple, reconnaissent que « la force de travail appartient à chaque homme ». Ceci posé, comment admettre que les forces restant et *devant rester* individuelles, les résultantes de ces forces pourront légitimement, pratiquement, être communalisées? L'altruisme universel est seul capable d'engendrer cet aboutissement indispensable, puisque la société ne devra vivre que de ces résultantes. Or, on ne décrète pas, on ne légifère pas l'altruisme — qui est avant tout volontaire et peut être chimérique — à moins d'ériger la force oppressive en principe tutélaire. On passera outre cependant. Mais alors il faudra supprimer la liberté et l'initiative individuelles, c'est-à-dire deux facteurs de premier ordre dont aucune société organisée ne peut se passer. De plus cette suppression despotique, mortelle, deviendra sur-le-champ inutile. A-t-on songé en effet — et je me contente de cet exemple — que par la tyrannie, déguisée sous le nom de loi, on peut bien ordonner le partage, *le versement à la masse*, de la pièce de cinq francs que j'ai produite; on ne peut pas ordonner le partage de la pièce de cinq francs que *je produirai*, parce que, malgré cette loi, je reste le maître absolu de cette production. La pièce de cinq francs produite est une *résultante*; la pièce de cinq francs à produire est *une force*. Or je demeure, en dépit de tout, le maître de cette force. De par sa nature propre, de par ses instincts et ses impulsions animales, l'homme admettra sans peine l'expropriation collective des résultantes qui touchent « les autres ». Mais il se demandera aussitôt à quoi peut bien servir à lui-même la *production individuelle* de ces résultantes, puisque la théorie collectiviste, en les communalisant, lui en assure, sans effort, l'acquisition définitive. D'où une propension irrésistible à ménager ou à supprimer son propre effort, pour s'en tenir à l'expropriation générale des résultantes obtenues par les *efforts d'autrui*. De loin en loin, quelques prophètes de malheur essaieront bien de démontrer que le fonds social des résultantes finira par s'épuiser, à la suite de la suppression inconsciente ou calculée des efforts individuels. Les citoyens de la société collectiviste, qui auront peut-être cessé d'être des bêtes sans devenir pour cela des anges, hausseront les épaules en murmurant le royal « après moi, le déluge » et en traitant ces prophètes de « bourgeois ». A partir de ce moment, qu'il est permis de considérer comme une échéance inéluctable, que deviendra la société ? Cette société qui aura oublié que la confiscation des forces au profit de la masse ne pourra jamais atteindre cette force indestructible que l'on appelle la *force d'inertie*.

La question est redoutable. On me répondra que je raisonne avec les éléments d'humanité actuelle et qu'il s'agit précisément de changer cette humanité. Soit ; mais alors que l'on commence par là, s'il est admis que c'est non point le collectivisme implanté qui transformera cette société, mais cette transformation préalable qui rendra possible l'avènement du collectivisme. Nous sommes ici bien loin de compte avec l'école elle-même, pour laquelle une minute de retard équivaut à un siècle de bonheur perdu pour l'humanité ! D'ailleurs cette transformation complète, radicale, est-elle possible? J'ai démontré ailleurs que cette hypothèse généreuse repose sur la fausse idée de la perfectibilité indéfinie de l'individu. Si la science marche à pas de géant dans la voie de l'Infini créateur — grâce à la puissance cérébrale, au génie de quelques-uns — l'humanité n'a pas beaucoup progressé à travers les siècles, en tant que collectivité d'individus. Cette collectivité est demeurée un composé de passions, de vices, de vertus, d'héroïsmes, de lâchetés individuels à peu de chose près toujours les mêmes. Vouloir changer cela de fond en comble, c'est non pas améliorer l'homme, mais créer de toutes pièces un nouvel individu. Cela se fait sur la page blanche d'un livre ; cela est beaucoup plus difficile à l'user de la société. J'ai résolu un jour la question sociale, en attribuant à chacun cinquante mille francs de rente. La solution était indiscutable. Seulement l'humanité les attend encore, parce que je cherche toujours où les prendre. Tout homme naît ici-bas avec un bagage nettement déterminé, limité par son intelligence, sa santé, ses haines et ses amours. Il consentira sans difficulté à voir alléger ce bagage ; il ne supportera pas qu'on le lui augmente. L'allègement se conçoit ; l'aggravation est inadmissible, en vertu de cette loi mathématique que le contenu ne saurait être plus grand que le contenant. On aura beau dire que cette aggravation peut seule opérer cet allègement. Le procédé de Gribouille pour se garantir de la pluie, restera l'éternelle objection. Certes, les difficultés du problème ne doivent pas faire abandonner la recherche ininterrompue des solutions équitables. Les critiques de l'école contre la société capitaliste ne cesseraient pas d'être justes; leur solution nécessaire, parce que les procédés de l'école seraient chimériques et illusoires. Mais il est évident qu'il sera bon d'étudier les faces complexes de ce problème, de ces solutions, de ces procédés avant de les transmuer brutalement en articles de lois; d'essayer de les justifier par la justice et le droit, avant de chercher à les imposer par la force. Pour cela, il faut se garder, comme de la lèpre, de cette sorte de phraséologie rhétoricienne qui puise son origine dans la mendicité électorale et les lâches désirs d'une popularité malsaine. N'entendons-nous pas à chaque instant parler des renvois arbitraires d'ouvriers; du *pouvoir patronal discrétionnaire, incompatible avec l'ordre dans la production, pouvoir désormais sans action, parce qu'il n'est plus accepté par la conscience des travailleurs?* Ce sont là banalités courantes qui se traînent dans les « ordres du jour » des Bourses du Travail. J'ai assez fait connaître mon sentiment sur « le bourgeoisisme » pour avoir le droit à mon tour de parler de « l'ouvriérisme » et d'analyser ce modèle des clichés *socialistes*. Comment l'ouvrier, qui souffre et qui peine, traduira-t-il cette phrase

sonore et imprécise? Il proclamera nettement que
les renvois, sans exception, sont arbitraires et qu'il
faut dès lors supprimer les patrons; il n'acceptera
même pas la possibilité d'un renvoi légitime. Mais
est-il bien sûr que cette « conscience de l'ouvrier » n'acceptant plus de patronat, s'inclinera
sans révolte devant la toute-puissance de l'Etat
devenu l'unique patron, le seul maître, le seul
régulateur de la production? Est-ce que les manu-
factures de l'Etat, les Arsenaux, les Postes, n'ont
pas connu les menaces, les essais de la grève
générale? Cette conscience des travailleurs, dont
on fait une sorte de tribunal arbitral suprême, est-
elle aussi nette dans l'application de ses devoirs
que dans la connaissance de ses droits? La question a sûrement son importance. De plus, après
avoir édicté que l'Etat social actuel est intenable,
quel est le remède que l'on propose? Il faut donner aux ouvriers, dans « leur travail, des garanties nouvelles, et appeler leurs organisations au
partage de la puissance disciplinaire ». (Jaurès,
l'Humanité.) J'applaudis à cette demande de M. Jaurès. Je regrette seulement qu'il n'ait pas formulé
plus clairement, à mon gré, ces « garanties nouvelles », et je me demande, avec une certaine
inquiétude, si les groupements ouvriers accepteront ce partage de la puissance disciplinaire,
qu'ils semblent au contraire vouloir s'approprier
exclusivement. D'abord, avec qui ce partage? Avec
le patronat maintenu face à face avec les groupements ouvriers? Mais l'essence même de la doctrine collectiviste est la suppression du patronat.

Avec l'État, unique patron désormais? Évidemment. Mais alors c'est la création obligatoire, essentielle de l'arbitrage forcé et sans appel. Pourquoi, dès lors, ne pas le dire franchement?

Et pourtant cela n'est rien auprès de certaines flatteries excessives à l'égard de la classe ouvrière. Ne voit-on pas tous les jours dénaturer, jusqu'à la mystification, la participation nécessaire, indispensable de l'ouvrier au mouvement social; amplifier, jusqu'à l'absurde, le couronnement de son évolution? Que signifie, par exemple, cette assurance « que l'ouvrier prend chaque jour conscience « de sa mission de *créateur de toute chose* et de « l'importance de sa tâche dans l'ordre économique [1] »? Mais Watt, Jacquart, Ampère, Victor Hugo, Pasteur, Roux, ont à eux seuls plus fait pour l'évolution de l'humanité que les milliards d'ouvriers couchés depuis l'origine du monde dans les landes des cimetières. Ceux-là étaient vraiment des *créateurs de toutes choses*, alors que les ouvriers, exaltés avec emphase; les ouvriers que la science de demain supprimera ou inutilisera dans d'écrasantes proportions, n'étaient que les auxiliaires obscurs de ces puissants génies! Je comprends à la rigueur Pasteur, amené par la nécessité à bâtir son laboratoire. N'avait-il pas, en ce pays de bavards, été contraint, par la pénurie de ses ressources, *d'établir son étuve dans son escalier?* Il ne m'est pas possible de considérer les maçons, qui ont bâti son Institut, comme des

---

1. *L'Action.*

créateurs de la théorie microbienne. On me dira que j'abuse « bourgeoisement » d'un mot; que l'écrivain cité a confondu l'ouvrier, qui n'est qu'un producteur, avec le savant qui est un créateur? Soit, quoique la confusion soit de taille démesurée. Mais est-on bien convaincu que l'ouvrier, lui, fera cette distinction grammaticale, et ne le voit-on pas inscrire bien vite cette épithète « de créateur de toutes choses » sur le drapeau de ses revendications? Ce ne sont pas seulement des journalistes, entraînés si souvent de bonne foi par les nécessités brûlantes des polémiques quotidiennes, qui écrivent ces paradoxes dangereux. Les penseurs eux-mêmes n'échappent pas à la contagion. Théodore Schuster, un des plus puissants revendicateurs prolétariens que je connaisse, n'a-t-il pas affirmé que le régime de la liberté formelle fondé par la Révolution, ne serait qu'un leurre, tant que la société serait partagée entre deux classes de citoyens : les pauvres, ignorants et confiants; les riches, instruits et avisés. Toutes les lois du monde, ajoutait Schuster, n'empêcheront pas que les premiers ne soient les esclaves des seconds. O Liberté, que de crimes et d'erreurs commis en ton nom! Quel pourrait être en effet le seul remède au mal théorique signalé par Schuster? L'application pratique d'un dilemme : ou tous riches — c'est ma solution des cinquante mille francs de rente que je cherche toujours — ou tous pauvres, ce qui est maigre comme réforme sociale. Comment Schuster et ses congénères n'ont-ils pas vu que cette logomachie socialiste vient de cette étrange confusion entre les privilèges de la richesse — privilèges qu'il faut supprimer sans merci — et le principe essentiel de la richesse elle-même, résultat suprême de l'initiative et de la liberté individuelles, assurées dans leur souveraine émancipation ? Confusion qui a sa cause dans la poursuite chimérique d'une égalité individuelle scientifiquement inadmissible ; dans le mépris absolu de la liberté de l'individu ; dans cette conception inane, que le peuple prolétarien est *seul exclu des jouissances d'une civilisation qu'il a créée en entier*. Je retrouve de nouveau ici l'*ouvrier créateur de toutes choses*. Erreur inexplicable et fascinatrice, qui donne au bras qui produit le pas sur la pensée qui enfante ; qui amène ainsi le peuple prolétarien aux pires injustices et lui prépare les plus cruelles déceptions. C'est par là que le travail des bras est arrivé à se croire le maître des choses, quand il n'est qu'un auxiliaire que la machine refoule chaque jour ; à n'assigner qu'un rôle secondaire à la pensée initiatrice qui demeurera toujours inégale, individuelle, et restera la matrice féconde de la création.

Ces considérations générales me paraissent démontrer que l'école collectiviste, la plus nombreuse, la plus attirante, la plus doctrinale des écoles socialistes, ne présente cependant qu'une des faces, non la moindre, mais incomplète de la méthode socialiste. Les autres écoles, auxquelles je viens de faire allusion, valent-elles mieux à ce point de vue scientifique ?

Ces écoles présentent une caractéristique commune : elles ont la conviction généreuse de pouvoir régler, jusqu'au tréfonds, les arcanes du monde futur. Je les passe rapidement en revue. L'une donne, d'un trait de plume, la possession des choses à ceux qui les travaillent. La formule de cette donation est connue : « la mine aux mineurs, l'outil à l'ouvrier, la terre aux paysans. » C'est l'expropriation générale, absolue, des sources de la richesse par le travail seul. Philosophiquement, c'est la conquête de la propriété au nom de l'idée de justice; révolutionnairement, l'expropriation collective des possédants au profit du travailleur.

Il est certain que celui qui aura pris la place de l'autre, la trouvera bonne, à moins qu'il ne s'aperçoive trop tard que, partagée et diluée à l'infini, cette place n'équivaut plus à rien et n'existe même plus. Mais que dira, que fera surtout « cet autre » auquel la place aura été prise? S'il se résigne — et c'est cette résignation que l'on escompte — fort bien. L'opération césarienne aura pleinement réussi. S'il ne se résigne pas — et il faut bien envisager cette hypothèse — il n'aura de repos que le jour où il aura reconquis son ancienne place, à l'aide de théories semblables à celles qui auront servi à l'en dépouiller. C'est le *mouvement révolutionnaire perpétuel*, enfin découvert. Il est permis de se demander ce que la « société nouvelle » y aura gagné en grandeur, en repos, en sécurité et en bonheur.

Avec d'autant plus de raison que les victimes du nouvel état de choses vont aller, avec une fureur inassouvie, grossir le nombre des adeptes d'une autre école socialiste qui entre en bataille immédiatement. Cette école n'a pas de vocable spécial : elle pourrait cependant s'appeler l'*école de la Revanche et l'association du Correctif*. La bombe en deviendrait le symbole, et l'*unique*, roi du monde, l'officiant. Comme *méthode*, il est prudent de l'envisager avec un certain effroi de pensée. Car on peut être assuré qu'il y aura des mentalités humaines qui reculeront d'autant moins devant ces nécessités cruelles, qu'elles leur apparaîtront plus légitimes et surtout plus logiques. J'avoue cependant être médiocrement tenté par ces conséquences réflexes, certaines. L'effort victorieux contre la bourgeoisie et la suppression du capitalisme, aboutissant, comme conséquence inévitable, à l'augmentation du prix de la poudre et des explosifs, quel rêve ! Y a-t-il là de quoi tenter vraiment les penseurs amoureux de liberté, de félicité humaine, de paix sociale?

Il est, heureusement, une autre école encore dont le charme d'attirance est indiscutable, quoique jusqu'à cette heure l'armée de ses prosélytes soit assez clairsemée. Ici, je tombe en pleine églogue virgilienne ! « Tout à tous ». La devise semble, de prime abord, rappeler la formule communiste ou collectiviste. Elle s'en éloigne de suite, en proclamant, au rebours de ces dernières, que la transformation sociale s'opérera sans contrainte ; plus encore, sans frein et sans règle. Chacun reste le maître absolu de sa destinée, par cela seul qu'il est *libre*. Au lieu de songer à « organiser » l'État, qui est le premier des voleurs de grand chemin et qui n'a jamais eu d'autre mission sociale que de *ligoter* l'individu, c'est l'Etat, oppresseur patenté de la liberté humaine, *qu'il faut détruire à jamais*. L'Etat rêvé par le collectivisme, c'est le couvent, la caserne, le bagne, c'est la camisole de force. Ici, au contraire, rien de pareil. Tout est à tous, mais travaillera qui voudra. Par le fait seul de cette liberté de la paresse, on verra chacun se précipiter vers le travail volontaire, *parce que c'est la contrainte seule qui dégoûte du travail*. Les fainéants, les oisifs seront considérés comme des malades et traités comme tels. Cette école est celle du *socialisme libertaire* ou *anarchisme* proprement dit. Il y a bien, de temps en temps, quelques libertaires ou prétendus tels, qui, trop pressés, font usage de la dynamite. Ce sont des travailleurs qui anticipent ou des exaltés qui veulent surexciter trop brusquement l'attention des indifférents. Ces actes isolés ne prouvent rien contre un corps de doctrines emplies de mansuétude et de fraternité. Une erreur de forme ou de procédure ne saurait altérer en rien la beauté d'un système qui n'a d'autres vouloirs que l'émancipation et le bonheur universels.

En laissant de côté, pour les condamner sans merci, les sombres maximes de la propagande par le fait, qui ne sont que des théories vulgaires d'assassins illuminés, je n'hésite pas à déclarer que la doctrine libertaire — doctrine de pure théosophie — est tout entière empreinte d'un idéal de grandeur indéniable. Par son côté philosophique,

elle se rattache à la doctrine ésotérique sociale —
malheureusement assez obscure — de l'immortel
rabbi de la Judée, de l'incomparable *Iesous*. Elle
constitue le vestibule du véritable temple social :
celui dans lequel n'auront accès ni les férocités
de l'instinct, ni les vices de la passion, ni les abus
de la force. A ce titre, peut-être le royaume libertaire n'est-il pas plus de ce monde que celui du
Christ? Il n'en constitue pas moins, en dehors de
ses exceptionnelles épouvantes, un acheminement
ultime aux doctrines de fraternité, d'émancipation, de liberté, d'amour et de justice universelle.

Je me résume dans ces considérations, applicables à toutes les écoles socialistes, sauf la dernière et en particulier à l'école collectiviste. Sous
leurs apparences transformistes, ces écoles tendent,
en réalité, au rétablissement pur et simple de la
monarchie absolue; c'est-à-dire, sans qu'elles s'en
doutent et quoi qu'elles veuillent, à un immense
recul en arrière. Monarchie industrielle et agricole, au sommet de laquelle — despote souverain
et intangible — plane l'Etat. Par le fait même de
leurs organisations embryonnaires, qu'elles représentent pourtant comme la synthèse irréfutable du
progrès social, elles suppriment de façon péremptoire, la liberté, l'initiative individuelle. Résultat
plus grave encore, si possible : elles instituent, elles
créent et universalisent la bureaucratie fonction-
nariste. Ces objections sont formidables; mieux
encore, elles restent sans réponse. Que ceux,
hélas! trop nombreux, qui souffrent cruellement
de l'état de choses actuel, acceptent sans hésiter

ces prétendues solutions, je ne les comprends que trop! La misère, la faim et le froid sont aussi des despotes aveugles et sourds. Mais cela ne suffit pas pour agréer en échange l'étouffement de l'individu par l'Etat. Que l'on nous ramène alors aux sportules de la Rome des Césars. L'avenir social, pour être complet et véritablement rénovateur, ne doit pas plus regarder ceux qui souffrent que ceux qui jouissent : il ne doit considérer que ceux qui travaillent. Le travail est le seul baromètre de la justice éternelle, car je ne me lasserai pas de le répéter : il n'y a qu'une chose au monde plus délicieuse que la paresse, c'est le travail. Le jour où l'humanité serait convaincue de cette vérité et la mettrait en pratique, les écoles sociales auraient vécu, parce qu'elles ne correspondraient plus à aucun besoin. Le véritable travailleur, c'est-à-dire non point simplement le *manouvrier* mais le travailleur énergique, actif, intelligent et initiateur — tête et bras — n'acceptera jamais la tutelle souveraine de l'État comme un idéal même transitoire.

Mais combien plus fortes, plus irréfutables encore les objections que j'appellerai « spéciales » qui me paraissent démontrer, jusqu'à l'évidence, que ces écoles socialistes, si dogmatiques dans leurs aperçus, si intransigeantes dans leurs conceptions, loin de nous apporter des solutions prêtes — ne font au contraire qu'encombrer d'obstacles insurmontables la route vers l'éternelle justice, l'éternelle vérité. C'est ce que je vais maintenant examiner.

CHAPITRE V

Lorsqu'on examine de près les doctrines des diverses écoles dont je viens de parler, on est conduit à reconnaître, avec une stupéfaction croissante, que, tout en se figurant avec candeur qu'elles forment la synthèse large et féconde des dogmes les plus séduisants de la solidarité humaine, ces théories sociales n'en aboutissent pas moins aux desiderata les plus discutables, aux pires conclusions de l'égoïsme individuel. Bentham et Hobbes, les deux plus célèbres champions de la doctrine égoïste proprement dite, ne furent que des penseurs attardés, timides mais sincères, auprès des bruyants protagonistes du socialisme contemporain. Que trouve-t-on, en effet, au fond de leur enseignement, si on le dégage des apparences trompeuses qui le recouvrent? Je ne serai peut-être pas, dans ces constatations, au goût de tout le monde : *sed amicus Plato, magis amica veritas*.

D'abord, l'envie de jouir sans peine, sans effort, du bien d'autrui. C'est, ainsi que je l'ai déjà dit, la doctrine de l'expropriation générale sans indemnité; le « ôte-toi de là que je m'y mette »,

vieux comme le monde et qui mourra avec le
dernier homme. Ensuite la métamorphose radicale de la mission de l'État, que l'on n'a jamais
connu que comme un collecteur d'impôts sans
entrailles, et que l'on transforme subitement en
compensateur idéal et anonyme des paresses collectives. De plus, si en poussant jusqu'au bout cet
examen, j'en arrive à décomposer la célèbre formule : « ni Dieu, ni maître » ; que trouvé-je
sous cette double négation qui semble vouloir être
le terminus de l'évolution, et qui braque les ca-
nons de sa nouvelle Eglise sur la bourgeoisie
épouvantée? En premier lieu, le rejet de l'idée
fondamentale de l'intervention divine — *alias* la
Providence — dans les rapports sociaux. Soit!
J'avoue que cette idée quelque peu enfantine
de Providence, qui fait la joie de tant de gens,
n'est pas terriblement gênante pour les autres.
Mais je m'arrête net devant la suppression « du
maître ». Ceci est bientôt dit; mais de quel
maître s'agit-il? De quelle suppression veut-on
parler? Est-ce de celle de l'individu que je vois
traqué partout et par tous? Alors c'est installer
à sa place la suprématie de l'État, un maître
aussi, celui-là, et le plus abominable des despotes. Est-ce la suppression de l'État que l'on
vise? J'y souscris volontiers, à la condition que
l'on garantira la souveraineté de la liberté individuelle contre les excès de l'individu lui-même,
esclave de ses appétits, de ses passions : des maîtres
aussi. Sont-ce ces appétits, ces passions, que l'on
veut réprimer, réfréner? Je n'y contredirai certes

pas; mais il faudra s'occuper alors de l'*être moral*,
de cette loi morale que le socialisme contemporain
dédaigne et paraît même ne pas vouloir connaître.
Or, « considérer la nature humaine d'un point
de vue idéal, sans tenir compte de sa faiblesse ou
de sa corruption, des passions ou des désirs,
n'est-ce pas créer une philosophie qui veut éloigner du monde tous les maux, y compris ceux
qu'on s'est attirés soi-même, sans en apprécier
ou en comprendre l'importance pour l'éducation
morale de l'homme lui-même[1] ? » Que devient,
au milieu de ces difficultés suprêmes, la simplicité
presque banale de la formule que j'ai rappelée?

Il en sera ainsi du reste, et rien de stable ne
sera fondé, aussi longtemps que les doctrinaires
de l'intransigeance socialiste se refuseront à
reconnaître, qu'avant de songer à la réfection intégrale de la société, il faut achever, dans la limite
restreinte du possible, l'éducation morale de l'être
humain lui-même. « La société ne peut se corriger
que par elle-même », a dit Proudhon. Cela est si
vrai, cette idée de la réformation finale de la
société par la réformation initiale des individus
qui la composent, est si juste, que les religions
s'en sont emparées pour gouverner en même temps
l'individu et la société. C'est ce qui a rendu, au
point de vue social, la puissance sacerdotale si
formidable; ce qui lui a permis de résister aux
chocs les plus violents, aux assauts les plus furieux. C'est ce qui fait qu'il existe en elles un

---

1. WEBER, *Histoire contemporaine*, t. I, p. 23.

levier, dont les philosophes de l'évolution devraient
tenir compte, dont ils doivent apprendre à se
servir, non pour dominer, mais pour émanciper
l'humanité. Les fondateurs de religions furent
surtout des réformateurs sociaux; mais l'histoire
nous enseigne que c'est à l'individu lui-même, à
lui seul, qu'ils s'adressèrent toujours. Ce qui
explique comment les religions, d'essence immatérielle, versent sans exception dans la politique,
se diffusent et se perdent dans le domaine du temporel. Pourquoi les penseurs des écoles libératrices de la raison n'imiteraient-ils pas les fondateurs de religions? N'est-ce pas aussi une religion
— la seule vraie ici-bas — que celle de l'émancipation matérielle et morale de l'universalité
humaine? Pourquoi oublieraient-ils que, pour
aboutir à un transformisme social, sérieux et
définitif, il faut à tout prix en finir avec ces formules creuses que le moindre souffle dissipe, que
le plus léger examen détruit. Et c'est alors que je
rencontre ce nouvel axiome de la théorie évolutionniste : « *Tout part de l'individu, et c'est à l'individu que tout doit retourner.* » A la bonne heure !
Lorsqu'on aura refait cet individu, que j'appellerai
volontiers avec Enfantin « *l'Individu social* », n'ayez
cure : la société elle-même sera reconstruite sur
des bases idéales — idéales bien entendu dans leur
quantum d'humanité et dans leurs réalités contingentes. Cette reconstruction sera assurée par les
éléments solides et utilisables que l'on aura enfin
rassemblés. Jusque-là, le grand œuvre de rénovation sera vain, sanglant peut-être, mais frappé

d'impuissance, de morbide stérilité. L'expérience du passé n'est-elle pas là pour nous en convaincre? Que reste-t-il du saint-simonisme qui, le premier pourtant, voulut faire cesser « l'exploitation de l'homme par l'homme » et corriger le hasard qui préside à la destinée des hommes, par une plus équitable répartition de la propriété? Une formule admirable, qui est comme le critérium de l'évolution humanitaire, mais dont le mode d'application pratique reste toujours à déchiffrer : « *A chacun suivant ses besoins, à chaque capacité selon ses œuvres* ». Que nous ont légué le Père Enfantin et sa famille où régnait la communauté féminine? Un éclat de rire! Que reste-t-il du fouriérisme et de son phalanstère si soigneusement organisé, de si géniale conception? Une double formule encore, qui n'a pas fait avancer le monde d'un pas : « *Les attractions sont proportionnelles aux destinées; la série distribue les harmonies.* » Où en est l'essai de Robert Owen, s'efforçant d'améliorer les rapports sociaux; d'assurer à tous une part de jouissance et une somme de véritable bien-être? Y a-t-il seulement un travailleur qui connaisse le nom du célèbre philanthrope anglais? Et le communisme de Babeuf, plaçant, lui aussi, le bonheur de la société dans la communauté complète du travail, des biens et des plaisirs — ce qui impliquait d'avance une absurdité : l'égalité des forces et la parité des besoins. Tout cela, et bien d'autres choses encore, disparu, éventré par les réalités poignantes de chaque jour, emporté par un vent d'orage, comme seront emportés, du reste,

les systèmes, les *désiderata* de ceux qui édifient
l'affranchissement de l'individu sur la tyrannie des
masses; qui s'imaginent libérer le travail en en
diffusant les produits dans la collectivité; qui
croient supprimer la misère individuelle en organisant la misère universelle; qui se figurent
assurer à tous une équitable répartition de la
richesse, en en détruisant le facteur essentiel, qui
est l'initiative individuelle; qui espèrent donner
à tous une somme égale de jouissances, en laissant
à chacun le libre exercice de ses appétits; qui
enseignent au peuple ses droits, en négligeant de
lui apprendre ses devoirs; qui pensent avoir
inventé un monde nouveau, lorsqu'ils n'ont découvert que la Palisse. L'expérience des siècles
passés ne servira-t-elle donc de rien pour les
siècles à venir? Peut-être: les besoins de l'humanité n'étant, hélas! bornés que par des désirs
illimités. Ne s'apercevra-t-on donc jamais que,
sous des oripeaux menteurs et rajeunis, se cachent
les vieilles défroques de l'empirisme social, les
fausses méthodes dont l'histoire a démontré la
cruelle inanité? Chose plus grave encore. Comment ne pas voir, entre presque tous ces prétendus dogmes révolutionnaires et l'antique idéal du
catholicisme ultramontain, un lien de parenté
indiscutable et étroit? C'est, des deux côtés, le
même asservissement à une foi irraisonnée: foi
révolutionnaire ou foi papiste; la même croyance
aveugle dans les volontés de la masse ou les décrets de la curie romaine. Similitude tellement
frappante, que c'est peut-être à cause d'elle que,

réformateurs et prêtres se livrent tant de batailles
acharnées. Comme si les uns avaient toujours peur
que les autres ne prennent leur place au grand
soleil des béatitudes oisives.

C'est pour cela aussi que, suivant l'énergique
parole de Sainte-Beuve, la France a été jusqu'ici,
malgré ses facultés d'initiatrice suprême, le pays
des révolutions et non celui des réformes. Loin de
procéder par transitions réformatrices, lentes et
sûres, elle s'en remet sans cesse aux brusques à-
coups du soin de réaliser, en un jour, les œuvres
dont l'achèvement exige la patience et les efforts
des années. Est-ce par ses racines ou par ses
branches que pousse d'abord le chêne puissant
des forêts? Faites des hommes avant de songer
à refaire une société. « Ma nature doit être mon.
œuvre », dit la théorie hégélienne. Cette « nature »
est aussi l'œuvre de la société qui doit renoncer à
une réformation sérieuse, tant qu'elle n'aura pas
commencé par le commencement, qui est la réformation de l'*individu social* lui-même. Il faut surtout qu'elle se garde « d'enjamber les siècles »,
soit en avant, soit en arrière. Cette parole devrait
servir d'épigraphe à toutes les théories ; d'épi-
logue à toutes les doctrines. Aussi ne puis-je
m'empêcher de sourire, lorsque j'assiste aux
grandes querelles des réformistes et des révolutionnaires auxquelles j'ai déjà fait allusion. Au
fond, les uns et les autres ne devraient-ils pas
être d'accord? La réalisation de la plupart des
réformes nécessaires ne comporte-t-elle pas souvent l'application de la méthode révolutionnaire?

Ces réformes sont toujours abolitrices de privilèges, et ces derniers n'ont jamais cédé qu'aux efforts des révolutions. Mais il est évident — et les querelles viennent de là — que l'emploi de la méthode révolutionnaire n'est légitime que si la réforme est indiscutable. Hors de là, toute révolution, quels qu'en fussent le but et la tendance, serait juste par cela seul qu'elle serait la Révolution. A ce compte, les coups d'État seraient légaux, et la phrase de M. Troplong, constitutionnelle. Qui dit révolution, sous-entend, par cela même, violence. Or, la violence, qui est un acte de destruction, ne peut s'imposer que si la chose à détruire est irréfutablement, *rationnellement* mauvaise. Il faut donc d'abord établir la justice péremptoire d'une réforme avant d'employer, pour la conquérir, les moyens révolutionnaires. Ce qui revient à constater qu'au fond de tout réformiste sérieux, il y a un révolutionnaire. Mais la proposition inverse est absolument fausse. L'évolution peut aboutir à la Révolution. Aucune concession ne doit être faite à l'opinion contraire. Pourquoi? Parce que l'évolution ne saurait avoir d'autre couronnement qu'un ensemble *de lois organiques*, établissant sûrement et méthodiquement le progrès social; tandis que la Révolution ne s'adresse souvent qu'*aux lois de combat*, synonymes de transitions et d'expédients. Ici, une explication s'impose, car il y a un départ impérieux à opérer entre les lois de combat, ou lois d'exception, et les lois organiques, proprement dites. J'appelle *lois de combat*, les lois édictées au jour le jour, sous la

poussée des circonstances et des majorités chan-
geantes : lois éphémères, *corporatives*, c'est-à-dire
ne s'adressant qu'à des associations restreintes de
citoyens, ne visant que des intérêts déterminés,
dès lors particuliers, quoique collectifs. Les *lois organiques*, au contraire, sont les lois basées sur des
principes immanents et *généraux* de justice et de
liberté. Elles découlent logiquement de ces principes mêmes et doivent durer autant qu'eux. Les
lois de combat sont des lois d'utilité *circonscrite ;*
les lois organiques sont des lois d'utilité sociale
universelle et indiscutable.

Cette distinction, en apparence théorique, est
au fond d'une importance souveraine. Il faut se
garder en effet de croire que ce mot de *lois*, qui
suppose une causalité réfléchie, la mise en œuvre
stricte de principes certains, ne peut jamais s'appliquer à ce que j'ai appelé *les lois de combat*. Parler des lois de combat, c'est évidemment présu-
mer une lutte. Or, toute lutte entraîne une idée
de défense et de résistance. Il est donc impossible
— et il serait imprudent — de condamner *a priori*
ies lois de combat. Ces lois seront légitimes, toutes
les fois que, dans le domaine politique comme
dans le domaine social, la société sera menacée
dans son essence, dans son existence même. Elles
deviennent alors des *lois de défense*. Or, la défense est de droit naturel préexistant, aussi bien
pour les collectivités que pour l'individu. La légitimité des lois de combat découlera donc de la
légitimité de la défense elle-même. D'où la conséquence qu'en les édictant, la société doit dé-

montrer deux choses : d'abord qu'elle est attaquée
ou menacée injustement; ensuite que les lois
qu'elle promulgue sont de nature à lui faire atteindre ce but, *sans le dépasser*. Cette démonstration sera souvent difficile ; son application
périlleuse, parce qu'elle a une source révolutionnaire. Elles n'en sont pas moins indispensables
et possibles. Lorsqu'en plein ouragan, dans la
séance du 26 août 1793, Tallien défendant, à la
tribune de la Convention, le général Rossignol qui
venait d'être destitué par les deux commissaires
Goupilleau et Bourdon de l'Oise, s'écriait : « Eh ! que
m'importent à moi quelques pillages particuliers ? »
ne fut-il pas interrompu par des voix nombreuses,
protestant avec véhémence contre les paroles im-
morales du futur proconsul de Thermidor? Dans
ces heures terribles, le bon sens et l'honnêteté ne
perdaient pas leurs droits; ces droits, qui ne
doivent jamais être méconnus, même par les lois
de combat. Sans cela, elles se retournent contre
leurs auteurs et assurent le succès des réactions
triomphantes. L'histoire ne nous montre-t-elle
pas les conséquences fatales de la loi du 17 septembre 1793 sur les suspects? La loi de prairial
ne conduisit-elle pas Robespierre à l'échafaud?
C'est donc dans des limites nettement circons-
crites, que les lois de combat sont admissibles.
Mais, même dans ces limites, elles restent essentiellement transitoires, parce que contingentes;
elles doivent disparaître avec les circonstances
exceptionnelles qui les ont fait naître. Les lois
organiques, au contraire, sont de tous les temps,

de tous les pays, en dehors et au-dessus de toutes les mœurs, de toutes les luttes, de toutes les écoles, de tous les partis. S'il m'était permis de tracer le critérium de ces lois, je dirais volontiers « qu'elles « doivent assurer l'avènement de l'évolution poli- « tique et sociale définitive ; armer la raison en « faveur de la liberté ; rendre nuls les efforts « particuliers contre l'intérêt public ; impossibles « les attentats de l'intérêt public contre l'indi- « vidu ».

Je suis bien obligé de reconnaître que les principes que je viens d'émettre sont loin d'être d'accord avec les théories des propagandistes de l'idée révolutionnaire. Ces derniers, en se grisant des mots de « révolution sociale », croient avoir parachevé l'œuvre qu'ils ont à peine ébauchée. Ils s'imaginent avoir formulé un programme, quand ils n'ont poussé qu'un cri. Et, si l'on s'enfonce plus avant dans les théories actuelles, n'est-on pas bien vite amené à constater qu'elles n'aboutissent qu'à des lois de combat, sans le moindre souci des lois organiques, dont j'ai défini la substance, précisé le caractère. Presque toutes ces théories s'appuient en effet sur les droits imprescriptibles de l'État collectif, mais demeurent obstinément indifférentes aux droits non moins imprescriptibles de l'individu. Erreur déplorable, seule cause de la répulsion et de la crainte qu'inspirent encore tant d'idées réformatrices. Dans l'ordre social, les lois de combat perdent trop facilement de vue qu'il n'y a ni majorité oppressive ni minorité asservie, mais des individus libres, dont l'ensemble des droits est corrélatif d'un ensemble de devoirs. Là où le droit cesse, c'est que le devoir commence. Les droits, pas plus que les devoirs, ne sont illimités, et ils ne deviennent collectifs qu'après avoir commencé par être individuels. La méconnaissance de ces vérités conduit à la plus funeste des tyrannies, à la plus sanglante des anarchies. A l'état rudimentaire et sauvage, la forêt ne laisse croître que les arbres puissants et forts. A l'état de culture civilisée, la forêt doit laisser végéter sur son sol fécond les arbres gigantesques aussi bien que les sous-bois ombreux. Tout droit existant, que ce droit soit collectif ou individuel, doit être respecté. Droit et devoir sont ici corrélatifs. L'évolution sociale ne sera définitive que le jour où les lois de combat — faites trop souvent par et pour les ambitieux — laisseront la place libre aux frondaisons majestueuses des lois organiques édictées pour les peuples. Pour hâter cette aurore d'émancipation pratique et universelle, la science expérimentale offre à la conscience humaine une pierre de touche qui lui permettra de différencier les lois dont j'ai parlé. *Toute loi, prétendue organique, sera fausse, lorsqu'en promulguant un droit, elle n'indiquera pas en même temps un devoir corrélatif.* Un exemple saisissant fera comprendre ma pensée.

L'oisiveté et la paresse sont antisociales. L'homme apporte en naissant le droit de vivre, mais aussi, comme corollaire inévitable, *le devoir de travailler.* Toute loi sur le droit au travail

sera donc fausse, dans son principe et dans son
application, si elle ne règle pas en même temps *le
devoir du travail*. La société assurera à l'individu
sa part de travail ; l'individu à son tour sera débi-
teur, envers la société, de cette part intégrale de
travail. Une société qui l'oublie est une marâtre ;
un individu qui le méconnaît *est un voleur*. Que
de doctrines retentissantes et belliqueuses —
pâtée des naïfs et des sots — auront cessé de vivre,
le jour où ces simples maximes de bon sens seront
traduites en articles de lois, celles-là organiques.

Ces mêmes maximes me conduisent naturellement à une autre constatation, dont l'importance prend de suite une allure axiomatique :
c'est qu'au fond des théories modernes relatives à
l'organisation du travail, on ne découvre qu'une
chose : l'horreur même du travail. Un des plus remarquables écrivains socialistes de notre époque,
M. Lafargue, n'a-t-il pas proclamé, dans son *droit
à la paresse*, que l'idéal de l'homme n'était pas « de
vivre en travaillant », mais bien de « vivre sans
rien faire » ; les lieux où l'on travaille sont « des
bagnes ». Que de réformateurs contemporains sont
de l'école de Lafargue ! Seulement, avec une insouciance regrettable, ils se gardent d'indiquer les
moyens à l'aide desquels on pourra *assurer* cet idéal
à l'humanité. Mais ceux qui souffrent et peinent,
ont vite fait de transformer en maximes pratiques
ces billevesées théoriques. Pour eux, et je ne les
comprends que trop, l'idéal prolétarien devenant
ainsi un équivalent de bourgeoisisme renté et
oisif, le seul rêve d'altruisme possible est l'organi-

sation d'une société où chacun, au lieu de travailler
pour le voisin, finira par vouloir se reposer sur le
travail du voisin. Réalité inflexible, car mettre
les biens en commun, ce n'est pas les confier au
travail collectif : c'est les distribuer à la paresse individuelle. Rousseau a dit : « Rappelez-vous que les
fruits sont à tous et que la terre n'est à personne. »
Traduite en langage sociologique courant, la formule du Genevois se décompose ainsi ; « puisque
« les fruits sont à tous, ils sont à moi, et je les
« prends. Puisque la terre n'est à personne, que
« les autres la travaillent ». Les faiseurs de systèmes, et M. Lafargue lui-même, crieront au scandale, au paradoxe. Ils n'empêcheront pas cependant les conséquences de leurs systèmes, ni la
redoutable logique de formules qui sous des visées
législatives s'adaptent, en formidables erreurs,
aux cervelles les plus obscures et aux vices les
plus intransigeants, parce que naturels, de l'individu. Je sais bien que derrière toute réformation
sociale, il est aisé de voir se lever l'aube d'une
sinécure. Mais, après avoir enseigné et vanté les
charmes de la paresse, comment les flatteurs du
peuple, s'y prendront-ils pour apprendre à leurs
disciples que le travail est la loi organique
suprême ; pour préparer, faire accepter cette loi,
nécessaire à la vie sociale. Travail manuel ou
labeur intellectuel, qu'importe ? Tous deux se
valent et se complètent. Que l'on cesse donc de
croire que le catholicisme, avec ses prêtres efté-
minés et ses moines fainéants, avait seul songé à
faire du travail le symbole d'une expiation ori-

ginelle. Il y a partout des menteurs ou des fous !
Eh bien ! proclamons-le hautement au contraire :
l'oisif ne doit pas plus trouver sa place dans une
société régulière, qu'un membre inerte dans un
organisme sain et bien constitué. Tel est l'article
premier de la loi organique du travail. Loi qui ne
saurait, dans une seule de ses dispositions, oublier
que c'est du jeu régulier, fonctionnel, des organes,
que naît l'harmonie de l'organisme entier, aussi
bien dans le domaine physique que dans le
domaine social. Une loi qui néglige l'une de ces
fonctions, ou établit sa prédominance sur les
autres, cesse d'être une loi organique pour devenir
une loi de combat accidentelle, que cette loi pourra
passagèrement imposer, mais qui disparaîtra devant
la raison victorieuse. Cette raison enseigne que la
bouche qui mange n'a pas le droit de manger, si
les bras ou le cerveau restent sans rien faire.
Non manducet qui non laboret. On appelle à la
guerre *bouches inutiles* les gens qui ne se battent
pas. L'humanité future désignera, sous ce même
vocable, les gens qui ne travaillent pas. La loi
organique du travail, dans la cité de l'avenir, ban-
nira ces bouches inutiles. Cette loi fondamentale
entraînera les autres.

Pour hâter cet avènement, il faut ne jamais
perdre de vue que flatter le peuple est la plus
facile des méthodes de raisonnement ; car elle
séduit tout le monde et apaise toutes les résistances.
Si ces études obtiennent jamais quelque succès,
ce n'est pas de cette méthode qu'elles doivent
l'attendre ou l'espérer. Mais si cette méthode est

facile, combien encore plus productive, parce
qu'elle manque rarement son but : assurer à ceux
qui l'emploient un repos réconfortant et largement rétribué. Quel pas immense en avant, si les
imbéciles devenaient subitement sourds! Quel dé-
chet parmi ceux qui font de la politique une carrière, alors qu'elle ne devrait être qu'une charge
sociale. Hélas! je crains bien que la flatterie, qui
est une des formes les plus redoutables du mépris
de l'humanité, ne reste longtemps encore rémuné-
ratrice. Elle est si aisée à pratiquer et elle représente un capital placé à si gros intérêts! Le flatteur
des masses escompte ce bas instinct de l'homme,
qui le pousse à ne se sentir vraiment solidaire des
autres que lorsqu'il a besoin d'eux.

Le règne des flatteurs cessera le jour où
l'homme reconnaîtra que la solidarité ne doit pas
dissimuler un égoïsme inconscient; où il cessera
d'apporter seulement à la société *ses besoins*, en
demandant aux autres *leurs services;* où il saura
reconnaître, sous la pompe vaine des phrases et
le cliquetis des mots, le néant de tant de conceptions rénovatrices; où il discernera l'inutile
vanité des *lois de combat* qui ne font que tromper
sa faim et alcooliser sa soif. Enfant, l'être humain
dit toujours : *je veux.* Il ne deviendra réellement un homme que lorsqu'il criera enfin, avec
toutes ses lois organiques : « Nous voulons! »

CHAPITRE VI

L'étude attentive des révolutions politiques et sociales, conduit fatalement à cette constatation révélatrice de leurs avortements presque continuels que, par un illogisme tenace et déconcertant, les peuples veulent toujours faire « du nouveau » avec des idées anciennes. Ce qui les conduit, par l'impulsion irrésistible d'un atavisme dominateur, à ne bouleverser que *la forme*, sans oser toucher au fond des choses. Condillac avait supérieurement observé cette anomalie étrange : « Au milieu des plus grands emportements et des agitations mêmes de la guerre civile, vous verrez toujours surnager les préjugés nationaux. Vous trouverez dans un peuple qui se révolte et qui semble avoir pris de nouvelles mœurs, le caractère que lui a donné son ancien gouvernement[1]. » Qu'est-ce à dire, sinon ce que j'ai déjà proclamé en parlant des « lois de l'individu », que révolutionner une nation n'est rien ; changer l'individu, est tout, car c'est, par cela même, transformer la collectivité. Si l'individu reste le même, qu'importe le milieu social ou politique dans lequel il

---

1. *Étude de l'Histoire.*

sera appelé à vivre : il ne s'y adaptera jamais et
ne cherchera qu'à l'adapter à lui-même. L'œuvre
de bouleversement aura été stérile et inutilement
sanglante peut-être. Le « *Non possumus* » des religions n'a pas d'autre cause secrète et d'ailleurs
rigoureusement exacte. L'immutabilité de règles
prétendues divines donne à l'individu l'immutabilité des croyances, et lui permet de défier les
ébranlements révolutionnaires, impuissants contre
cette pérennité de la conviction. La discipline militaire fait les soldats ; la discipline sociale doit
créer l'homme, base même de la collectivité organisée. « Donnez-moi un point d'appui, s'écriait
Archimède, et je soulèverai le monde. » Faites
l'individu, dirai-je à mon tour, et je boulever-
serai la face de la terre. Je n'ignore pas que cette
théorie — d'ailleurs dénaturée, dans son essence,
pour les besoins d'une discussion plus facile — est
loin d'être universellement acceptée. Une autre
école — peut-être la plus nombreuse — pense au
contraire qu'il suffit de changer la face d'une
société pour créer une humanité nouvelle; de
bouleverser les institutions et les lois pour modifier les individus. Je crois fermement et je ne me
lasserai pas de répéter — que c'est là une erreur
profonde. Certains penseurs estiment que la vérité
se trouve entre les deux doctrines, se complétant
l'une par l'autre. Ils en arrivent pourtant bien vite,
par une analyse sincère de la question, à reconnaître la complète domination du *fait social* par
l'individu lui-même. « Une réforme sérieuse, à
plus forte raison une révolution, qui remanie de

fond en comble les règles juridiques d'un peuple, ne peut triompher que si elle s'opère dans les esprits et dans les mœurs avant de passer dans les lois. C'est très simple, presque trop simple à comprendre[1]. » Vérité d'évidence même; et l'aveu final, qui semble l'expression d'un regret pour la simplicité saisissante de cette vérité, démontre que les plus nobles esprits sont involontairement enclins à s'imaginer que la vérité a besoin de complications pour devenir lumineuse. Si le socialisme doit en effet aspirer à autre chose qu'à assurer à chacun sa part matérielle de besoins; s'il doit en outre — et c'est là son but suprême, sa cause finale — donner à chacun dans la limite des ressources de la société et des moyens intellectuels de l'individu, une part plus large de bonheur au sens philosophique du mot; consacrer sa participation aux jouissances les plus nobles, les plus pures de l'humanité, il n'est pour cela qu'un moyen. « Il faut que les individus, qui seront les éléments de la société nouvelle, soient capables d'y atteindre... C'est dire que la société nouvelle ne doit pas seulement être bâtie sur un plan mieux combiné, mais qu'elle doit être faite de matériaux de qualité supérieure, j'entends d'hommes plus justes, plus tempérants, plus fraternels; meilleurs en un mot que ceux d'auparavant[2]. » En admettant la réalité de cette combinaison meilleure du plan social — combinaison

---

1. Georges Renard, *Paroles d'Avenir*, p. 74-84.
2. Renard, *loc. cit.*, p. 99.

qui ne saurait avoir rien d'absolu en l'état du
déterminisme contingent des choses — n'est-
il pas certain que cette amélioration sociale ne se
produira que par et avec la transformation de
l'individu? Cette transformation ne saurait être
radicale, complète : l'homme étant d'essence peu
variable dans ses défauts comme dans ses qualités,
puisqu'il appartient à une animalité supérieure,
mais non indéfiniment perfectible. Il en résulte,
qu'en dépit de cette transformation indispensable
de l'individu, l'espoir d'un état social parfait, idéal,
est absolument chimérique. Cela, il ne faut cesser
de l'affirmer, pour éviter les efforts inutiles, les
déceptions cruelles et les réalités poignantes. Le
soleil luira pour tout le monde; mais ce ne sera
pas le soleil des éternelles splendeurs. On fera
mieux et beaucoup mieux, grâce à l'évolution ininterrompue de l'humanité. Mais songer à faire
complètement, idéalement *bien* — et cela par
une révolution violente qui bousculerait, dé-
truirait, renverserait tout; par un changement
de front brutal de la société — est contraire aux
lois les plus élémentaires du bon sens et de la
raison. Rêver l'assujétissement, plus encore l'anéantissement de l'individu dans le sein d'une
collectivité niveleuse et triomphante, est le vice
capital, l'hérésie philosophique de la plupart des
écoles socialistes; de celles tout au moins qui ont
la prétention d'être pures de l'alliage « bourgeois ».
Les maisons bâties avec un tire-ligne, sur le
papier, sont d'une solidité irréprochable. Il en est
de même des plans sociaux édifiés sur la page

blanche d'un livre, avec une plume vengeresse.
Malheureusement, cela change à l'user : les maisons s'écroulent comme les plans, laissant des
générations ensevelies sous les décombres. Il
suffit d'avoir une saine entente de la triste réalité
des choses humaines ; de n'être aveuglé ni par la
haine, ni par l'ambition, ni par l'envie, pour
comprendre l'importance suprême de ces observations. Le sang versé, les luttes fratricides, les
guerres civiles, les anathèmes, les prédications
furibondes, n'y pourront rien — sinon que de
meurtrir, de diviser, de lasser à jamais la société
sans la rendre meilleure ni plus heureuse. Pascal
avait raison quand il écrivait : « La nature nous
rendant toujours malheureux en tous états, nos
désirs nous figurent un état heureux, parce qu'ils
joignent à l'état où nous sommes les plaisirs de
l'état où nous ne sommes pas ; et quand nous arriverions à ces plaisirs, nous ne serions pas heureux
pour cela, parce que nous aurions d'autres désirs
conformes à ce nouvel état[1]. » Ce qui revient à
dire que la destinée de l'homme est de désirer
sans cesse, ce qui fait qu'il croit ne rien obtenir
jamais. *Ne quid nimis.* Cette vieille sentence latine ne devrait-elle pas servir d'épigraphe au socialisme : méthode et non chimère ? Pourquoi oublier
que la grandeur d'un peuple, qui n'est que l'étape
ultime de son évolution matérielle et morale, est
faite — non de ses rêves — mais de ses vertus et
de ses labeurs. C'est par ces derniers qu'il faut

---

1. Pe ées, ch. ii, § 4.

songer à perfectionner, à fortifier les premières. Je ne comprends en effet l'état social définitif que sous ces trois modalités essentielles : force, justice, vérité, que j'ai hâte maintenant de définir.

La force de la société future résidera dans le respect des droits de tous et l'observation, la discipline des devoirs de chacun. « Quiconque opprime un membre du corps social, opprime le corps social tout entier. » Ceci est une vérité qu'il est nécessaire d'élever à la hauteur d'un dogme. Qu'importe qu'elle soit négligée par tant de prétendus *hommes d'État*? L'histoire nous enseigne que le nombre des « hommes d'État » croît en raison directe de l'ignorance. La science est inutile pour eux, puisqu'il leur suffit d'un peu d'habileté pour réussir. Mais cette vérité n'en demeure pas moins irréfragable. Le corps social — commune, nation, humanité — est un agrégat d'intérêts matériels et moraux qui se meuvent dans une double sphère d'activité et de passivité. D'activité, quand il s'agit de conquérir les droits de tous; de passivité quand il devient nécessaire d'assurer les droits de chacun : droits dont l'ensemble constitue en même temps les devoirs de la collectivité. La véritable force sociale consistera donc, non dans l'oppression triomphante de volontés individuelles, mais dans l'équilibre constant, la pondération exacte entre ces droits et ces devoirs. Si la somme de mes droits dépasse celle des droits des autres, je suis *oppresseur;* si la somme de mes devoirs est supérieure à celle des devoirs des autres, je suis *opprimé*. Un gouvernement fort est celui qui n'admet pas d'oppresseurs et ne supporte pas d'opprimés. En dehors de ces deux termes d'une véritable équation sociale, il n'existe ni liberté ni égalité.

La justice, dans la société future, sera le droit pour chacun d'exprimer sa pensée, d'atteindre à ce qu'il considère comme son bonheur. A une double condition cependant : c'est que dans l'expression de cette pensée, dans la recherche de ce bonheur, nul ne puisse porter atteinte à la pensée, au bonheur des autres. Cette ventilation est d'une simplicité tellement lumineuse dans son principe, d'une difficulté si redoutable dans son application pratique, d'une telle évidence pourtant, qu'elle restera la pierre d'achoppement éternel de la méthode socialiste et comme une sorte de terre promise, peut être inaccessible à l'humanité. Car, s'il est aisé d'en tracer les lignes essentielles sur les pages du livre le plus sincère, combien difficile, périlleux d'essayer de traduire ces règles de justice en articles du code social.

La troisième modalité substantielle de l'État social définitif, est la vérité; c'est-à-dire le devoir absolu de ne se prononcer, de ne juger que sur des preuves susceptibles d'établir l'exactitude d'une théorie. Ce devoir comporte au plus haut degré le droit de contradiction, de lutte contre l'erreur, cette erreur fût-elle l'erreur de tous ou l'œuvre de quelques-uns. Dans ce dernier cas, le code de l'avenir la rendra punissable, lorsqu'elle sera une œuvre de mauvaise foi. Cette modalité sociale n'admet ni les anathèmes commodes ni les excom-

munications faciles qui prétendent arrêter l'essor
de la pensée, juguler la liberté individuelle, et ordonner à l'homme *de ne pas aller plus loin, afin
d'aller jusqu'au bout.*

C'est ma foi profonde en cette base trinitaire
de l'évolution sociale en marche pour l'idéal
humain, qui a toujours été la cause de la haine
vivace que je ressens pour les sectaires de la philosophie, de la politique et surtout de la religion.
Que font ces sectaires, dont l'intransigeance a toujours embarrassé, quand elle ne l'a pas ensan-
glantée, la marche de l'humanité? Ils confondent
la violence et la force; ils méprisent la justice
dont ils prétendent avoir le monopole; ils se
mettent hors de la vérité, au nom même d'une
vérité relative et contingente, qu'ils commencent
par proclamer la vérité essentielle et absolue.
Imbus de principes qu'ils déclarent infaillibles en
les plaçant au-dessus de la discussion, ils tentent
de courber, de discipliner, d'anéantir la volonté,
l'intelligence, sans essayer de les persuader. Or,
ceux-là seuls bâtissent solidement en ce monde,
qui s'appuient sur des raisonnements réfléchis, et
cherchent leurs armes de combat, non dans l'arse-
nal des destructions matérielles, mais dans les
manifestations éclatantes de la vérité. Ce sont les
sectaires qui rendent difficiles, sinon impossibles,
les essais sérieux de réorganisation sociale dont
les principes généraux sont pourtant d'une détermination si claire. Orateurs violents, dédaigneux
de la logique, oublieux de cette conception axiomatique qu'un principe juste aboutit à des consé-

quences vraies, ils sont l'obstacle permanent à l'ascension durable de l'humanité. Ils grisent les foules de paroles captieuses, les affolent, les surexcitent, les exaspèrent et les lancent ainsi à la recherche de l'inconnu, à la poursuite des plus folles, des plus vaines chimères. Et il en sera ainsi, non point tant qu'il existera des sectaires — il y en aura toujours — mais jusqu'au jour où, grâce au développement, à l'épanouissement de l'instruction au sein des masses, le sectarisme, à présent encore si fructueux, ne rapportera plus rien. Jusqu'à ce jour, qu'il faut souhaiter prochain et préparer sans relâche, l'humanité, roulant de déceptions cruelles en folies sinistres, gravira son dur calvaire sans se douter de cette loi pourtant bien simple : qu'un sot qui hurle est beaucoup mieux entendu qu'un sage qui réfléchit.

Le moyen le meilleur d'ailleurs de combattre les sectaires est de ne point se contenter, comme eux, de généralités banales et retentissantes ; mais d'aller au fond des choses, de ne pas reculer devant les difficultés, parfois mystérieuses, de la science sociale ; de payer l'humanité, non avec des mots, mais avec des réalités vivantes et agissantes. Il faut aussi se garder de crier à l'absurde, toutes les fois qu'on se trouve en présence d'une idée dont la nouveauté déconcerte les vieilles formules et brise les moules surannés. Car ce serait alors retomber, ainsi que je l'ai signalé au début de ce chapitre, dans l'erreur lamentable qui consiste à vouloir faire « du nouveau » avec des idées anciennes. Il faut surtout éviter les illogismes inconscients de certains procédés de l'analyse inductive. La méthode de raisonnement qui consiste en effet à *généraliser* des idées justes en elles-mêmes, *in concreto*, mais dont la justesse, l'exactitude sont *spécialisées* dans une limitation déterminée, aboutit souvent aux conséquences les plus trompeuses, aux conceptions les plus funestes. La déduction rigoureuse ne ressemble en rien à la généralisation vague et incertaine. La science sociale fourmille d'exemples concluants. C'est ainsi que « la généralisation » de l'idée superbe de solidarité humaine conduit à la négation de la patrie par l'avènement de la patrie universelle, rêve d'internationalisme démenti par les expériences, les leçons de l'histoire, les diversités ethniques des races. Je sais bien que M. Jaurès me répondra « qu'il ne faut pas soustraire la patrie au contrôle de la raison et la plonger dans l'obscurité de l'instinct; opposer à la patrie humaine, préparée par le socialisme, *l'animalité profonde de la patrie instinctive* ». Cette « animalité » ne m'effraie guère. D'abord, parce que j'en fais partie. De plus, n'est-ce pas un trait commun des discussions philosophiques, même les plus ardues, de traiter « d'animaux inférieurs » ceux qui ne partagent pas notre manière de voir? Enfin, parce que l'idée essentielle et non *généralisée* — ce qui est un non-sens — de patrie ne se discute pas plus qu'elle ne se définit. Suivant la forte parole de Clemenceau, *le patriotisme n'est pas un marché mais un devoir élémentaire.* Ici la généralisation de la notion de patrie, aboutit donc à une criminelle absurdité. De même, la généralisation du dogme nécessaire du libre examen confine à la suppression de la conscience religieuse, qui est une liberté intangible de la conscience universelle ; celle de l'altruisme, à la résurrection étrange des haines de castes, que l'on ravive au lieu de les concilier ; celle de l'amodiation sociale de la propriété, à l'abolition de la propriété individuelle ; celle de l'organisation du travail, à la réglementation empirique des conditions du travail, à l'apothéose d'une catégorie de travailleurs ; celle de l'accessibilité de tous aux charges et aux fonctions publiques, au triomphe des médiocres, à l'écrasement et au mépris de l'intelligence par la force brutale du nombre. Je reviendrai d'ailleurs sur ces observations fécondes. Je tiens pourtant à affirmer, dès à présent, que la fausseté des résultats, n'atteint en rien l'indiscutabilité d'idées génératrices mal développées. Elle démontre seulement qu'il faut se défier avant tout des solutions extrêmes, qui ne sont pas toujours les meilleures et qu'il est dans tous les cas difficile, sinon impossible, de vérifier *a priori*. C'est pour cela que je redoute à un si haut degré les politiciens. Que leur importent les principes obscurs dans lesquels la société peut donner tête baissée ? Une nation dirigée par des « *Politiciens* » est d'avance vouée aux bêtes féroces de tous poils. Rien ne ressemble plus à un cirque qu'une arène parlementaire. Qu'ont fait les politiciens de la France héroïque et chevaleresque ? Une collectivité qui se ruine, se bafoue, se couvre de fange, s'exaspère et s'émiette à tel point que l'Allemand Trietschte a pu écrire « que la France, toute à ses discordes intestines et aux luttes des partis, s'enlisera de plus en plus dans une décadence définitive ». Basile y a remplacé Danton. Et ceux-là seuls protesteront contre ces duretés, qui monnayent la boue et rembourrent leur litière de mensonges, d'hypocrisies, de lâchetés, de calomnies. Les autres assistent à cette décadence, déconcertés et impuissants. Je crains bien que les peuples politiciens ne soient voués à la disparition finale, à la mort.

Après tout, peut-être est-ce là une loi historique fatale. L'humanité est une collection de peuples. Chaque peuple — et c'est là ce que les internationalistes, au sens actuel du mot, méconnaissent avec une sérénité stupéfiante — a sa personnalité propre, son génie particulier, ce que j'appellerais volontiers « son âme individuelle ». En cette âme, à un moment précis de l'existence d'un peuple, s'incarne le génie de l'Humanité, *la loi du progrès*. Puis ce peuple s'étiole, passe et disparait. Mais la loi du progrès acquis se perpétue, s'*annelle* et se prolonge, à travers les cycles de l'histoire, en chaînons successifs non infinis, mais indéterminés dans cette succession. Succession ininterrompue qui, d'âge en âge, de peuple en peuple, de période en période, en une suite d'incarnations animiques ascendantes, continuera la loi constante du progrès. Un jour se lèvera-t-il, une aube luira-t-elle où une nation formulera l'expression dernière de la loi du progrès mondial? Je l'espère, sans trop oser y croire ce-

pendant. Dans tous les cas, ce jour-là, les peuples
dont les âmes se sont éteintes après avoir rempli
leur mission, revivront en l'âme de cette nation
par un avatar mystérieux, une sorte de trans-
migration d'âmes sociales et s'agrègeront à elle
pour se fondre seulement alors dans l'universelle
unité.

Si cette hypothèse se réalise — et je confesse
que ce n'est là qu'une hypothèse, — quelle sera
cette nation, dont les membres — individus sociaux
complets — après avoir conquis cette formule dernière, sauront l'imposer à tous. D'où sortira ce
peuple dont le génie exprimera les ultimes doctrines émancipatrices de l'humanité ? Ici la réponse
me paraît se dessiner avec une netteté absolue :
ce peuple est à créer. Je ne puis en effet le reconnaître, à des signes distinctifs, parmi les agglomérations contemporaines. Ce ne seront pas les
races latines aux sèves épuisées, en train de se
diffuser, de se diluer — en dépit des merveilleuses
efflorescences de leurs civilisations raffinées —
dans les querelles byzantines, les aveulissements
de caractères, les luttes énervantes des secta-
rismes religieux, les appétits désordonnés, les
inconsistances décourageantes, les passions super-
ficielles et légères. Pas davantage les races
saxonnes, aux allures épaisses et lourdes, aux
intelligences embrumées, incapables de faire jaillir
l'éclatante lumière des horizons nouveaux ; sans
expansions, sans charmes, inaptes depuis Luther
aux apostolats fascinants ; chercheuses d'idéal au
fond des puits creusés par leur science incontes-

table. Moins encore les Anglo-Saxons, d'essence
brutale, exclusivement industrielle; n'attendant
rien que des efforts d'un individualisme puissant
mais effréné, du combat d'homme à homme ; in-
venteurs du *struggle for life;* race sans littérature,
sportive et musclée mais impuissante à la création
artistique, à l'adaptation, à sa cervelle bouillon-
nante, des pures et sereines joies du génie humain.
Race de boxe, de coups d'audace et de revolver,
ayant monnayé jusqu'au temps ; dédaigneuse de
la rêverie qui console, de l'espérance qui soutient,
de l'idéal qui ennoblit l'esprit. Rien non plus à
attendre des races slaves, dont les sauvageries
originelles incoercibles se dissimulent, sans disparaître ni même s'atténuer, sous les oripeaux
menteurs de raffinements efféminés; races de
songeurs creux dont les rêves, au lieu de s'épanouir dans des aurores, s'abîment en des couchants sinistres et sanguinaires. Parlerai-je des
races noires, incomplètes, inachevées, ébauches
destinées à la disparition éternelle? Des races
jaunes dont le processus ethnographique s'oppose
invinciblement à la diffusion des procréations
mélangées. Races aux facultés d'assimilation si-
miesque étonnantes, mais impropres aux initia-
tions, aux créations libératrices; aux assises
féroces, indestructibles, toujours prêtes à retourner
vers les bêtes fauves dont elles sortent et dont
elles possèdent les instincts de chasse incomparables.

Où donc alors? Qui sait? Dans la conquête
peut-être, conquête des plus faibles par les plus

forts, expiée ensuite par l'assimilation vengeresse, l'absorption réparatrice des forts par les faibles. Le Franc et le Germain ont conquis la Gaule et la France en est sortie. N'étaient-ils pas pourtant les ancêtres de ce lourd Tudesque qui a proclamé brutalement que la force primait le droit? Sans doute parce que le droit n'est souvent qu'un mot, synonyme de passivité, devant cette réalité saisissante qui constitue la force, synonyme d'activité. Mais alors — prodige et vérité historique tout ensemble — que devient la force conquérante devant les séductions assimilatrices de la faiblesse conquise? Elle se fond, se prolonge en elle, lui redonnant un sang nouveau, lui infusant une sève régénératrice et finit à son tour par se diffuser dans les charmes de l'idéal et les fascinations du rêve. Est-ce de cette loi historique de tous les temps, que sortira cette race dont j'ai parlé? Elle lui apportera sûrement sa large part de contribution : elle ne suffira pas cependant à assurer cette procréation émancipatrice intégrale, si cette procréation doit un jour sortir du domaine de l'utopie philosophique, pour entrer dans celui de la réalité. Quel sera, quel pourra être dès lors l'adjuvant nécessaire à cette procréation ultime et définitive? La légende de Samson et de Dalila répond à la question, avec un charme lumineux. J'aperçois bien en effet les Samsons, incomplets quoique forts, qui, sous des appellations diverses, veulent accaparer l'humanité. Mais j'attends, j'appelle la Dalila sauveuse de la poésie, de l'esprit, de la solidarité humaine. C'est

dans la femme que gît le secret du monde à venir,
de la cité future ; dans la femme devenant la
grande émancipatrice, créatrice d'humanité régénérée. C'est en elle, c'est dans l'Ève future que
réside, sans nul doute pour moi, la solution intégrale du problème historique que je viens d'exposer. Ne cherchez pas ailleurs le dernier mot de
l'énigme sociale. Je m'explique, en empruntant à
la science de la physiologie, une comparaison qui
me paraît concluante.

Dans le domaine de la procréation physique, la
femme joue un rôle double et capital. *Elle est à
la fois porte-greffe et greffon.* Porte-greffe, elle a
sa vie propre, son existence individuelle nécessaire
à la vie, à l'existence, à l'adaptation du greffon.
Mais greffon aussi ; car c'est le greffon qui donne
le fruit, c'est la femme qui produit l'enfant, fruit
d'une gestation personnelle et laborieuse. Assurément elle ne peut le produire seule : il faut que,
par une fécondation étrangère, une hybridation
sublime que les poètes ont chantée sous le nom
d'amour, l'homme — apportant le pollen créateur,
les spermies génératrices — donne au germe contenu dans les ovules du greffon et vivant par le
porte-greffe, l'existence continuatrice de toute
humanité. L'homme, n'en déplaise à la superbe
de son orgueil, ne joue, dans cette merveilleuse
opération, qu'un rôle secondaire d'hybridateur,
fournisseur de sève et de vouloir. Quelle que soit
l'humilité de ce rôle, il me paraît difficile d'en
contester la certitude scientifique. Mais qui oserait alors nier les conséquences sociales énormes

contenues dans ce simple fait physiologique — conséquences telles, qu'elles peuvent et doivent amener une orientation nouvelle de l'évolution sociale. La science nous apprend en effet que, si la vigueur du porte-greffe est nécessaire à la réussite du greffage; si les qualités du pollen sont essentielles pour le succès de l'hybridation, il importe aussi que le greffon ait ses qualités propres, non seulement pour la conservation et l'amélioration de l'espèce, mais aussi pour la maturité, la saveur, la beauté du fruit. Or, il ne faut pas le perdre de vue : le fruit, c'est ici l'enfant, c'est l'humanité de demain, celle qu'il faudra créer peut-être.

Si l'on transpose, du domaine physiologique dans le domaine social, les observations qui précèdent, on arrive de suite à reconnaître que la grandeur morale, les capacités psychiques, l'émancipation intégrale de cette humanité de demain ou mieux de cette nation dont j'appelle *le devenir*, dépendront non seulement des qualités viriles du pollen fécondateur, mais surtout des appropriations physiques, intellectuelles, animiques de la femme. La femme demeure l'instrument primordial, le foyer unique de cette admirable fusion des sèves. Or, cette fusion comporte des affinités mystérieuses que, seule, l'existence des qualités féminines que je viens d'énumérer peut réaliser. Il en résulte que la *création* nécessaire de ces qualités doit être le but suprême vers lequel il faudra orienter l'éducation de la femme, agent exclusif de la *fructification humaine*, à laquelle le mâle demeure

absolument étranger une fois la fécondation, l'hybridation terminées. Assurément, dans ses aptitudes physiques et malgré la rapidité spasmo-
dique due à l'attrait irrésistible de la fécondation,
le fruit, *l'enfant* sera beaucoup plus le produit de
l'homme que celui de la femme. Mais je reste
convaincu que, dans ses aptitudes intellectuelles,
dans ses facultés sociales, l'enfant est avant tout
le produit de cette dernière. Pour l'avenir de
l'espèce, pour son amélioration complète au sens
terrestre du mot; pour son évolution ultime;
pour sa vigueur, sa santé physique et morale
indispensables à cette évolution, *l'homme relèverait
donc plutôt du médecin et la femme du professeur.*
Négliger l'éducation de la femme ou l'orienter
faussement; la laisser à ses enfantillages de pou-
pée ou à ses coquetteries éternelles; la regarder
comme un instrument de plaisir et non comme
une créatrice d'humanité, c'est négliger l'avenir
même de cette humanité. Rien certes d'excessif
dans cette assertion, dont les prêtres de toutes
les religions ont compris de tous temps la vérité,
puisque c'est par la conquête de la femme qu'ils
ont assuré et perpétué leur domination dans le
monde des croyants. S'il est vrai qu'il faille re-
monter aux singes anthropomorphes pour retrouver notre légitime ascendance, ce n'est pas du côté
des spermies du mâle qu'il faut se tourner pour
avoir la clef de l'arrêt brusque du développement
adéquat d'un singe anthropomorphe, et son changement zoologique donnant naissance au premier
homme. Mais c'est la femelle dont les ovules ont

du se trouver, sous l'empire d'un phénomène inexpliqué, dans l'état pathologique qui a permis la mutabilité de l'espèce, la naissance de l'anthropoïde; qui a assuré la continuité de cette espèce améliorée, en assurant ses développements ultérieurs. Dans tous les cas, le rôle de la femelle dans cette création de notre descendance anthropoïdale, s'il n'a pas été exclusif, a du moins été capital. C'est pour cela que, si cette descendance doit être complétée ici-bas par un anthropoïde futur, susceptible de progrès intégral, qui ne rappellera l'individu actuel que comme ce même individu rappelle les singes des créations passées, c'est en la femme qu'il faut placer l'espérance et la possibilité du monde à venir.

C'est dès lors dans cette théorie, dans cette perception physiologique nettement précisée — qui ne deviendrait absurde que s'il était démontré que l'expansion naturelle créatrice est à jamais épuisée — qu'il faut emplacer le correctif nécessaire des doctrines du féminisme contemporain. Certes j'estime qu'il est bien inutile de chercher à faire de la femme un pédagogue, un savant, un mathématicien. A ce jeu paradoxal, l'humanité perdrait le charme unique de ses destinées éphémères. Mais il faut que la femme, clavier superbe des plus exquises sensibilités, devienne un être qui, à côté des dons de sa splendeur plastique, soit doué des plus hautes qualités de l'esprit et du cœur. Il faut que son intelligence, si réelle et si naturellement affinée, s'ouvre aux grandes choses, aux plus sublimes aspirations; qu'elle se ferme

au contraire aux frivolités excessives qui, sans
rien ajouter à l'enchantement magique de ces
heureuses dispositions, les évaporent et les subti-
lisent dans des futilités énervantes. S'il n'y a
aucun inconvénient à parer son corps aux formes
sculpturales, synonymes de la beauté éternelle,
c'est à la condition indispensable en même temps
de meubler, d'adorner sa cervelle si facilement
encline aux suggestions de la légèreté. C'est en
un mot la femme qu'il faut créer, transformer,
si l'on veut, en transformant la société actuelle,
rendre possible la création de l'humanité qui, seule,
fera la conquête définitive de l'avenir.

Cette œuvre, dont les docteurs ès sciences prolétariennes riront peut-être, sans prendre garde
que c'est à leurs mères que les fils du peuple
doivent leur santé cérébrale et leur intensité intellectuelle, est-elle facile, réalisable? N'importe! Il
n'en est pas moins d'une utilité sociale essentielle
de la tenter. Fallût-il, pour arriver à ce résultat,
ou du moins en approcher, bouleverser de fond
en comble l'éducation de la femme; faire rebrous-
ser chemin à des méthodes professorales surannées,
je ne verrais à cette révolution capitale aucune
espèce d'inconvénient. Si cette révolution ne nous
amène pas un jour l'état pathologique nécessaire
à l'engendrement de l'anthropoïde futur, elle n'en
aura pas moins créé, avec la femme nouvelle, la
collaboratrice puissante de nos aspirations, de nos
vouloirs; la consolatrice sublime de nos communes
souffrances. Est-ce donc là résultat négligeable
dans la théorie et le devenir de l'évolution? De

telle sorte qu'il faut travailler sans relâche à l'avénement rationnel de cette éducation de la femme : éducation qui, pour me résumer, sera à la fois forte, pratique et berceuse d'idéal. Et à qui me reprochera de faire jouer à la femme un rôle par trop prépondérant dans les arcanes de cette évolution, je répondrai avec Schopenhauer « que si l'homme transmet la volonté à l'enfant, *c'est la femme qui lui donne l'intellect* ». Or l'intellect — c'est-à-dire la faculté de comprendre, de comparer, d'analyser — n'est-ce pas l'homme tout entier? Ne pas comprendre, ne pas comparer, ne pas analyser, n'est-ce pas au contraire la stagnation pure et simple dans l'état d'animalité? C'est donc la femme qu'il faut rendre capable d'élever, de fortifier, de développer cet « intellect » qu'elle donne seule. De même que c'est à la femme émancipée et émancipatrice, qu'il faut remettre le soin d'extirper ces deux fléaux qui menacent l'avenir de l'évolution prolétarienne : l'alcoolisme dégradant et la brutalité ignorante.

CHAPITRE VII

Dans l'étude des phénomènes sociaux de la vie des peuples, une des plus graves difficultés de recherches est aussi le péril des *coïncidences* dont le rapprochement synthétique entraîne les plus funestes erreurs. Le hasard produit souvent des *effets* semblables, sans que pourtant les *causes* occasionnelles de ces effets soient identiques. La découverte expérimentale des relations de *cause* à *effet*, constitue donc une partie à la fois délicate et difficile de la méthode sociale. Une erreur dans la science spéculative n'est qu'un vice du raisonnement lui-même. Transportée dans la science sociale, cette erreur peut entraîner des catastrophes irréparables, amener la mort d'un peuple. Aussi, dès que le penseur se croit en possession de la vérité, doit-il faire subir à « cette vérité conçue » l'épreuve de la contre-expérience. C'est la seule façon d'éviter les méprises de parti pris, ce que j'appellerais volontiers les *raisonnements qui font cadrer*. Les ambitieux et les sophistes, de même que les ingrats, font toujours cadrer.

C'est pour avoir méconnu ces procédés élémentaires d'investigation, que les écoles de rhétorique socialiste en sont encore à cette doctrine de « *la lutte des classes* », qu'elles considèrent comme le palladium sacré de leurs revendications; qu'elles mettent au frontispice de leur constitution et dont il me faut tout d'abord, pour déblayer mon chemin, démontrer la criminelle absurdité. Ici les qualificatifs ne sauraient avoir trop de dureté, tant la chose est fausse, odieuse et coupable.

Si ces écoles avaient daigné procéder à une sérieuse et impartiale contre-expérience, elles auraient été forcées de reconnaître que leur prétendue formule révolutionnaire, n'était au fond que la reproduction atavique d'une formule monarchique surannée. L'essence même de ce dogme réside dans la fameuse maxime : « *Diviser pour régner* ». C'est sur la création des classes, les unes privilégiées, les autres d'humanité inférieure, que le despotisme a construit ses assises de pouvoir absolu. C'est à l'aide de cette même maxime que les prêtres de toute religion, alliés naturels du pouvoir absolu, ont poursuivi leur rêve de domination universelle. L'institution des classes, la lutte des classes, sont donc des doctrines substantiellement monarchiques, despotiques et religieuses. Les écoles modernes qui, sous le couvert d'une pseudo-exégèse sociale, ont érigé en principe fondamental la « lutte des classes », n'ont fait que reprendre la suite et accepter l'héritage des écoles absolutistes et sacerdotales. Elles ont cru innover, mais n'ont commis que le plus grossier des plagiats. Au lieu de devenir des écoles de liberté et de tolérance, elles ne forment et ne continuent que des écoles de servitude et d'oppression. La lutte des classes, c'est l'anarchie organisée, perpétuée pour le triomphe du pouvoir théocratique, c'est-à-dire la suppression même de l'idée d'harmonie sociale sans laquelle il n'est pas de paix pour les peuples, pas de bonheur pour les individus. Préconiser la lutte des classes, c'est faire œuvre semblable à celle du jardinier qui proclamerait, en botanique, la nécessité de la lutte entre les branches et les racines d'un arbre, dont la beauté, la vigueur, la fécondité dépendent au contraire d'une juste proportionnalité entre les unes et les autres. En culture sociale, comme en horticulture, les deux théories se valent et se juxtaposent. Avec cette différence toutefois, que si la seconde ne peut entraîner que la mort d'un arbre, la première peut avoir pour conséquence la dissolution de l'organisme social entier. Que penser aussi du créateur d'une machine, que ce créateur voudrait puissante, équilibrée, et qui en mettrait aux prises et en lutte les rouages? La collectivité sociale n'est-elle pas cependant une immense machine en mouvement? Pourquoi, au risque d'enrayer à toujours ce mouvement, de bouleverser cette machine, chercher à propager des luttes de classes, alors que ces classes tendent chaque jour à disparaître sous l'effet inéluctable d'un nivellement incessant? Mais d'un nivellement qui, pour être certain, n'en laissera pas moins subsister des catégories d'individus dont l'irréductibilité, évidente pour le philosophe, doit être scrupuleusement respectée par lui, s'il ne veut bâtir sur le sable ou noyer dans le sang, les murs de la « Cité future ». Il y aura toujours en effet, en attendant la venue du Messie anthropoïdal, des imbéciles et des intelligents ; des bons et des mauvais ; des travailleurs et des paresseux ; des riches : les bons estomacs, les santés vigoureuses ; des pauvres : les santés frêles, les organismes débilités. Or, à tout homme imparfait correspond une humanité contingente. Que nous veut-on dès lors avec cette lutte des classes, pour fonder le bonheur universel ?

Dira-t-on que ce sont là des critiques aisées ? Je veux donc aller au fond des choses et parer à toute éventualité d'objection. Que signifie cette doctrine organique de « la lutte des classes », étant donné que la société, organisée sur ses bases définitives, doit voir disparaître l'*oisif*, qui est une inadmissible superfétation ?

Il faut évidemment laisser de côté le fait historique qu'il est permis de désigner sous ce nom de « lutte des classes ». Elle n'est, au fond, dans le passé comme dans le présent, que l'appellation philosophique de la lutte des hommes contre les hommes, provoquée par la volonté des uns de commander, les autres obéissant ; pour ces derniers, par le désir de dominer à leur tour les anciens maîtres. Ce fait, cette guerre, ont engendré les castes ou classes : l'histoire est là pour le démontrer. Mais que, pour l'édification de la « Cité future », il soit indispensable d'éterniser cette lutte, en en transposant seulement les facteurs, c'est là ce que je me refuse à comprendre et ce qui pourtant forme la moelle de l'éthique socialiste contemporaine. De quelles classes s'agit-il donc?

Est-ce de celle des producteurs et des consommateurs? Mais où est le producteur qui n'est pas un consommateur? Où gîte l'état social qui les supprime tous les deux? L'*intermédiaire*, dont la richesse est faite de la misère de chacun, a résolu le problème. Or, il me semble que la réforme sociale doit commencer par la suppression de l'intermédiaire.

Est-ce de l'immense classe des prolétaires, opposée aux classes dirigeantes, dédaigneusement stigmatisées sous l'unique vocable de « classe bourgeoise »? Peut-être bien, n'est-ce pas? Mais la bourgeoisie proprement dite, avec son oisiveté rentée, ses aveulissements conservateurs, son fanatisme à la fois gouailleur et aveugle, est en train de disparaître par le suicide. La « lutte des classes » n'a nul besoin d'aider à cette disparition fatale et prochaine. Les fils « de bourgeois » vont se fondre dans l'universelle unité des « Travailleurs ». Seulement, je dis : travailleurs et non prolétaires, dussé-je froisser l'orgueil croissant de ces derniers. Or, cette unité dans le travail, cette harmonie inévitable dans le labeur *quel qu'il soit*, est un fait d'évolution sociale patent, qui se produit par la force irrésistible de cette évolution et pour lequel le dogme de la lutte des classes constitue la plus dangereuse des inutilités.

Je n'ignore point que je ne persuaderai pas

ceux qui ont fait de ce dogme la base même de leurs revendications sociales. Je sais qu'il y a, parmi eux, de terribles convaincus, disposés à se faire héroïquement casser la tête sous les plis flottants de leur drapeau. Mais, dussé-je m'attirer leurs colères, qu'ils me permettent de leur dire qu'ils préparent peut-être les plus cruelles et les plus stériles hécatombes. Ces défenseurs du prolétariat ne sont pas des « enseigneurs » de peuples. Ils suppriment, avec le libre examen, le droit de penser. Ordonner à quelqu'un de croire, c'est lui défendre de raisonner. Les religions révélées ne procèdent pas d'une autre méthode. Or, la « Révélation » est bonne pour les peuples enfants ; périlleuse et absurde pour les peuples en marche vers un idéal de justice et de vérité. C'est pour cela que je retrouve encore, dans cette prétendue formule révolutionnaire, la pure reproduction de la théorie monarchique la plus surannée. Au lieu de forger un glaive de vérité, d'inventer « des moyens », les écoles modernes qui s'ankylosent dans cette lutte ne paraphrasent que des systèmes usés. Elles renoncent, pour en défendre les bénéfices, aux enseignements de l'histoire et se réfugient dans les plus étranges subtilités des casuistes.

Quelles classes de la société peut donc viser cette « lutte » fatidique ? La noblesse ? Elle n'est plus pour nous qu'un souvenir, si elle demeure, avec les hobereaux prussianisés, une réalité pour Bebel. Le clergé ? Il s'effondre dans une orthodoxie intransigeante, un byzantinisme puéril. Il n'est pas plus « une classe » que ses Syllabus ne

sont « une raison ». Est-ce enfin de la classe des
capitalistes et des ouvriers ? Je touche ici au vif
du problème ou, pour mieux dire, au seul problème qui synthétise la lutte des classes : à celui
des relations du travail et du capital.

CHAPITRE VIII

Le socialisme a le devoir — et c'est là sa meilleure définition, sa seule raison d'être — de résoudre le problème que je viens d'indiquer. Les écoles modernes ont la prétention d'y réussir par l'application de formules dont le contrôle s'impose impérieusement, à l'aide d'une sélection implacable entre « la méthode » et « les chimères ».

Si j'étudie de près la doctrine, je l'entends bien proclamer que les *moyens* du travail, c'est le capital ; qu'aujourd'hui, *une seule classe*, celle des capitalistes, détenant contre tout droit le capital, fausse, déconcerte, ruine les conditions du travail dont elle s'approprie exclusivement les résultats. Le devoir de la classe ouvrière est donc de reprendre ce capital, de faire cesser les conséquences qui découlent de cette appropriation illégitime. La conséquence ? Elle s'impose : c'est l'expropriation des capitalistes par la classe ouvrière, expropriation entraînant pour elle la conquête définitive du capital.

Il me paraît difficile de résumer, avec plus de précision et de sincérité, les théories plus ou moins obscures et diffuses des doctrinaires socialistes. Je ne parle ici, bien entendu, que des con-

vaincus, non de ceux — s'il y en a — qui ne ver-
raient dans ces théories que le moyen d'arriver
facilement à des repos capitonnés et prépareraient
ainsi l'avènement de la classe nouvelle des « *capitonnistes* ».

Si la mise en œuvre du principe de l'expropriation générale doit assurer le bonheur de *l'humanité toute entière*, en faisant cesser la situation
privilégiée d. quelques-uns, je souscris de grand
cœur à sa ré sation nécessaire. Ce livre est en
effet de compl impartialité. Je ne redoute aucune solution, si errible qu'elle puisse apparaître,
non à des *droits acquis* imprescriptibles, mais à
des intérêts particuliers obligés de céder le pas
à l'intérêt général. Je ne crains aucune théorie,
dût-elle bouleverser mon équilibre individuel,
mince unité perdue dans l'équilibre mondial. A
la condition absolue cependant, que cette théorie
soit équitable et surtout scientifiquement exacte.
C'est pour cela que j'ai souligné ci-dessus ces mots
« d'humanité toute entière », parce que ces mots
constituent le criterium de la doctrine elle-même.
N'est-il pas évident, en effet, que si l'application
de cette doctrine ne devait conduire au bonheur
qu'*une parti de l'humanité* — fût-elle la plus
nombreuse — et cela en déplaçant seulement l'axe
des privilèges aux dépens de l'autre partie, tout
serait à recommencer? Entendue ainsi, la lutte
des classes devient certainement éternelle, puisqu'elle se borne à changer de nom et d'assiette,
tout en conservant les mêmes moyens d'action.
Mais que l'on y prenne garde. Il ne s'agit point

loi d'une matière politique contingente où l'erreur est réparable, mais au contraire d'une rénovation destinée à bouleverser de fond en comble les assises séculaires de la société. Sous peine de constituer un danger mortel, la marche en avant doit donc être assurée. Si la loi du nombre a le pouvoir de garantir le bien de tous au détriment de quelques-uns, elle n'a pas le droit de consolider le bonheur d'une partie de la société par le malheur de l'autre. Car elle cesserait d'être la loi et le droit, pour devenir la force brutale et le despotisme contre lesquels tous les moyens de résistance, même les plus violents, sont légitimes. Les doctrines de force et de despotisme ne composent pas une méthode : elles ne représentent que des procédés toujours provisoires et sont *la chimère !* Ces doctrines n'ont qu'un temps : elles périssent de leurs excès et sont emportées par leurs conséquences. L'évolution sociale doit faire le bonheur non d'une majorité, mais d'une universalité — sans quoi elle cesse d'être l'évolution pour devenir une simple transition révolutionnaire.

Ceci posé, et avant de voir si la lutte de classes, n'ayant d'autre aboutissement que l'expropriation des capitalistes, est nécessaire à l'indépendance du travail, il n'est pas inutile de se demander ce que c'est que « le travail » lui-même, au point de vue philosophique, et à la fois matériel, du mot. Mot que je trouve aussi simple que complexe, aussi grand que noble !

Le travail est la matrice du bonheur. Si j'avais

à souhaiter à quelqu'un d'être heureux, je lui con-
seillerais simplement de travailler. Le travail
n'est pas un acte : c'est un dogme. Ce n'est pas la
ressource de la vie : c'est la vie même. Le travail
est la première des vertus; c'est peut-être même
la seule, car elle contient en germe toutes les autres.
Il est l'ennemi de l'oisiveté qui tue; de l'ignorance
qui abêtit, de l'indifférence qui lasse, du bavar-
dage qui paralyse. Le travail est l'ennemi de l'in-
tempérance, de la gourmandise, de la volupté sen-
sorielle, de la haine vulgaire, des amours banales.
Le philosophe peut ne pas croire à Dieu, penser
que cette « hypothèse » est inutile à l'existence.
L'homme doit croire au travail, car lui seul suffit
à tout. Si bien que je proclame de suite qu'il
n'est qu'un moyen de supprimer la misère : c'est
d'astreindre l'homme au travail. On parle sans
cesse — et non sans raison — du *droit au travail* : je place au-dessus de ce droit le *devoir du
travail.* Le travail rend l'homme meilleur; la
paresse le rend pire. Tout homme a sa place
marquée au soleil, pourvu que ce soleil éclaire un
laborieux.

Mais qui dit travail dit effort et lutte : effort
sur quelque terrain qu'il se produise, lutte sous
quelque forme qu'elle se manifeste. J'enferme,
dans la même sphère d'utilité, aussi bien le travail physique que le travail intellectuel. Les différencier au point de donner la suprématie au
premier, est plus qu'un crime : c'est une faute
sociale. Ceux qui enseignent que le travail des
bras est *tout*, sont en général ceux qui ont appris

à vivre, sans rien faire, du travail des bras des autres. *Il n'existe en ce monde qu'une sorte de travail : c'est le travail!* Il y a seulement des modalités dans la fonction du travail. Mais travail du cerveau, travail manuel, se valent. Exalter l'un au détriment de l'autre, c'est se préparer un siège facile dans un parlement de bavards. Ce n'est faire ni œuvre sociale ni œuvre juste. Affirmation d'une évidence si lumineuse, qu'elle ne cesserait d'être exacte que le jour où l'on arriverait à démontrer qu'il y a *le travail qui travaille et celui qui ne travaille pas.* J'attends ce jour.

J'ai dit ce qu'était le travail. Le capital se définit de lui-même. On a écrit que c'était du *travail accumulé.* Mieux encore, *le capital est du travail agissant, de même que le travail est du capital en formation.* Sans capital, le travail est impossible ; sans travail, le capital est stérile. Pourquoi une lutte entre ces deux facteurs indivisibles de l'évolution sociale? Pourquoi une querelle, là où la conciliation est nécessaire entre deux forces énormes dont l'entente est indispensable, puisque l'une ne saurait disparaître qu'en entraînant la destruction de l'autre? A cette double interrogation, les docteurs de l'école font une double réponse : la conciliation ne sera pas possible, tant qu'il y aura des pauvres et des riches; l'entente ne se fera qu'en *donnant* le capital au travail. Je vais examiner impartialement les deux réponses.

La guerre des pauvres contre les riches est le fond même de l'histoire humaine. C'est un résultat, *un fait* à constater, à retenir; non une mé-

thode d'où puisse sortir un remède aux maux dont
souffre l'humanité — maux éternels pour le corps
social, comme la maladie l'est pour l'individu.
Compris de cette façon, le concept de la « lutte
des classes » n'a, pas plus que le soleil, été découvert par Karl Marx, ainsi que se complait à le dire
Engels. Cette lutte est vieille comme le monde,
parce qu'elle est la conséquence d'un déterminisme des choses absolument persistant ; d'une
relativité de conditions contre lesquelles les plus
farouches imprécations n'ont rien fait encore. Dès
1796, le manifeste des Égaux avait signalé le
scandale « qui fait qu'à travers toute l'Histoire, la
très grande majorité des hommes travaillent et sont
au service et pour le profit d'une extrême minorité. » Buonarotti l'avait proclamé bien après le
manifeste. « Les plus adroits et les plus heureux
dépouillèrent et dépouillent sans cesse la multitude. La révolte des pauvres contre les riches est
une nécessité que rien ne peut vaincre. » Schuster
l'avait écrit en termes presque identiques.
Weitling de même, ainsi que Bazard, qui montrait
les hommes partagés en deux classes : « les *exploités* et les *exploitants ;* les maîtres et les esclaves ».
Et à mon sens, Blanqui — plus véridique, plus
net — avait encore mieux formulé la lutte de
classes : « Toutes les luttes politiques se réduisent
à la guerre entre les riches et les pauvres ; les
riches étant les agresseurs, puisqu'ils exercent
un indigne péage sur les masses laborieuses. »
　　Certes la question était bien posée. Eh bien !
après ? Est-ce que le tréfonds même de l'évo-

lution sociale, le but ultime de la Révolution serait
de faire du *pauvre, le riche* — sans se soucier
d'ailleurs de ce qui adviendra du dernier, après
cette transmutation? Je veux bien l'admettre pour
un instant; mais je demande à aller au fond des
choses.

Il est de toute nécessité d'abord, de définir ce
qu'est la pauvreté, ce qu'est la richesse. Si je fai-
sais ici un simple exposé de philosophie sentimen-
tale, je dirais avec l'amère conviction d'une âme
dévastée par la douleur, que ceux-là seuls sont
pauvres qui sont malheureux ou malades ; que
ceux-là sont riches qui sont heureux et bien por-
tants. Et s'il m'était donné de régler à ma guise
les jours qui me restent à vivre, de commander à
« l'incommandable », je consentirais avec joie à
n'être plus désormais qu'un rude et solitaire can-
tonnier broyant des pierres le long des routes
poudreuses, s'il m'était donné de revoir ici-bas,
ne fût-ce qu'une heure, les chers petits êtres adorés que j'ai perdus! Mais je reconnais que ce sont
là des rêves inaccessibles, d'ailleurs sans importance au point de vue du fait social de la richesse
et de la pauvreté. A ce point de vue, — le seul
dont il faille s'occuper — je dirai donc que *le
pauvre est celui qui ne peut satisfaire à ses besoins
en travaillant; le riche, celui qui, sans rien faire,
a plus qu'il ne lui faut pour satisfaire à ces mêmes
besoins.* En deçà, la pauvreté est un crime social
que la société doit voir cesser; au delà, la richesse
légitimement acquise, n'est plus condamnable.
Mais je ne saurais appeler *pauvres* ceux qui dé-

sirent avoir tout ce qu'ils voient, *sans pouvoir se
le procurer.* C'est là ce qu'il faut faire comprendre
nettement à la masse évolutionniste, et c'est là ce
que lui cachent soigneusement les marchands
d'orviétan qui agitent devant elle les oripeaux de
« la lutte des classes ». Cette lutte dont le mobile
est incontestablement généreux, n'a-t-elle d'autre
but qu'une conciliation définitive entre des situa-
tions qui ne seront jamais humainement adéquates
et ne peuvent être que relativement équilibrées?
Alors que vient faire la théorie révolutionnaire de
la «lutte des classes » sur le terrain de cette conciliation inévitable entre des états divers, mais
proportionnels, tels que l'état de pauvreté et l'état
de richesse? Une fois la société organisée de telle
sorte — et c'est là la méthode — qu'elle sera en
mesure de remplir les besoins sociaux de chacun
par un prélèvement équitable sur la richesse
acquise et l'assurance universelle obligatoire ; une
fois l'impossibilité juridique, légale, rigoureusement établie d'acquérir injustement ou de conserver une fortune inutile et oisive, que deviennent
la lutte des classes, la guerre au capital, la mort
à la richesse, sinon d'inadmissibles non-sens? La
lutte des classes? Mais les «classes » n'existeront
plus. La guerre au capital? Mais le capital
demeure indispensable au travail devenu obligatoire. La mort à la richesse? Mais la richesse
n'est plus que la représentation légitime du travail accumulé par l'épargne et reste par là même
le plus puissant facteur de l'évolution.

Cette « lutte des classes » doit-elle au contraire,

dans la véritable acception socialiste, aboutir —
non à une conciliation transactionnelle — mais à
l'écrasement de la classe riche par la classe
pauvre; à l'accaparement du capital par le travail
manuel, seul facteur reconnu du capital lui-
même? L'affirmative est nettement soutenue par
les écoles modernes, et j'en ai déjà précédemment
étudié l'étiologie à un point de vue général. Il me
faut à présent examiner de près, avec l'attention
qu'elles méritent, ces doctrines qui forment l'apanage, le fief du *socialisme socialiste*.

Ici, pas de logomachie politique admissible. Les
philosophes qui font de l'expropriation du capital
le droit du travail, ont évidemment la prétention
d'organiser, suivant un plan nettement défini, les
lignes précises de la société future. Ils doivent
donc supporter les discussions impartiales et
répondre à leur tour aux questions qu'on est en
droit de leur poser. Ceci établi, voyons ces questions.

Le droit de la classe ouvrière étant de reprendre
le capital par l'expropriation générale des capitalistes, comment s'opérera cette expropriation?
Avec ou sans indemnité? Si elle se fait avec une
« juste et préalable » indemnité, — et je ne veux
pas m'attarder à rechercher les bases et les moyens
financiers de cette indemnité, *de minimis non
curat prætor!* — le capitaliste exproprié, mais
indemnisé, n'en demeure pas moins *un capitaliste*.
L'expropriera-t-on de nouveau? On a cru tourner
la difficulté, en disant que cette indemnité sera
payée au capitaliste par le moyen d'une annuité,

d'une rente viagère réversible ou non réversible.
La solution est honnête; cependant elle ne
solutionne rien. Comment pourra-t-on empêcher
l'indemnisé d'opérer des *économies* sur son indemnité viagère; de reconstituer ainsi, sournoise-
ment, le capital que l'on a voulu proscrire? Ce
capital renaîtra de ses cendres, plus dangereux
encore, parce qu'il s'abstiendra prudemment de
toute circulation, jusqu'au jour des revanches
toujours possibles; parce qu'il se transmettra plus
facilement encore que l'héritage actuel et formera
une mainmorte nouvelle, absolument insaisis-
sable.

Si l'expropriation se fait au contraire sans
indemnité — et c'est l'opinion qui compte le plus
de partisans — *au nom de qui, au nom de quoi* pro-
cédera-t-on? Au nom de la loi du nombre, du
droit de la force, synonyme ici d'intérêt général?
Soit. Mais il faut alors admettre ce principe initial,
supérieur à la discussion, que la *loi du nombre*
ne sera la *loi* qu'autant que ce nombre sera composé d'unités de valeurs égales à celles du *nombre
inférieur*. Une loi qui serait imposée par *mille*
brutes à *deux* hommes intelligents ne serait jamais
une loi, mais un coup de force auquel les deux
hommes intelligents auraient le droit de se
soustraire par tous les moyens. Si l'on parle sans
cesse aux majorités de leur pouvoir, il faut bien
aussi enseigner aux minorités leurs droits! Il
résulte d   lors de cette simple observation
que, la suppression brutale et sans équivalence
des capitaux particuliers, ouvre à ces derniers le

droit évident et imprescriptible à l'insurrection permanente. Même en leur contestant ce droit, les empêchera-t-on de le prendre? Je saisis bien mal, je l'avoue, une société idéalement organisée pour le bonheur universel et dont un nombre considérable de membres s'arrogent ou conservent le droit incessant au coup de fusil.

Cette expropriation sans indemnité, se fera-t-elle au nom de la justice? Quelle justice? Parmi les capitalistes, la plupart ne possèdent rien que le capital lentement accumulé par le travail de leur existence. La prise de possession violente de ce capital — sous quelque nom qu'elle se produise, de quelque forme qu'elle se pare — n'est-elle pas un *vol*, au sens pénal et philosophique du mot? Non, objecte-t-on, parce que toute appropriation privée est elle-même le résultat d'un vol, qu'aucune prescription ne saurait abriter ou légitimer vraiment. Il me serait trop facile de traiter d'escarpes les jongleurs qui sont devenus « les capitalistes de la blague ». Je préfère me borner à leur demander si la pure doctrine du communisme ne part pas de ces principes : *que nul n'a droit qu'au produit de son travail; que l'ensemble des produits doit être assigné à ceux qui les ont créés.* Mais, alors, le travail aboutit à une propriété individuelle certaine, non à un vol. De plus, le groupement reconnu de ces efforts individuels forme une sorte de société anonyme à *capital légitime*. Prendre ce travail ou s'approprier ce capital constitue irréfutablement *un vol*. Ce vol deviendra-t-il licite, parce qu'il s'affublera de l'étiquette de *vol social*?

Pourrez-vous continuer à punir celui qui n'a rien et qui vole, quand la société nouvelle lui aura donné l'exemple d'une soustraction frauduleuse universelle? A ce point de vue, dont l'importance déchire les voiles de certaines théories nébuleuses, qui aura le droit de distinguer entre l'anarchisme de fait et le collectivisme de droit, puisque le premier devient le correctif nécessaire, obligatoire du second? On répondra qu'il y a capitalistes et capitalistes. *Mais, alors, où finit le travailleur; où commence le capitaliste?* Nos amitiés, nos haines, nos intérêts seront-ils des lignes de démarcation suffisantes et sincères?

Supposons cependant l'expropriation réalisée, imposée dans ces dernières conditions. Que vont devenir, au sein de la société nouvelle, les propriétaires ou capitalistes dépossédés? Quelle place fera-t-on aux initiatives abolies, aux intelligences inutilisées, aux vouloirs indomptables, aux héroïsmes fougueux, aux désirs inextinguibles, aux passions inassouvies? Notez que ce sont ces initiatives, ces intelligences, ces vouloirs, ces héroïsmes, ces passions qui ont jeté bas la vieille société despotique et ont préparé les stades de la société nouvelle. Quelqu'un a donné l'empire du monde aux flegmatiques. Allez-vous l'attribuer aux imbéciles, parce qu'ils forment une immense majorité? Or, si un jour, quelque orateur intrépide et puissant s'insurge et ameute contre vous, organisateurs de l'Icarie rêvée, la foule des travailleurs qui auront cessé de s'appeler *les salariés* pour devenir les moines mendiants de la Bastille univer-

selle, oserez-vous protester lorsqu'on vous accro-
chera haut et court aux réverbères de l'avenir?
Prenez garde! Vous y viendrez, mes maîtres, et
vous reconnaîtrez alors qu'il est des questions
que les phrases de rhétorique ne suffisent pas à
résoudre.

Mais, s'il est vrai que le travail n'ait pas d'*autres
moyens* que le capital, n'est-il pas plus juste encore
de reconnaître que le travail est un des plus
puissants moyens du capital lui-même, puisque le
travail est sans contredit un capital et que tout
capital n'est que du travail accumulé? Constatation
qui, soit dit en passant, ne fait que souligner la
monstrueuse absurdité de ceux qui ne cessent
d'opposer le travail au capital. Or, dans cet ordre
d'idées, si on laisse ce produit du travail au producteur, *le capitaliste est ressuscité*, même en lui
imposant une restitution proportionnelle. Si on le
lui enlève, n'est-il pas évident que le producteur
conclura à l'inutilité absolue du travail? Où
trouvera-t-on alors des producteurs pour satisfaire
les consommateurs universalisés et obligatoires?
Le couvent a solutionné le problème. Est-ce aux
couvents que l'on veut ramener l'humanité? Veut-
on nous transmuer tous en ce que j'ai appelé
« les moines mendiants »?

Voilà cependant l'expropriation accomplie.
Expropriation *universelle* s'entend, *car si un seul
peuple résiste*, c'est vers lui qu'iront en exode
prudent les capitaux menacés. A qui appartiendra désormais le capital exproprié? A la *masse
commune*, bien entendu, quoique cette masse n'ait

nullement créé ce qu'elle se trouve à point pour
recueillir. Or, dans la collectivité devenue seule
propriétaire, qui sera chargé de gérer ce capital
reconquis? Car il faut bien le reconnaître : il est
possible de concevoir un capital qui n'appartient
à personne, c'est-à-dire à tout le monde. Il n'est
pas possible de concevoir un capital qui n'est
géré par personne. Ici l'État, maître de tout et de
tous, arbitre de la vie sociale — ce qui suppose du
reste un médiocre régime de liberté — sera bien
obligé d'assurer la gestion des intérêts du pays.
Il l'assurera — et c'est bien là ce que les aigre-
fins du socialisme guettent au coin de leur
bois — à l'aide de *gestionnaires* émanés de sa
puissance souveraine, malheureusement déléguée,
par la force même des choses, aux bavards prétentieux, aux sinécuriers et aux capitonnistes.
Gestionnaires? J'en suis; mais nous en sommes
tous!

Pourtant je me méfie de ces gestionnaires qui
seront nommés au petit bonheur. Seront-ils, res-
teront-ils quand même des producteurs? Cela me
paraît à peu près impossible. Mais, s'ils ne produisent rien au *sens manuel* du mot, voilà donc
une nouvelle *classe bourgeoise*, et la plus inacceptable, reconstituée sur le dos de la collectivité qui, du reste, est appelée à en voir bien
d'autres. Dans l'ancienne Rome, ces gestionnaires
s'appelaient des proconsuls; plus près de nous,
des fermiers généraux dont le souvenir est demeuré si populaire. Ces gestionnaires deviendront les favoris, les mignons, les maîtres du

nouveau régime : maîtres bientôt exécrés, et sûrement exécrables.

Si, au contraire, les gestionnaires doivent continuer *à produire* comme les autres, pourquoi consentiraient-ils à gérer *par surcroît* un capital collectif dont ils n'auront que faire, puisqu'il ne leur appartiendra pas ; qu'ils n'exerceront sur lui pas plus de droits que les autres communistes? Créera-t-on alors des gestionnaires *par persuasion?* J'y consens volontiers; mais vos gestionnaires n'en seront pas moins des hommes. Gare aux proportionnalités distributrices de la manne quotidienne ! Vos gestionnaires seront les « gabelous » de l'avenir. Ils formeront en plus, de par une fatalité historique inévitable, une aristocratie nouvelle contre laquelle la bataille, même sanglante, des contrebandiers du collectivisme recommencera impitoyablement.

Ces gestionnaires n'auront pas seulement à distribuer la soupe et le pain quotidiens; ils auront encore à assurer la distribution et la rétribution du travail. Car il n'y a pas à s'y tromper : il y aura encore des corvées et des sueurs dans les paradis collectivistes. Sur quelles bases, le travail sera-t-il distribué et rétribué? Suivant quelles modalités? Suivant quelles proportions? Qui règlera ces modalités; qui présidera à cette rétribution? Il ne faut pas perdre de vue que, pour les malheureux de ce bas monde, la société collectiviste doit être une aube de bonheur, une aurore de repos, une existence de paresseux bien-être. Le jour où vous appliquerez à tous l'implacable loi du travail, votre société ne courra-t-elle pas le risque de sauter en l'air? On te montre, mon pauvre prolétaire, le bourgeois dont tu dois prendre la place? Tu ne prendras la place de personne, dans la société future : tu garderas la tienne; seulement le nombre de tes camarades aura augmenté. Or, je me demande sérieusement, alors que dans la « Cité future » tout le monde travaillera beaucoup plus même qu'aujourd'hui, si chacun sera content de peiner parce qu'il verra son voisin peiner autour de lui? Si au quart d'heure de Rabelais social, le travailleur sera bien satisfait — en recevant sa feuille de travail supplémentaire à accomplir — de songer « que les autres » la recevront en même temps que lui? Prophètes des terres promises, gare au dénouement! Existe-t-il un cri plus patriotique, plus no''e, plus juste que celui de « Tout le monde sold..? » Pourquoi, à partir du moment où chacun a dû aller à la caserne, a-t-on réclamé d'un seul élan la suppression des armées permanentes? Il y a donc quelque chose qui vaut mieux que la caserne... cette caserne fût-elle collectiviste ?

Au surplus, et en supposant le monde entier résigné au travail, la réglementation, la distribution de ce travail n'en soulèveront pas moins les plus graves difficultés. Par cela seul qu'il est devenu le maître de la production générale; qu'il a absorbé dans sa monstrueuse impersonnalité, les forces intégrales de ce monde, l'État doit assumer la direction de l'activité économique universelle. Eh bien ! soit, il l'assumera. Mais, suivant quelle formule et à l'aide de qui, après avoir orienté la production, organisera-t-il la répartition des produits ? *Dans la société collectiviste, étape vers la société communiste, les produits seront répartis suivant le travail de chacun.* Je regrette d'avoir à le dire : en dépit de ses apparences séduisantes, cette formule incomplète est radicalement, scientifiquement fausse; et cette fausseté n'est point faite pour dissiper les ténébreuses exigences de l'avenir. Cette formule n'envisage en effet qu'une seule faculté de l'homme : *son travail.* C'est là que gît l'erreur capitale.

Il faut bien se garder en effet de considérer le travail comme seul capable d'engendrer un résultat. Ceux qui l'enseignent veulent ignorer que ce travail sera fatalement juxtaposé à un *capital,* force individuelle qui ne sera que du produit économisé ; mais surtout qu'il sera souverainement dirigé, surexcité, par une troisième force en train de devenir la maîtresse du monde : *la force intellectuelle,* sous ses deux aspects de génie créateur, de science émancipatrice. Une des erreurs fondamentales, sous laquelle s'enlise le socialisme contemporain, malgré ses prétentions dogmatiques, consiste dans la méconnaissance de cette triple vérité. C'est de cette erreur qu'il faut le sortir à tout prix par la méthode et la sincérité. C'est à la constatation indiscutée de cette trilogie suprême, déjà entrevue par le Fouriérisme, qu'il faut l'orienter : *capital, travail, talent.* Le capital? travail épargné. Le travail?

œuvre matérielle proprement dite. Le talent? décu-
plement du travail lui-même par la force initiatrice qui le dirigera, le magnifiera et le *réduira.*
Hors de là, tout n'est qu'absurdités et chimères.

Or, cette simple reconnaissance de la fausseté
de la formule collectiviste sape tout de suite par
la base l'établissement de la répartition productrice. Cette fausseté était d'ailleurs facile à prévoir, en songeant à cette théorie essentiellement
dangereuse, mais admise d'emblée par les travailleurs proprement dits : *qu'il n'y a pas d'autre
travail en ce monde que le travail des mains et des
bras.* Lui seul mérite d'être protégé, sauvegardé,
libéré. Toute autre forme de travail n'est plus
qu'une forme bourgeoise du travail lui-même. Je
suis bien rassuré sur le sort de cette fallacieuse
sélection. La société future, plus rapprochée
peut-être qu'on ne le croit, en aura prompte-
ment raison. A cette heure, les machines remplacent plus de 165 millions de bras. Les appli-
cations industrielles imminentes de la « houille
blanche » vont inutiliser les mines et les mineurs. La découverte du radium rendra, à brève
échéance, d'autres centaines de millions de bras
inoccupés. De telle sorte que l'organisation du
prolétariat ouvrier, le seul dont on daigne
s'occuper, menace de se faire d'une façon inattendue par la suppression presque totale de
l'ouvrier lui-même. A-t-on envisagé cette éventualité d'une certitude quasi-mathématique, si
alarmante pour les pharmacopes socialistes?
Comment se répartira la production quand *un*

seul homme aidé de quelques grammes de radium, suffira à actionner des centaines de machines productrices d'énergie? Quelle part ferez-
vous à Mme Curie? Ne voyez-vous pas que le
génie, créateur incessant : ce génie que, dans vos
syndicats à petites cervelles égalitaires, vous
reléguez au rang des accessoires sociaux luxueux,
va bientôt rendre inutiles les millions de bras de
ces syndicats? Cette « éventualité » n'a certes
rien de menaçant : elle n'en bouleversera pas
moins de fond en comble les conditions essentielles du travail. On menace de révolutionner le
globe pour la journée de huit heures? Mais a-t-on
pensé que le moment n'est peut-être pas éloigné
où, de par la science, la journée d'une heure
sera plus que suffisante? Que feront alors les
citoyens du monde collectiviste? Ils regarderont,
ils absorberont, et ils se reposeront du travail
qu'ils ne feront plus, dans ce rêve splendide de
Lafargue « du droit à la paresse ». Je n'y vois
aucun inconvénient ; j'appelle de mes vœux cette
ère bénie. A une condition cependant : c'est que
l'on veuille bien reconnaître que nous voici bien
loin de notre point de départ. Nous avions levé
l'ancre sur la doctrine de l'expropriation du capital et nous voici amenés à l'expropriation inévitable, forcée du travail! C'est au triomphe du
capital socialisé, mais *indemnisé*, que l'on marche;
à l'apothéose absolue, universelle du savant
que l'on court. Mais alors, combien les théories
courantes des écoles révolutionnaires me paraissent embryonnaires, étroites, mesquines et bour-

geoises ! Combien inacceptable et restreint le processus du « travail », tel que ces écoles le comprennent et le définissent. Un métal X sera découvert,
qui donnera la possibilité des transports gratuits
sur des routes où le *piéton* ne courra pas de
dangers -- puisque ce piéton n'existera plus et
que la marche ne sera plus qu'une question d'hygiène. Une substance Z sera inventée — et j'en
appelle à M. Berthelot — qui, supprimant la nécessité d'une alimentation spéciale et journalière,
fournira à chaque homme, sous les espèces d'une
minime « pilule sociale » la nourriture indispensable à son existence, nourriture fabriquée dans
les laboratoires de la collectivité par quelques
chimistes intelligents. De combien cette pilule
libératrice diminuera-t-elle l'acuité du problème
de la répartition des richesses, il est facile de le
deviner ! Une poudre Y sera produite qui, devant
un certain nombre d'armées en présence, éclatera
dans une puissance d'explosion telle, que l'anéantissement presque instantané de ces armées résoudra d'emblée le sinistre problème de la guerre.
Que l'on daigne y prêter attention ! Avec
quelques cerveaux de savants, sans révolutions,
sans catastrophes, j'ai esquissé la libération de
l'ouvrier, la solution du problème de la faim,
la suppression de la guerre, et l'indépendance
du monde. Et cela, sûrement, méthodiquement,
sans demander à quiconque une seconde de gratitude. Pauvres gens que l'on excite au pillage,
au meurtre, à la Révolution ; que l'on pousse aux
pires excès pour assurer le bien-être de quelques

sycophantes du nouveau culte socialiste, envoyez donc ces hâbleurs à l'atelier et attendez en paix que les savants aient affranchi l'humanité. Combien plus commode, et, je l'affirme, plus sûr! On criera au rêve, à l'utopie? Laissez faire et laissez passer. Qui aurait dit, à dix ans en arrière de l'heure où j'écris ces lignes, que deux savants, jusque-là obscurs, mettraient à la disposition de la science cette terrible puissance du radium, produisant de la lumière, de la chaleur, de la force, de l'électricité, *sans diminuer de poids;* jetant ainsi du même coup par terre cet antique lieu commun axiomatique : *« que de rien on ne peut faire quelque chose »;* détruisant jusqu'au concept philosophique du néant; s'attaquant directement à la puissance créatrice de la Divinité sacerdotale? La science, dont quelques pamphlétaires ont proclamé la faillite, est en train de bouleverser, de révolutionner les mondes; mieux que cela de leur permettre de communiquer bientôt entre eux. Dans l'orbe immense — celuilà illimité — de son action tutélaire, grâce à l'épanouissement de quelques êtres privilégiés, je vois se lever la véritable aurore du monde nouveau, auprès duquel les palingénésies collectivistes feront l'effet de modestes cieux de carton. Et ces merveilleux problèmes seront résolus, je vous le dis, avant que les thérapeutes du socialisme se soient mis d'accord sur les objections que je soulève contre leurs systèmes réformateurs. Au lieu de pousser les cris de *« Vive la grève! Vive la sociale! »* cris qui ne sont que des cris de colère inutiles, que les ouvriers clament d'une seule poitrine : « *Vive la science libératrice, mort aux bavards.* » Hélas! que les bavards se rassurent : ils ont encore pour longtemps du pain sur la planche.

Je ne veux pas quitter ce domaine de l'investigation scientifique, sans mettre en garde les penseurs de bonne foi contre cette erreur trop facile : « que les facteurs nouveaux qui doivent inter« venir plus tard dans le problème social puissent « en modifier la position : ils peuvent seulement « agir sur quelques éléments, en changer l'impor« tance relative[1] ». Il y a là une inexactitude. Certes, la position du problème social ne saurait changer; puisque ce problème sous ses faces multiples, est *un*. Mais les « facteurs nouveaux » qui vont surgir de par la toute-puissance de la science, en bouleverseront de fond en comble les éléments divers et en changeront, par une orientation insoupçonnée, *non l'importance relative,* mais l'importance absolue. Mesure-t-on d'ici la portée suprême de ces « facteurs » scientifiques nouveaux, supprimant les quatre-vingt-dix-neuf centièmes de la main-d'œuvre ouvrière? J'affirme qu'il y a là des *hypothèses* dont il faut se préoccuper comme de prochaines réalités. La science, en effet, est loin de méconnaître la grandeur du rôle de l'hypothèse. « Au lieu de prononcer une con« damnation sommaire, nous devons examiner « avec soin le rôle de l'hypothèse. Nous recon-

---

1. TARBOURIECH, *Cité future,* p. 13.

« naîtrons alors, non seulement qu'il est néces-
« saire, mais que le plus souvent il est légitime.
« Nous verrons aussi qu'il y a plusieurs sortes
« d'hypothèses ; que les unes sont vérifiables et
« qu'une fois confirmées par l'expérience, elles
« deviennent des vérités fécondes ; que les autres,
« sans pouvoir nous induire en erreur, peuvent
« nous être utiles, en fixant notre pensée ; que
« d'autres enfin ne sont des hypothèses qu'en
« apparence et se réduisent à des définitions ou à
« des conventions déguisées[1]. » Or la transformation absolue de la question sociale par la science est
plus qu'une hypothèse vérifiable : c'est une hypothèse *vérifiée*.

En attendant cette aube génératrice certaine, je
reviens à l'examen des doctrines étriquées auxquelles je me heurte en ce moment, puisque la
splendeur des visions de l'avenir ne saurait faire
oublier l'intensité des problèmes, même restreints, dont la discussion s'impose, sous peine
de voir s'écrouler dans un effondrement définitif
l'essor de l'humanité.

J'ai parlé de la nécessité, de l'obligation absolue
du travail sous toutes ses modalités dans la société nouvelle. Si quelqu'un refuse pourtant de
travailler, comment le soumettra-t-on au travail,
matrice fondamentale de l'organisation future?
Le punira-t-on? Prison pour prison, bien des
gens préféreront celle où l'on est nourri sans
rien faire, à celle où l'on travaille sans rien avoir. Le

---

1. POINCARÉ, *la Science e l'Hypothèse*, p. 2.

laissera-t-on mourir de faim? Alors, c'est édicter
la peine de mort contre la paresse sanctifiée par
Lafargue. La société capitaliste, dans son infa-
mie, n'est jamais allée aussi loin. Plus encore!
Y aura-t-il une différence entre celui qui ne travaille pas, celui qui travaille peu, et celui qui travaille beaucoup? S'il n'en existe pas, à quoi bon
travailler? S'il en existe, on reconstitue d'emblée
les classes des pauvres et des riches : l'expropriation générale nouvelle redevient indispensable. J'ignore si ce fonctionnement incessant de
l'expropriation assurera le bonheur de la société
nouvelle; j'affirme pourtant qu'il n'en fortifiera
pas la stabilité. De plus, quel parti prendra-t-on
à l'égard du travail intellectuel? Le supprimera-t-on? Si oui, c'est arrêter net les progrès
des émancipations successives et ramener la
collectivité à la barbarie. Si non, dans quelle
classe de producteurs rangera-t-on les producteurs
exclusivement intellectuels? Quelle sera leur rétribution? Suivant quel mode, par qui sera opérée
cette rétribution? Si elle l'est par ces producteurs
spéciaux, c'est se heurter de suite à une classe
inattendue de privilégiés : les privilégiés de l'intelligence et du génie. Le sera-t-elle par *les autres?*
Je vois alors Victor Hugo, Pasteur, tous les savants, tous les poètes, tous les penseurs, tous les
grands initiés, traités de « bourgeois » et jugés
par les imbéciles. Ne risquent-ils pas pour le
moins d'être méconnus, traités de « bouches inutiles », puisqu'on est parvenu sans peine à laisser
croire au *travail des bras* qu'il était tout, qu'il

pouvait tout, qu'il créait tout! On répondra —
comme on l'a déjà fait — que l'État socialiste
mettra chaque chose et chacun à sa place; qu'il
encouragera les lettres et les arts « soit en ache-
« tant les œuvres remarquables, soit en entretenant
« des pupilles qui offriront des aptitudes particu-
« lières. » Très bien ! Mais qui sera chargé d'acheter
ces *œuvres remarquables*? Qui décidera de leur
mérite et qui en fixera le prix? Ma curiosité in-
discrète voit poindre l'*Aréopage*, et discerne nettement les sinécuristes du nouveau régime. Ce prix
une fois fixé cependant, où en puisera-t-on le
montant? Dans une caisse spéciale que l'on aura
constituée au préalable, comme les caisses natio-
nales de retraites, d'outillage industriel? Cette
caisse, qui la gérera? A l'aide de quels prélèvements sera-t-elle alimentée? Tout cela n'ira pas
sans des embarras, peut-être de beaucoup supérieurs à ceux des achats faits par les fortunes
individuelles, que l'on aura supprimées, en les
absorbant dans la fortune sociale, et qui étaient
pourtant le plus puissant levier de la production
artistique, avant ces transformations radicales.
En outre, une fois ces achats effectués par vos
« commissions des Beaux-Arts sociaux », entre
les mains de qui versera-t-on le montant de ces
achats? Fera-t-il retour à la caisse d'où on l'aura
sorti? Autant alors supprimer l'achat lui-même,
puisqu'il n'aura plus de but individuel, et le remplacer par la couronne de chêne civique ou de
laurier communaliste. Ce sera sûrement économique; mais je me demande si la production

artistique en sera brillamment accrue. Versera-
t-on au contraire le montant de l'achat entre les
mains de l'artiste créateur : ce qui paraît être de
la justice élémentaire, banale? Alors, c'est le
capitaliste — viager ou non — qui se lève à
l'horizon de la réforme sociale, et je crie : « A bas
le bourgeois » ! Puis, ces écoles de « pupilles aux
aptitudes géniales », réservoir assuré des savants,
des peintres, des littérateurs, des historiens, des
poètes de l'avenir, où les créera-t-on et comment
les recrutera-t-on? Quels seront les membres de
ce jury « professionnel » d'un nouveau genre?
Aura-t-on des professeurs pour ces apprentis savants, cette école polytechnique nouvelle? Où les
trouvera-t-on? Seront-ils choisis? Par qui ? Les
nommera-t-on au suffrage universel? Ce sera
peut-être audacieux. Les appointera-t-on? Si oui,
ce sont des privilégiés que l'on installe au beau
milieu de la collectivité. Car on ne persuadera
jamais aux pauvres diables qui porteront sur les
épaules les pierres à bâtir des « casernes pupil-
laires », que leur travail n'est pas cent fois plus
pénible que celui des « bourgeois » qui apprennent
aux autres à peindre des paysages sur une toile ;
à faire sortir d'un bloc de marbre informe une
splendide Psyché ; à écrire des vers ou de la
prose sur du papier blanc. Si on ne les appointe
pas au contraire, n'y a-t-il pas lieu de craindre
que ces professeurs ne prient simplement les
« secrétaires des Bourses du Travail » de prendre
leur place dans la chaire professorale? Ils accepteront, soyez-en sûrs ; ils seront appointés, n'en

doutez pas! La question des professeurs résolue, restera celle des élèves. Qui les choisira et
les sélectionnera? Qui remplira les nouvelles
écoles de Rome, extensives de l'ancienne, d'où si
peu d'hommes de génie réel sont sortis? Objections de détail, répondra-t-on? Mais ne voit-on
pas que ces « détails » de forme emportent ici le
fond? L'humanité n'est faite que de détails que
l'on généralise, de même qu'elle n'est composée
que d'individus que l'on associe. Supprimer les
uns, négliger les autres, ce n'est pas rénover le
genre humain : c'est aboutir au néant égalitaire. C'est vouloir faire de la vie sociale, une *vie
unique*. Chimère stupide! Les réformateurs intransigeants qui pratiquent l'orthopédie sociale,
sont trop enclins à oublier une vérité banale :
c'est qu'à vouloir trop brusquement redresser un
bossu, on risque de lui casser la colonne verté-
brale. Opération certes radicale, mais que le bossu
aurait tort d'accepter à l'avance comme une solution satisfaisante. Que l'organisation sociale bos-
suée n'ait pas une verticale irréprochable, qui
songerait à le nier? Ce n'est pas une raison pour
l'anéantir ou la bouleverser d'un coup en désasso-
ciant brutalement ses vertèbres.

CHAPITRE IX

Là ne se bornent pourtant point les questions que l'on est en droit d'adresser aux écoles socialistes et auxquelles ces dernières ont le devoir absolu de répondre. Il en est encore quelques-unes dont l'importance ne saurait échapper à l'investigation du penseur.

Une des principales causes de la misère, de l'ignorance, de la paresse, cause que chaque jour voit croître avec une désespérante intensité au sein du prolétariat — c'est l'alcoolisme. Rien à faire dans le sens d'une rénovation sociale certaine, définitive, tant qu'on n'aura pas supprimé ou guéri ce facteur de boue et de sang. Aucun essai sérieux de solidarité humaine ne sera possible, tant qu'on n'aura pas mis fin aux ravages de l'ivrognerie. Je vais peut-être déplaire aux politiciens en quête d'électeurs facilement surexcitables. Mais je déclare hautement qu'il faut en finir avec les uns comme avec les autres. L'alcoolisme, l'ivrognerie sont des vices mortels avec lesquels aucune transaction n'est possible. Est-on décidé à les réprimer sans merci, même par les moyens les plus violents? La liberté individuelle n'a rien à voir dans cette répression nécessaire.

Le collectivisme, qui jusqu'ici s'est surtout affirmé dans les apéritifs — conférences, est-il résolu à préparer, à promulguer ces lois répressives? Au point de vue social, reconnaît-il que l'ivrogne est plus coupable que l'assassin, qui est d'ailleurs son fils dégénéré? L'assassin n'est dangereux que pour sa victime; l'alcoolique est une menace permanente, directe pour les générations à venir. L'alcoolique peuple les bagnes, les hôpitaux, les maisons d'aliénés, de victimes inconscientes. Sa destruction totale, quelles que puissent être les conséquences ou les rigueurs de cette destruction, est une mesure de salut public qui s'impose. Je suis sur ce point de l'avis de Wells « que les « gens qui ne peuvent vivre tranquillement et « librement dans le monde sans gâter la vie des « autres, *sont mieux hors du monde*[1] ». Un collectiviste facétieux qui, haranguant un jour une « réunion syndicaliste fédérale », lui affirmait que l'alcoolisme était un vice que « la bourgeoisie avait infiltré dans le prolétariat pour le dominer plus aisément », voudra bien, je l'espère, faire une exception en ma faveur.

Une fois l'alcoolisme extirpé, le capitaliste supprimé, le travail demeure vraiment l'unique facteur de la richesse sociale, synonyme d'universelle pauvreté. Mais son avènement suprême et exclusif — *qui doit coïncider avec la disparition absolue de la paresse individuelle* — ne fera pas disparaître pour cela la nécessité supérieure du *capital*, indispen-

---

1. *Anticipations*, p. 344.

sable à la production. Je vois surgir là une énorme
difficulté. Sous quelque modalité qu'elle se manifeste, la production reste la base fondamentale de
la vie sociale qui, sans elle, ne se comprendrait
pas. Or, le capital qui sert de véhicule et d'instrument initial à la production, ne peut jamais
provenir que du travail lentement accumulé à
l'aide de ce mécanisme qui a nom : l'épargne ou
économie. Tant que le capital reste individuel, je
comprends et, je le dis bien haut, je salue l'économie. Mais à partir de l'heure où, par l'abolition
de la propriété individuelle, le capital individuel
fait retour à la masse commune, qui éprouvera le
besoin de devenir économe? Et si personne n'éco-
mise, pas même les gestionnaires collectivistes dans
lesquels je n'ai qu'une confiance limitée, comment
le capital social — une fois détruit par ces deux
facteurs de consomption irréductibles : la consommation et l'usure — sera-t-il reconstitué et par
qui le sera-t-il ? Par l'universalité collectiviste?
Aura-t-on les moyens pratiques d'y parvenir? Par
quelques-uns ? Mais s'ils répondent : *à quoi bon*,
que leur fera-t-on? Quelle est la puissance sociale
qui, comme je l'ai déjà dit, viendra à bout de *la
force d'inertie ?*

Ce n'est pas tout encore : La vie sociale est faite
de *besoins*, puisque l'homme est un agrégat de *nécessités*. Ces besoins sont, par dessus tout et avant
tout, *proportionnels* — qu'ils soient physiques, moraux ou intellectuels — et d'une complexité qui
soulève les plus inquiétants problèmes. Dans l'état
collectiviste organisé, qui résoudra ces problèmes

et qui réglera, en l'assurant, cette proportionnalité?
On appliquera sans doute la célèbre formule : « *à
chacun selon ses besoins* ». Fort bien ; à la condition
essentielle, pourtant, que « *chaque capacité sera
rétribuée selon ses œuvres* ». La double formule est
indivisible ; mais combien délicate sa stricte et impartiale application. Je suppose cependant cette
rétribution établie. Hélas ! tout va recommencer le
lendemain, parce que l'inégalité fatale des rétri-
butions ramènera, comme conséquence nécessaire,
l'inégalité sociale des conditions que l'on a voulu
éviter en bouleversant le monde. Bouleversement
qui, en somme, fait renaître, sous d'autres formes
et avec d'autres coefficients, les privilèges, les iniquités que l'on croyait disparus à jamais.

Le jour où l'on aura répondu à ces questions
dont je me borne à esquisser le *schema* — non point
avec des perfidies oratoires, mais de manière à donner pleine satisfaction au bon sens, au droit, à la
justice — ce jour-là, je me déclare prêt à accepter,
à défendre les solutions générales les plus éner-
giques, quelles qu'en puissent être les conséquences
individuelles les plus menaçantes. Mais jusque-là,
j'attends, dans mon indépendance absolue et mon
inébranlable bonne foi, que l'on me fasse voir les
fondations de l'édifice que l'on m'invite à couvrir
de tuiles luxueuses. Cette attente n'implique nullement du reste la politique stérile, funeste —
celle-là bourgeoise dans la moelle — des bras croisés. Encore moins l'inaction cruelle devant des souffrances certaines et des maux réels. Mais il me
semble qu'arriver sûrement, c'est-à-dire avec cer-

titude, à la *socialisation des forces* productives;
en laisser cependant les *résultats* individualisés,
quand cette individualisation ne fait courir aucun
danger à l'état social; établir la nécessité du travail sans aucune exception que celles de la maladie
et de la vieillesse; assurer la rémunération *intégrale* de ce travail par une juste répartition des
bénéfices, sans participation aux pertes possibles,
seules supportées par le capital dont elles constitueront ainsi le rachat social; supprimer les
parasites sinistres tels que les intermédiaires; diminuer, jusqu'au nécessaire homéopathique, les
fonctionnaires de toute espèce; établir la formule
définitive de l'impôt *dont nul ne doit être exempté
sous peine de déchéance sociale*, et quelque minime
que puisse être sa quote-part; créer la caisse des
retraites pour les travailleurs *quels qu'ils soient*;
celle de la vieillesse ou de l'invalidité; tout cela
constitue la première mise de fonds d'un programme capable d'occuper plusieurs cycles d'humanité. J'y joins une dernière ligne — celle-là
essentielle, à mon avis — : le culte filial de la
patrie qui n'a rien d'incompatible avec l'internationalisme philosophique, puisque ce dernier, en
fédérant *les nations*, en suppose l'existence préalable. Sur ce point — comme sur tant d'autres! —
je m'en tiens à l'enseignement profond des grands
Conventionnels qui firent la Révolution française.
Cela, c'est non de la chimère, mais de la méthode
socialiste. Et qui sait même, le jour où ce programme serait réalisé à l'aide de *lois organiques*
fortes et respectées, si l'on ne s'apercevrait pas tout

à coup que le problème social est résolu; que l'on a enfin créé le nouveau monde, sans le dépeupler au préalable des individus qui doivent l'habiter.

En tête de ces lois organiques dont je viens de parler, je place celle que j'appellerai maintenant *la loi des besoins*, et qui me paraît devoir former la pierre angulaire de la méthode socialiste, parce qu'elle doit y jouer un double emploi de régulateur et de directeur qu'il importe au plus haut point de mettre en lumière et de préciser. *Régulateur*, parce qu'elle implique simplement et sans phrases, la règle primordiale, peut-être unique, du mécanisme de l'évolution future; *directeur*, parce qu'elle imprime aux revendications sociales légitimes un caractère d'irréfutabilité devant lequel tout le monde doit s'incliner. La *loi des besoins* est le criterium initial du socialisme scientifique.

Chaque homme en naissant — et il naît sans savoir pourquoi, de même qu'il meurt sans savoir comment — apporte à la société qui le reçoit le droit d'exister. Ce droit comporte, comme corollaire, un certain nombre de besoins physiques et moraux, dont l'amplitude varie avec chaque être créé, mais dont la somme minimum est adéquate pour chaque individu. Ces besoins de l'homme constituent un ensemble de droits qui découlent du droit primordial d'existence. La loi des besoins a pour but et pour devoir de remplir ces droits; de donner une satisfaction intégrale à ces besoins, dont il faut dès l'abord excepter les fantaisies, les caprices. les appétits désordonnés.

Quels sont ces besoins irréfragables, dont l'ensemble forme pour l'homme un capital minimum que la société doit lui garantir. Ils dérivent tous de cette double fonction de l'homme : le droit de vivre et le devoir de travailler. Cette double fonction permet de formuler facilement cet ensemble de besoins. Si je décompose en effet les éléments de cette loi des besoins, je trouve d'abord avec les hygiénistes, qui sont les plus puissants réformateurs que je connaisse :

1° *Le besoin de respirer un air vivifiant*. De là, la nécessité de supprimer les logements insalubres; de forcer les communes à démolir les rues vieilles et malsaines, les masures décrépites et infectieuses; de créer des avenues largement aérées, des squares nombreux où chacun viendra, sa tâche accomplie, respirer à l'aise. De là, l'impérieux devoir de construire des ateliers qui ne soient plus des foyers de microbes homicides; des écoles où les enfants puissent s'instruire sans danger et sans fatigue pour leur santé; de supprimer, dans les manipulations industrielles, les substances nocives ou toxiques.

Les lois du 15 février 1902 et du 7 avril 1903 ont nettement établi les bases et les moyens pratiques de ces réformes. Il ne reste plus qu'à appliquer ces lois excellentes — ce qui peut se faire attendre longtemps dans un pays où les lois sociales semblent être promulguées, non pour le bien être de tous, mais pour la popularité de quelques-uns; où les fonctionnaires n'ont d'autre souci que de restreindre leur travail, en augmentant leurs traitements. Observation qui n'explique du reste que trop pourquoi le collectivisme roule sur la pente molletonnée du fonctionnarisme universel !

2° *Le besoin d'une alimentation réparatrice et suffisante.* Une société dans laquelle un individu est exposé à mourir d'inanition, est une société assassine. Dût-on la bouleverser de fond en comble, il faut qu'une semblable cruauté disparaisse. Cette affirmation entraîne avec elle une conséquence immédiate : la nécessité de lois draconiennes pour la répression des fraudes dans les denrées alimentaires. Ces fraudes sont la caractéristique criminelle de l'industrialisme capitaliste moderne. Là, à la bonne heure, le voilà bien le « bourgeoisisme » qu'il faut anéantir sans merci. La « Cité future » doit inscrire au fronton de ses édifices que *tout fraudeur est un voleur,* quand il n'est pas en même temps un meurtrier. *Le commerçant qui fraude devrait être déchu du droit de vendre.* Il coulera beaucoup d'encre dans les écritoires collectivistes — et de l'encre frelatée — avant que ce simple principe soit traduit en article de loi... et appliqué !

3° *Le besoin de la chaleur.* Mourir de froid et mourir de faim sont synonymes. Certes, trouver un individu agonisant au coin d'une borne, parce qu'il n'a pas mangé depuis de longues heures, est une honte. Rencontrer de pauvres diables grelottant de froid dans leurs mansardes ouvertes, sans feu, à tous les vents d'hiver, est aussi une calamité sociale. J'ajoute vite que le *besoin de lumière* est ici adéquat au besoin de chaleur.

4° *Les besoins d'exercice, de repos et de sommeil.*
Besoins dont la satisfaction est indispensable à la
santé humaine. C'est de cette satisfaction que naît
la nécessité de lois limitatives de la durée du travail, durée que les conquêtes de la science abré-
geront toujours de plus en plus. Il faudra aussi
supprimer les cabarets et les bars, dans lesquels
on empoisonne le peuple et où l'on distribue à
foison l'alcool meurtrier. Une loi qui fermerait
d'emblée tous les cabarets, tous les bars, tous les
débits de boissons, aurait peut-être résolu le problème social presque en entier.

5° *Les besoins d'instruction, d'éducation pour
tous :* instruction et éducation gratuites à tous les
degrés, mais avec une sélection inévitable à travers
les intelligences forcément inégales de chacun.
Cette sélection se fera naturellement dans les
classes primaires que tout le monde, sans exception, devra fréquenter. Il est en effet une somme
minimum de science que chaque cerveau est apte
à recevoir et à s'assimiler. Mais aller plus loin,
négliger ou nier cette sélection nécessaire, sous le
prétexte d'une chimérique égalité devant la science,
est une œuvre de rhétorique impuissante et vaine.

6° *Le besoin de l'assistance.* Assistance sous toutes
ses formes : pour la maladie que l'indigence ne
peut ni guérir ni soulager; pour la vieillesse, incapable de travail; pour les invalides, impuissants
à conjurer la misère menaçante; pour l'enfance
abandonnée, livrée aux aléas, aux souffrances de
la solitude et à la désertion des devoirs familiaux;
enfin pour le chômage qui forme à mes yeux le

nuage noir et sans cesse grossissant de l'avenir. Il ne faut pas perdre de vue, en effet, ainsi que je l'ai écrit déjà, que par la science grandissante, par l'essor de la machine — *essor que rien n'arrêtera* parce que la machine arrivera non seulement à marcher, *mais à se défendre automatiquement* — le chômage ira toujours en augmentant. Des légions entières d'ouvriers seront annihilées dans leurs professions par la machine. L'avènement de « l'outillage futur » bouleversera de fond en comble les conditions, la possibilité même du travail.

N'est-il pas nécessaire de se préoccuper, dès à présent, de cet immense chômage futur, inévitable pour les trois quarts de l'humanité? Le spectacle de ces réformateurs qui réduisent à des questions d'heures ce formidable problème, n'est-il pas lugubre? Je suis convaincu que cet état de choses inéluctable ne saurait avoir en soi rien de menaçant, puisqu'il procurera à ceux dont les bras seront la seule ressource, un repos forcé qui n'aura rien de commun avec les modestes trois-huit qu'on leur offre aujourd'hui comme un idéal de félicité. Mais à la condition qu'on s'en occupe et qu'il demeure évident que l'assistance pour le chômage, telle qu'elle est entendue jusqu'à cette heure, constitue un régime transitoire n'ayant qu'une parenté lointaine avec la lourde difficulté que je viens de signaler. Enfin, en ce qui concerne cette partie de la *loi des besoins*, il faut aussi que l'assistance soit gratuite et *générale;* c'est-à-dire s'étendant partout, aussi bien dans les villes que dans les campagnes dont on paraît ne faire qu'un simple état oratoire, dans les plans de rénovation humanitaire.

Tels sont les éléments primordiaux et simplement énonciatifs, de cette « loi des besoins ». Lorsque le fonctionnement intégral en sera assuré, dans ses modalités et sous ses contingences, l'organisation sociale aura fait en avant un pas immense et décisif. L'humanité, en pleine possession des éléments pratiques du bonheur social, pourra se permettre le luxe d'entendre les virtuoses de la parole développer leurs séduisantes rêveries. Jusque là, je lui conseille fort de leur répondre, comme Hamlet : « Des mots, des mots, des mots », et de les ramener inflexiblement à la conquête définitive des droits qui découlent de cette loi des besoins. Grâce à cette loi et aux règles de la méthode expérimentale, il sera facile alors de discerner où est l'erreur, où gît la vérité sociale scientifique. Vérité qui fera connaître « non pas les choses elles-mêmes, comme le pensent les dogmatistes naïfs ; mais *seulement les rapports entre les choses.* En dehors de ces rapports, il n'y a pas de réalité connaissable[1] ».

C'est pour avoir méconnu ces simples notions d'une autre loi qui, celle-là, gouvernera éternellement le monde, bien qu'elle ne soit respectée que par une infime minorité — *la loi du bon sens* — que les écoles socialistes, en gestation de systèmes préconçus ou mal étudiés, se traînent dans les bas-fonds des excommunications retentissantes,

_____

1. POINCARÉ, *loc. cit.*, p. 4.

des parturitions inachevées. Il serait peut-être bon de songer, enfin, que la méthode doit, par ses actes, non par ses paroles, procéder d'autres errements et s'en tenir aux saines formules que la science vraie lui enseigne. Le socialisme sera scientifique ou il ne sera pas.

CHAPITRE X

Mais que faut-il entendre par ces mots de « socialisme scientifique », drapeau que l'on ne semble revendiquer que pour le lacérer et le déchiqueter? Suivant la définition de Paul Louis, le socialisme scientifique « a consommé une réaction contre le socialisme utopique. Il a substitué l'interprétation exacte et scrupuleuse des faits d'économie à des concepts de métaphysique ou à des arguments de sentiments[1]. » Tout en faisant mes réserves expresses sur les questions de « sentiments », j'accepte sans hésiter cette définition : elle a du moins le rare mérite d'admettre l'existence de ces « idéologues » du socialisme qui sont les seuls comblés de profits et d'honneur par ce dernier. L'organisation de la cité future sera donc basée *sur des données purement scientifiques*, claires et expérimentales ; laissant de côté le rêve irréalisable qui forme l'utopie proprement dite, dans le sens philosophique péjoratif.

Je vais examiner de près ces données, telles que je les trouve méthodiquement résumées dans le livre de Paul Louis ; telles qu'elles résultent sur-

—————

1. *Étapes du socialisme*, p. 316.

tout des travaux des penseurs allemands tels que
Rodbertus, Lassalle, Engels et Marx, auxquels
l'esprit de la plus élémentaire justice amène à
rendre un hommage mérité. Ces données valent
la peine d'être soigneusement étudiées — parfois
même complétées ou modifiées — car, ici, je quitte
en plein la chimère des uns pour entrer enfin dans
la méthode des autres.

Le socialisme sera déterministe. Qu'est-ce que
le déterminisme? Dans le domaine philosophique,
c'est le système qui considère les actes de la volonté
comme *déterminés* par des causes autres que la volonté elle-même. Dans son rude langage bisontin,
Proudhon — auquel Marx a fait de nombreux
emprunts, dont il s'est vengé en écrivant l'*Anti-
Proudhon* — disait : « Qu'est-ce que le déterminisme? Une idée brutale qui place dans les choses
le principe de nos déterminations et fait ainsi de
l'être pensant le bilboquet de la matière. » Que l'on
adopte l'une ou l'autre de ces définitions, il n'en
résulte pas moins que le déterminisme supprime le
libre arbitre et est essentiellement fataliste. Au
point de vue socialiste, cela revient à dire que
l'ordre social futur s'établira, non par des motifs
ou des mobiles discérnés et imposés par la volonté
humaine consciente, *mais par une loi de causalité
préétablie, qui dominera la volonté humaine et la
déterminera.* Cela est fort possible, et je songe
d'autant moins à discuter cette théorie qu'en
somme ni Paul Louis, ni moi, ni personne, ne
pourrons « aller y voir ». Une grave objection se
lève cependant dans mon esprit, objection qui ne

laisse pas de m'embarrasser. Si le socialisme est
déterministe, à quoi bon les écoles, les théories,
les blasphèmes, les malédictions et surtout les
révolutions? Pourra-t-on avancer d'une heure
l'échéance d'une *loi préétablie*, sur laquelle nos
volontés ne sauraient avoir de prise, puisqu'elles
doivent humblement s'incliner devant elle? *Si
ceci arrivera, parce que ceci doit arriver*, évidemment *ceci* n'arrivera qu'à son heure, et la folie
utopique consistera aussi bien à vouloir empêcher, retarder cette heure, qu'à la devancer. Les
exemples cités par Paul Louis ne sont pas de nature à diminuer la gravité de l'objection : « Il (le
socialisme scientifique) conclut à l'avènement de
la propriété collectiviste ou communiste, parce
que l'évolution des forces productives a sapé la
propriété individuelle par la base. » De prime
abord l'affirmation semble indiscutable : le principe de causalité finale apparaît nettement dans la
question la plus redoutable que le socialisme ait à
résoudre. Mais à la réflexion, les plus graves embarras assaillent la pensée. S'il est vrai que
« l'évolution des forces productives a sapé la propriété individuelle par la base », dans quel sens
cette lésion s'est-elle produite? Est-ce dans celui
de la suppression absolue de la propriété individuelle, aboutissant à l'expropriation collective de la propriété capitaliste? Est-ce dans
le sens d'une socialisation rationnelle mais non
abolitrice, des forces de la propriété individuelle?
Il faudrait du moins s'entendre, car les deux solutions sont inconciliables. Dans le dernier sens,

la loi déterministe se manifeste avec précision : la propriété individuelle solitaire, inerme, sans action, sans défense devant l'évolution ininterrompue des forces productives, est fatalement appelée à s'absorber en elles par la socialisation et la solidarité. Dans le premier sens — le plus généralement accepté — je trouve au contraire, ainsi que je l'ai démontré, la prétendue loi déterministe radicalement absurde. Est-ce que le gain du travail, *force productive essentielle*, n'est pas une « propriété individuelle »? Au lieu de le socialiser, le supprimera-t-on? Il faut évidemment choisir. Si on opte pour la suppression, que devient le « droit au produit intégral du travail[1] »? Est-ce que, bien plus que l'évolution théorique elle-même, la machine — entité pratique terrible —n'a pas « sapé par la base les forces productrices » telles que l'humanité les connaît? Supprimera-t-on la machine appelée à remplacer le travail des bras? Abolira-t-on le travail devenant de plus en plus restreint et accessoriel, devant la puissance brutale, écrasante de la machine? Bien loin de là, et avec raison, l'effort de la pensée humaine cherche à concilier la machine et le travail, à l'aide de la science créatrice qui doit demeurer la caractéristique suprême du socialisme vrai. De plus, à quel moment emplacer l'application de la loi déterministe? Dans le passé? Mais que l'on y prenne garde! Depuis les époques pré-

---

1. ANT. MENGER, *Le Droit au produit intégral du travail*, p. 149 et suiv.

historiques, l'humanité a toujours eu dés pauvres
et des riches. La misère et le superflu font-ils
donc partie du déterminisme social? Alors il devient oiseux de vouloir changer un état de choses
dont l'inexorabilité est enseignée par la loi déterministe elle-même. Et la douloureuse parole « il y
aura toujours des pauvres et des riches » se trouve
vérifiée par la loi historique et implacable. Est-ce,
au contraire, l'avenir que l'on envisage? Quelle est
alors cette loi, à la fois singulière et fatale, dont la
manifestation ne se produit qu'à une période in-
déterminée des cycles de l'humanité? Que l'on ne
dise donc pas que le socialisme *scientifique sera
déterministe*, car ces deux mots hurlent de se trouver ensemble, puisque la science est la négation
mathématique de la fatalité. Ne suffit-il pas d'affirmer que le socialisme doit être scientifique?
Cela vaut mieux qu'une formule aussi imprécise
que fausse et « cela sera la vérité » !

Le socialisme doit être aussi *historique*. Il relè-
vera, s'il veut cesser de se traîner dans les inepties démagogiques, de cette noble école « qui
apprend à reconnaître le mérite et l'indépendance
de chaque siècle ; qui cherche à mettre en lumière
le lien vivant qui rattache le présent au passé,
car si ce lien nous échappe, nous pouvons bien
saisir les manifestations extérieures du droit, mais
non en pénétrer l'esprit [1] ».

Je n'ignore pas que le socialisme contemporain
a des prétentions beaucoup moins modestes. Il

---

1. SAVIGNY, *Obligations*, p. 17.

veut construire d'emblée la caserne de ses rêves,
sur des emplacements débarrassés au préalable des
constructions habitées et modifiées depuis des
siècles par les humanités ascensionnelles. Cela
n'est fait ni pour me déconcerter ni pour changer
mon opinion. Au cours de ma vie déjà longue, j'ai
tant vu d'imbéciles découvrir chaque soir la lune
et être traités de bourgeois par ceux qui juraient
de la leur apporter ! Aussi ai-je garde de méconn-
naître les leçons de cette histoire que les fanatiques
de notre temps oublient si facilement, même quand
ils l'ont apprise. J'ai parlé des systèmes de Fourier,
de Saint-Simon, de Babeuf, de Cabet. Les uns ont
sombré dans le sang; les autres, dans le ridicule.
C'est que tous mettaient de côté le caractère
absolu des lois historiques et scientifiques. L'histoire seule peut enseigner les *lois vraies* de l'évolution sociale. La tâche du penseur est non de les
inventer, *parce qu'elles ont toujours existé, et dans
ce sens, je comprends le déterminisme* de ces lois,
mais de les codifier, ce qui est l'œuvre commune
de tous les temps. Newton n'a pas inventé les lois
de la gravitation universelle : elles existaient
depuis la création du monde. Il n'a fait que les
découvrir. Pas plus Galilée, pour le mouvement
de la terre autour du soleil. Les grands inquisi-
teurs de nos jours me mettraient à la torture pour
confesser le contraire — et avec ces aimables dia-
lecticiens, nul ne sait ce qui peut arriver — que
je ne cesserais de leur crier, avec l'illustre Pisan :
« E pur, si muove! » Ainsi que le dit éloquem-
ment le noble et brillant esprit dont on ne saurait

assez admirer la puissance d'analyse : « Parce que
les conditions économiques et politiques de la
société leur paraissent et sont d'iniquité, ils prétendent qu'elle dépérisse, sans qu'ils soient en
état de nous faire connaître quelle organisation
doit lui succéder. Il est impossible d'imaginer
une vue moins scientifique, plus éloignée de toutes
les données de l'expérience et de l'observation.
L'humanité subira sans doute d'étonnantes transformations au cours des siècles à venir. Je consens
que les conditions économiques et politiques de
la vie sociale seront radicalement changées. Mais
j'affirme que toute modification nouvelle, au lieu
de sortir miraculeusement du cerveau de Marx ou
de tout autre, comme Athéna du crâne de Zeus,
sera l'issue légitime, par voie d'évolution rationnelle, de l'état antérieur, droite progéniture lui-
même de ceux qui l'avaient précédé. Tout
s'enchaîne d'un lien impérieux. La complexité
des phénomènes sociaux ne permet point de temps
d'arrêt [1]. »

* *
*

Le socialisme sera scientifique et historique :
il devra aussi être *juridique*. C'est là un côté,
et non des moindres, auquel la science socialiste, sauf en ce qui concerne Lassalle, en se
localisant presque exclusivement dans le côté
économique de notre état social, paraît être restée
jusqu'à ce jour complètement étrangère. « Et

1. CLÉMENCEAU, *Aurore* du 24 août 1904.

cependant la philosophie du droit doit être considérée comme l'essence même du socialisme. La
question sociale est, avant tout, un problème de
science politique et juridique, et les aspirations
qui tendent à une nouvelle organisation économique de l'humanité, trouvent leur point d'appui
dans une critique vigoureuse de notre organisation
économique actuelle. Mais dans leurs conclusions
ces attaques aboutissent à certains postulats juridiques, qui impliquent une modification profonde
de notre droit patrimonial actuel (droits réels,
obligations, hérédité). Beaucoup de systèmes socialistes dépassent, il est vrai, ces limites et visent
également à une nouvelle organisation des relations sexuelles, à l'abolition de l'Etat et de la
religion, etc. ; mais le désir d'une transformation
de notre droit patrimonial traditionnel peut être
considéré comme le programme commun de tous
les socialistes [1] ».

Cette assertion est indiscutable. Elle démontre,
jusqu'à l'évidence, que l'étude de la philosophie
du droit s'impose aux écoles socialistes. Elles
s'imaginent trop, dans leur orgueilleuse ignorance,
qu'elles apportent au monde un *droit nouveau*,
alors qu'elles ne font que dériver d'une *méthode*
qui ne saurait avoir d'autre but, d'autre procédé,
que l'amélioration, le perfectionnement humain
du Droit lui-même, préexistant à toute Ecole et à
tout système. Je ne veux pas entrer ici dans
l'étude approfondie de *cette Philosophie du Droit*

---

1. Ant. Menger, *loc. cit.*, p. 29.

que j'écrirai peut-être un jour. Je me contente
de dire que cette Philosophie, et, par suite, les
conséquences légales nécessaires qui en découlent,
repose sur deux fondements éternels, supérieurs
et antérieurs à toute discussion : *la justice et la
vérité.* Ce que les vieux jurisconsultes romains
maximaient ainsi : « *Jus suum cuique tribuere ;
neminem lœdere* » ; ce que Lerminier définissait
« l'harmonie et la science des rapports obligatoires des hommes entre eux ». M. Tarbouriech
a donc parfaitement raison dans les lignes sui-
vantes : « On n'a jamais essayé d'approfondir les
idées socialistes en se plaçant au point de vue
juridique. Nous devons donc appeler de tous nos
vœux la constitution dans le collectivisme, à
côté de la doctrine économique, d'une doctrine
juridique et par conséquent la formation, au sein
des partis socialistes, du personnel de juristes qui
leur fait défaut[1]. » Cette formation, dont l'absence
reconnue explique tant de théories enfantines,
est d'autant plus indispensable qu'elle aboutirait
tout de suite à la proclamation de deux théorèmes axiomatiques : a) *Les droits acquis sont des
droits ; b) Il n'y a pas de droit contre le droit.*
Or, cette proclamation aurait comme conséquence
inévitable de nettoyer la méthode socialiste des
scories qui l'embarrassent, des erreurs qui l'encombrent, des impossibilités qui menacent son
essor définitif, des hâbleries qui la déshonorent.
Elle protégerait aussi la science sociale contre les

---

1. *Loc. cit.*, p. 3.

pièges accumulés sous ses pas par des théories d'apparence séduisante, au fond contradictoires et mal étudiées ou trop souvent paradoxales. Ces théories abondent. Dans la conclusion d'un opuscule, d'ailleurs remarquable, *le Code civil et le Droit nouveau*, M. Maxime Leroy écrit : « On ne fait pas de la vie avec de la phraséologie. La Révolution le crut, et elle mit tout son espoir dans les lois, œuvres de la raison. Beaucoup conservent encore cette espérance, simple et consolante. Désormais sachons mieux voir, par l'étude des faits, que la loi ne peut rien contre le déterminisme social : *la loi ne commande pas au nom d'une justice universelle, elle obéit :* elle obéit aux forces de la société, à la contrainte économique, à la contrainte de classe ; *elle ne crée pas les règles de droit, ces règles préexistent, elle les formule, met de l'ordre parmi elles, aide à nous les rendre conscientes.* »

Je ne connais rien de plus clair, de plus net et en même temps de plus lamentable que ces conclusions. Si les juristes qui doivent former le « Conseil judiciaire » des écoles socialistes, proviennent de la même couvée juridique, l'humanité n'a pas encore fini de travailler dans les marécages byzantins. D'abord, faire des terribles hommes d'action de 1793, de ces ancêtres immortels auxquels nous devons tout, *des phraséologues* ayant mis leur vain espoir dans les lois, œuvres de la raison, est plus qu'une erreur : c'est une ingratitude. Il est heureux pour la santé de M. Leroy qu'il ne se trouve pas aux prises avec cette coupante « phraséologie ». Mais dire que

la loi ne commande pas au nom d'une justice
universelle; qu'elle *obéit* aux forces de la société,
à la contrainte économique, à celle de classe
est, une hérésie qui a dû faire tressaillir d'aise
dans sa tombe M. Troplong. Que les lois de
justice universelle soient des lois préexistantes;
qu'il s'agisse non de les inventer, mais de les
découvrir, cela est de toute évidence, et je viens
de le proclamer moi-même. Car ces lois sont
éternelles, comme la justice elle-même dont le
principe supérieur est immanent. Mais ces lois
n'obéissent à rien : elles commandent et dominent
tout au contraire. Si le droit nouveau doit nier
ces vérités absolues, qu'on me ramène aux Qui-
rites. Comment ne pas voir en effet qu'une pareille doctrine — synonyme de la confusion que
j'ai signalée entre *les lois de combat* et les *lois
organiques* — légitime dans l'avenir, amnistie
dans le passé, les coups de force et les coups
d'Etat? La loi n'a d'autres règles que celle
de la morale; elle n'est pas contingente, mais
absolue. Pour que la loi soit *la loi*, il faut qu'elle
se borne à promulguer ces règles du droit im-
périssable, que les violences et les attentats de
l'histoire ont pu obscurcir, mais qu'ils ont été
impuissants à atteindre ou à détruire. Hors de là,
elle n'est plus *la loi*, mais précisément cette
contrainte contre laquelle « l'insurrection demeurera le plus saint des devoirs ». C'est au nom de
la *contrainte économique*, de la *contrainte de
classe*, que l'antiquité a pratiqué l'esclavage.
Pourquoi a-t-on supprimé l'esclavage, que les

rhéteurs de l'époque appelaient un bienfait? C'est au nom d'un déterminisme analogue, accepté avec reconnaissance par ceux-là mêmes qu'il opprimait, que le moyen âge a connu le serf. Pourquoi le servage a-t-il disparu? C'est au nom du même déterminisme que l'époque moderne a institué le salariat. Pourquoi cherche-t-on avec raison à modifier si profondément le salaire qu'il ne reste rien de lui? Est-ce que le déterminisme, implacable celui-là, n'enseigne pas que *l'égalité absolue relève non de la méthode, mais de la chimère?* Pourquoi s'efforce-t-on, au nom de l'éternelle justice, d'endiguer la richesse *pour qu'elle ne menace plus personne* et d'empêcher la pauvreté *pour que nul ne puisse souffrir par elle?* C'est parce qu'au fond, et face à face avec l'élite qui pense, tout le monde est d'accord sur ce point. L'entente ne cesse que lorsque, pour en tirer pied ou aile, il faut exaspérer ou affoler les masses ignorantes et crédules. M. Maxime Leroy revient d'ailleurs de lui-même à la vérité, puisqu'il reconnaît que la loi ne crée pas les règles de droit; qu'elle se contente de les formuler. Mais cela ne revient-il pas à confesser que la loi — *instrument écrit du droit lui-même* — ne peut formuler que le droit et qu'il n'y a pas de droit contre le droit. C'est dans ce *droit préexistant*, source des libertés individuelles, qu'il faudra puiser les lois relatives au travail, à la propriété, à la famille. Pour cette élaboration — dont les lignes générales se dessinent déjà sur le fond lumineux de l'histoire du dernier siècle — il sera

indispensable de se garder de ces vaines querelles
de partis qui usent si tristement des forces que
l'on devrait mettre au service de la science seule,
Sur ce point, je ne saurais mieux dire que
M. de Savigny dans la préface de son magistral
traité de *Droit romain* : « Je n'ignore pas que
les controverses sont une des conditions vitales
de la science, et je suis loin d'en nier l'utilité. La
nature individuelle des esprits et la variété de
leurs directions créeront toujours assez de différence ; l'action simultanée de tant de forces
diverses constitue la vie de la science, et ceux à
qui elles sont tombées en partage devraient se
considérer comme des ouvriers travaillant tous
au même édifice. Mais si nous nous partageons
en deux camps ennemis ; si nous répétons sans
cesse des dénominations qui rendent la lutte toute
personnelle, nous faussons la vérité de notre nature, et nous arrivons à des résultats déplorables ;
l'esprit et les œuvres de chacun perdent à nos
yeux leurs traits individuels ; nous les approu-
vons ou les condamnons en masse, comme
membres d'un parti, et l'action qu'ils auraient
exercée sur notre développement se trouve ar-
rêtée à notre grand préjudice. » Savigny aurait
pu ajouter que les controverses ne méritent de
fixer l'attention de l'esprit humain, que si elles
sont de bonne foi et pures d'arrière-pensée am-
bitieuse. N'est-ce pas le seul moyen *juridique*
d'orienter l'humanité vers son véritable idéal évolutionniste : *la liberté individuelle et le mieux
être collectif?*

Le socialisme scientifique dont je viens d'esquisser les divers aspects, ne s'adresse pas non plus à
la générosité de ceux que l'on appelle « *les dirigeants* ». Je ne veux pas rechercher si, aux yeux
de certains, la netteté de cette formule ne cache
pas seulement une haine, à la fois simpliste et
aveugle, contre ce que la dialectique socialiste
courante stigmatise de l'épithète de « classes dirigeantes »; classes que l'ordre futur ne verra pas
plus supprimer qu'il ne verra disparaître l'intelligence ou abolir la bêtise. Mais j'applaudis sans
réserve à la formule elle-même. La méthode du
socialisme scientifique n'a pas plus besoin, pour
aboutir, de la générosité des *dirigeants* que des
objurgations des *dirigés*. Cela revient à dire que
ce n'est ni avec des œuvres philanthropiques ni
avec de la charité, que l'on résoudra la question
sociale. La brutalité humaine de la doctrine apparaît ici avec une évidence inexorable. La solidarité n'est nullement une vertu, une religion :
c'est une nécessité. Je ne me mets à la disposition d'autrui que parce qu'à mon tour j'aurai
hes n des autres. L'altruisme n'est que le déguisement menteur du vieil adage romain : *Do
ut des ; facio ut facias.* Il ne faut pas chercher
ailleurs le secret ou le mobile des *actes sociaux*
proprement dits. Mais, en revanche, la méthode
reçoit de toutes mains la vérité. Un orateur des
Bourses du Travail, reprochait un jour à la loi
de 1884, génératrice de la liberté d'association
syndicale, et dont on cherche aujourd'hui à faire
un instrument d'abominable oppression, d'avoir

été promulguée sous les efforts d'un « bourgeois bien connu », M. Waldeck-Rousseau. Ce jour-là pourtant le « bourgeois » avait plus fait pour l'ouvrier que les membres réunis des Bourses du Travail. L'enseignement et la découverte de la vérité ne sont en effet le privilège de personne, parce que le droit restera éternellement le Droit; qu'il peut prévoir son triomphe, sans abaisser sa dignité devant n'importe quelle intransigeance. Le socialisme méthodique ne perdra rien pour cela de sa puissance ni de ce qu'on a fort justement appelé sa « force de subversion », qui n'est pas seulement une force destructive, mais qui doit devenir aussi une volonté tenace de reconstruction.

Il ne faut pourtant rien exagérer dans cette reconstruction nécessaire, ni s'imaginer qu'il est indispensable de rééditier toujours ce que l'on a détruit ou renversé. Souvent le philosophe auquel on demande ce qu'il mettra à la place de ce qu'il aura supprimé, aura le droit de répondre : Rien ! Car, s'il est prudent de diminuer le poids des bagages d'une armée en campagne, de même est-il sage de débarrasser l'humanité en marche vers le progrès, du fardeau encombrant des croyances surannées, sans pour cela songer à les remplacer. C'est sur ce domaine que j'emplace surtout *l'action immédiate*. Si l'idéal de la société, quoique défini, n'en demeure pas moins lointain et reste d'une atteinte difficile, il n'en est pas moins certain qu'il faut sans retard se mettre à l'œuvre pour débarrasser la route des obstacles qui empêchent la marche de l'humanité. Pour me servir ici de la belle expression de M. Jaurès, il est urgent d'opérer la trouée dans l'épaisseur qui nous sépare de cet idéal. Idéal qui, d'ailleurs, en dépit des objurgations de la réforme, ne sera jamais l'hopital collectif pour les malades, l'hospice obligatoire pour les enfants des deux sexes, la gargotte universelle gratuite et la maison de tolérance mondiale.

CHAPITRE XI

J'aborde maintenant une des difficultés —hélas! combien nombreuses — la plus redoutable de la méthode socialiste. Redoutable, parce que sur ce point, les écoles semblent s'être mises d'accord dans une sorte d'unanimité, contre laquelle je me rebelle nettement. Le socialisme ne saurait-il être que réaliste et positiviste, ainsi que l'affirment ces écoles? *Réaliste*, c'est-à-dire ne s'attachant qu'à la matérialité des faits, à leur constatation tangible, à leur coordination humaine. *Positiviste*, c'est-à-dire ne recherchant que le mieux être terrestre, le bien et l'utilité certains, sans se préoccuper de la recherche des causes efficientes, mystérieuses et insondables.

A priori, il ne semble pas que la question puisse soulever un examen sérieux. Le socialisme a, en effet, un but, des aspirations tellement déterminées qu'il ne paraît pas plus possible, je l'avoue, d'en sortir que prudent d'aller au delà. Et cependant la question n'en demeure pas moins passionnante, car elle touche à l'un des problèmes les plus périlleux que puisse envisager l'humanité. Paul Louis a résumé à cet égard, avec une ampleur saisissante, la doctrine du socialisme contemporain :

« Il a trouvé sur la terre assez d'éléments et d'arguments à coordonner, assez de faits à étudier et à interpréter, pour regarder vers le ciel où se sont forgées toutes les chimères, toutes les déceptions, toutes les servitudes du passé. Il n'a pas mis en présence la Divinité, l'homme et les forces de production. Le problème qui se pose devant le monde moderne lui a paru assez vaste pour qu'il fût inutile de le compliquer encore. Il n'a que faire de chercher, dans les nuages du couchant, la manifestation d'une volonté supra-terrestre [1] ».

Je ne saurais assez insister sur ces pensées dont l'ampleur est magistrale, mais qui barrent complètement l'horizon à l'une des parties les plus fascinantes de la philosophie humaine : celle que l'on appelle « la philosophie religieuse » de l'individu.

Loin de moi la volonté malséante de réduire sur ce point le dogmatisme socialiste à *une question de loisir*, et de chercher à en interpréter le sens intime, en disant que si le socialisme est seulement positiviste et réaliste, c'est que cela suffit à ses moyens et qu'il n'a pas le temps de s'occuper d'autre chose. Non, s'il ne s'en occupe pas, ce n'est point parce qu'une telle recherche épuiserait le vouloir de son activité, mais parce qu'elle est selon lui inutile, comme étant du domaine de « l'inconnaissable ». Les querelles des hommes ne sont-elles pas assez brûlantes, assez difficiles à résoudre sans qu'il soit besoin encore de les augmenter, de

---

1. PAUL LOUIS, *loc. cit.*, p. 307.

les compliquer par des problèmes dont la solution certaine est impossible ? Il y a plus encore. Ce socialisme uniquement réaliste et positiviste, dans sa sécheresse tranchante, est en somme le *socialisme prolétarien* tout entier ; l'unique, le vrai socialisme. Que viendraient donc faire ici des problèmes de théologie bourgeoise, incompatibles avec l'avenir du prolétariat qui, à cette heure, n'est rien sur la terre, mais entend y devenir le maître absolu ? A lui, à lui seul le royaume de ce monde. Si le royaume du monde d'au-delà convient à la bourgeoisie, on le lui laissera bien volontiers — puisqu'on ne lui laissera que cela.

Dans ce domaine des matérialités triomphantes du socialisme, laissant à d'autres le soin et le plaisir de se perdre dans les bleus de l'empyrée, puisqu'ils n'auront plus de place ailleurs, je retrouve le reflet concret de la doctrine marxiste enseignant, réclamant la *destruction* du régime bourgeois par le Prolétariat. Il ne faut pas s'y méprendre en effet : ce n'est nullement dans un sens ni par esprit purement philosophiques, que le socialisme doit être positiviste et réaliste. Il a bien d'autres chimères à fouetter. Son réalisme, son positivisme, c'est la conquête de tout ; mieux encore la destruction de tout ce qui peut gêner cette conquête n'ayant d'autre but, d'autres moyens, d'autre ressort que le triomphe du prolétariat. Ce triomphe doit résulter du *corps-à-corps* violent de la classe prolétarienne unifiée avec la classe bourgeoise[1].

_____

1. MARX, *Anti-Proud'hon*, p. 243.

Il amènera la subversion entière de la propriété capitaliste, de la famille bourgeoise, de la nationalité bourgeoise, du *religiosisme bourgeois;* la suppression, par cela même, de toutes les sauvegardes matérielles de cette société bourgeoise: sa politique gouvernementale, ses assises juridiques, *ses superstitions morales.* C'est en un mot le renversement absolu de toutes choses, l'avènement d'un monde nouveau créé sur les ruines du monde ancien, qui n'évolutionne pas, *mais disparaît.* C'est dans ce sens qu'il faut entendre le socialisme positiviste et réaliste : il n'en comporte pas, il n'en n'admet pas d'autre. S'il laisse de côté dédaigneusement les conceptions supra-terrestres, le philosophisme religieux de l'individu, c'est que ces conceptions, ce philosophisme, sont des vices et des sauvegardes « bourgeois », auxquels il faut déclarer une lutte sans merci. Entendue ainsi — et aucune équivoque n'est possible — la difficulté que se crée la méthode socialiste, est une des plus périlleuses qu'il soit permis d'imaginer.

Je me suis assez expliqué sur les dangers que les procédés obstinément révolutionnaires faisaient courir à la méthode socialiste, pour n'avoir nul besoin d'y revenir. Là du reste, à cette heure, n'est pas la question. Bien que « le corps-à-corps » annoncé par Marx, présente les aléas d'une lutte sanglante et formidable au bout de laquelle nul ne peut prédire de quel côté sera la victoire, à l'issue même de laquelle les deux parties belligérantes seront peut-être réciproquement, irrémédiablement écrasées, je veux admettre la victoire définitive du

prolétariat; l'anéantissement *total* de la bourgeoisie. Je dis total, parce que « la bourgeoisie
proprement dite » qui marche d'ailleurs au suicide avec une sérénité stupéfiante, ne comprend
pas seulement « les bourgeois » mais *aussi ceux qui
ne sont pas prolétaires*, les vrais prolétaires étant,
suivant Marx et Engels eux-mêmes, « *ceux qui,
parmi les ouvriers, n'ont d'autres moyens d'existence
que ceux qu'ils trouvent dans le travail* ». Nous
voici donc tous prolétaires. Je n'en suis pas terrifié
en ce qui me concerne. Mais je me demande, je le
demande humblement à mes nouveaux maîtres —
CAR J'EN AURAI — Eh bien! Après? Quand tout le
monde sera à la lanterne socialiste, y verra-t-on
plus clair?

Je réponds hardiment : non! Car, après avoir
amené ce triomphe escompté par la méthode révolutionnaire, on n'aura rien fait puisqu'on restera
en face de l'individu, que l'on n'aura pas supprimé
parce qu'il est éternel; de l'individu qui, au nom
de sa liberté propre et inviolable, résistera aux violences, aux oppressions; de l'individu qui, avec un
banal révolver, enverra facilement une demi-dou-
zaine de Bebel ou autres, méditer au bon endroit
sur les finales ultra-terrestres. Pourquoi cela?
C'est que, ainsi que l'a dit un jour M. Buisson,
« notre science n'épuise pas tout le réel, pas plus
que notre conscience n'épuise tout l'idéal; que le
sentiment de l'infini, le souci du mystère, la
curiosité de l'au delà, sont des traits primitifs et
peut-être des traits éternels, en tous cas des traits
originaux de la nature humaine. » Enfermé volon-

tairement dans le cercle étroit, borné, de son réalisme positiviste, le socialisme est donc impuis-
sant à satisfaire les aspirations les plus nobles,
les plus élevées de l'esprit humain. Entendu
ainsi, il est, quoi qu'il veuille ou prétende,
voué à la stérilité, à la mort. « Le jour va bientôt
venir où l'on présentera ainsi tout idéalisme
comme une espèce de folie douce. Et nous
voyons fort bien ce qu'on veut mettre à la place
de ces traditions surannées : c'est un vague
mélange d'évolutionnisme, de positivisme et de
matérialisme, où il entre d'excellentes choses,
mais aussi que d'ingrédients frelatés ! Et l'on
appelle cela de la science! C'est le cas de répéter :
pauvre science, que de sottises on commet en ton
nom ! Les conceptions philosophiques auxquelles
on aboutit par ce chemin sont certes aussi défen-
dables que beaucoup d'autres. Il importe seulement de se rappeler que, dans telle métaphysique
avouée, avec ses tendances religieuses, il y a
peut-être autant de vérité relative que dans cette
métaphysique qui se cache et s'ignore, avec ses
prétentions scientifiques. La seule chose insupportable, c'est que ces opinions personnelles, on
vous les présente aujourd'hui comme *la vérité
scientifique*, dont on voudrait faire demain une
nouvelle vérité légale. »[1] Qu'est-ce à dire? Sinon
que la science, de quelque épithète qu'elle
s'affuble, de quelque prétention qu'elle s'enor-
gueillisse, ne sera jamais qu'une science relative,

1. BOUGLÉ, *Pages libres*, n° 166, p. 194.

contingente, incapable de créer un monde nouveau, tant qu'elle ne tiendra aucun compte de
l'*individu*. Il ne faut pas cesser de le proclamer.

Or, cet individu, qu'est-il ; plus encore, que sera-
t-il ? Il sera une amélioration, un perfectionnement, un accroissement intellectuel et moral, une
transformation dans le sens social du mot. Mais
il ne formera pas une production nouvelle, à
moins d'une génération inattendue — combien
incertaine ! — de l'Ève créatrice et éducatrice que
sera la femme de l'avenir. Il restera l'individu
demeuré constant à travers les siècles : avec ses
tares originelles, ses besoins de croire, ses défaillances, ses incertitudes, ses intérêts et ses
passions. A cet individu toujours le même, en
dépit de ses avatars apparents, on aura beau crier
« qu'il n'a que faire de chercher, dans les
nuages du couchant, la manifestation d'une
volonté supra-terrestre ». Que lui répondra-t-on
s'il objecte, s'il affirme que cette sèche injonction
ne lui suffit pas ? S'il pleure, s'il souffre, s'il se
lamente, s'il clame après une espérance, s'il a
besoin de croire à quelque chose, que fera-t-on ?
Rien ? On le laissera à ses jérémiades, à ses
plaintes lacrymatoires, à ses balbutiements enfantins, quitte à l'envoyer même se distraire au caba-
ret ? L'humanité passera à côté de lui, impassible
et sereine, n'ayant ni le souci, ni le temps de consoler les « traînards » attardés sur la route du
progrès niveleur ? Je reconnais que c'est là une
opinion qui peut se soutenir. Mais je l'affirme : il
y a pourtant autre chose à répondre, si l'on veut

assurer et consolider cette marche en avant de
l'humanité; si l'on veut surtout que d'autres —
plus avisés ou plus généreux — ne prennent au
soleil de l'avenir, comme ils l'ont prise dans les
ténèbres du passé, la place qu'on leur aura volontairement abandonnée après la leur avoir tant
disputée. En vain criera-t-on au « bourgeoisisme
mystique »; en vain le sectarisme étroit et dogmatique renouvellera-t-il ses tranchantes affirmations.
Rien ne prévaudra contre les nécessités psycho-
logiques de l'individu. On pourra certes calmer les
souffrances de sa faim, lui assurer le bien-être
matériel de son lendemain. Mais il restera quelque
chose à faire, tant qu'on n'aura pas apaisé les
douleurs lancinantes et cependant imprécises de
l'être intime, qui roule ainsi, d'âge en âge, ses
idéalités extatiques et ses rêves inassouvis. Pourquoi craindre de parler à l'homme de « l'idée religieuse » qui le poursuit malgré tout; du songe
immatériel qui l'étreint et l'angoisse et que notre
réalisme scientifique, positiviste, excellent pour
l'organisation matérielle de la société, sera impuis-
sant à dissiper dans le domaine moral? Quand
l'homme a crié : « j'ai faim », lui a-t-on répondu :
« meurs d'inanition »? Quand il clamera sa soif
d'idéal, pourquoi hausser les épaules, en lui
répondant que le socialisme est réaliste et positiviste? « *Quid multa? Sic mihi persuasi, sic sen-
tio : quum tanta celeritas animorum sit, tanta
memoria praeteritorum futurorumque prudentia,
tot artes tantæ scientiæ, tot inventa, non posse eam
naturam, quæ res eas contineat, esse mortalem* »,

disait Cicéron, dans cet admirable livre de *la Vieillesse*, que M. Jaurès a dû lire bien souvent jadis. Cette « idée religieuse », que l'on bafoue avec mépris, en la dénaturant dans son essence, a plané sur le berceau des humanités : elle ne les quittera jamais, même lorsqu'elles seront parvenues à l'âge adulte qui verra l'apogée de leur raison. Cette « idée religieuse » a été engendrée par la crainte des inconnus qui président aux destinées mondiales et les gouvernent aveuglément. Elle n'en sourd pas moins des profondeurs de cette conviction irraisonnée, mais indéracinable, qu'il y a en nous, non seulement un être matériel ayant ses besoins terrestres et limités à satisfaire, mais aussi un être immatériel — âme ou esprit — destiné à lui survivre, et frémissant de ses aspirations incessantes vers l'infini. Cette conviction est indépendante des croyances et des rites, car elle est la croyance même. Elle a été entretenue par l'espoir d'une vie ultra-terrestre meilleure et compensatrice des misères morales, des malheurs intimes d'ici-bas : misères et malheurs que la société, organisée idéalement, ne conjurera jamais ! Cette croyance a consolé ceux qui pleuraient, ceux qui avaient perdu des êtres adorés et qui ne supportaient l'existence que parce qu'ils gardaient intacte, au fond du cœur, l'immortelle espérance de retrouver un jour, dans l'éternité lumineuse, les chers disparus. Cette « idée religieuse » a été éclairée, interprétée par les doux pensers des philosophes, par les éclairs d'imagination des prophètes et des grands initiés.

Laissez l'être humain aller à eux comme vers la source pure de la vérité, de la beauté morale, de la justice, de la fraternité universelle. On me dira : cela n'est qu'un rêve de poète, inutile et dangereux — car c'est ce rêve qui, depuis tant de siècles, émascule l'humanité. En est-on bien sûr? Ce prétendu rêve n'est-il pas la synthèse même des élans les plus cachés du cœur de l'homme; élans qu'aucune loi n'atteindra, qu'aucun arrangement social n'entamera? Pourquoi, dès lors, chercher à les comprimer par la force ou à les tuer sous le ridicule? Sans ce rêve, la société future s'orientera fatalement vers le Nirvanah, le suicide, le Néant. Or, le néant, c'est un expédient comme le suicide : ce n'est pas une solution. Il est des savants qui, pour échapper à cette obsession de l'immortalité de l'être, se disent matérialistes et la placent dans les cellules sexuelles, procréatrices des générations successives nécessaires à la continuation des espèces. Qu'importe? N'est-ce pas encore une concession physiologique à l'idée de l'éternité de l'être lui-même? Quel danger peut-on voir, dans cette idée d'éternité qui console des misères, des imperfections de la vie terrestre, par l'espérance des rénovations, des félicités possibles de l'inconnu? Incertitude pour incertitude, pourquoi rejeter *de plano* et avec mépris celle qui réconforte et qui console? Pour moi, je crois à cette immortalité de toute la force d'une confiance irréductible, et je ne demande aux autres que d'y croire avec moi, au nom seul des douleurs qu'ils auront endurées ici-bas.

Mais n'y a-t-il cependant qu'un « rêve » dans cette croyance en la vie future, qui constitue, à mes yeux, l'essence de ce que j'ai appelé l'*idée religieuse*? Non! *La vie future est de la réalité*, et la philosophie sociale devra s'incliner un jour devant cette affirmation que je considère à l'égal d'une vérité axiomatique. Il n'est pas possible d'admettre, en effet, que ce monde planétaire représente une éternité. Or, le néant fait de tout ce qu'il touche l'éternité même : seulement, cette éternité est noire, vide et glacée. Moi, je la vois immense, sereine et féconde. Comment croire que le « moteur » de la pensée d'un Pascal, d'un Pasteur, ait une durée limitée par une seule existence? D'où venait ce principe moteur, où allait-il? Là est l'inconnu, inutile à sonder. Mais que ce principe soit immortel, là est le salut, le réconfort, le certain.

Chacune des individualités constituant le *moi humain*, sont-elles cependant éternelles? Il serait puéril de l'enseigner et, sur ce point, le socialisme positiviste et scientifique a raison de ne pas regarder les couchants empourprés de l'horizon. L'individu, tel qu'il apparaît ici-bas, n'est la plupart du temps qu'une ébauche informe, un essai malheureux des forces créatrices naturelles. Comment procèdent ces forces? Il faut renoncer à le savoir parce qu'elles ne le savent pas elles-mêmes, étant à la fois inconscientes et aveugles. Mais leur puissance n'en est pas moins indéniable, puisqu'elle se manifeste par leurs productions matérielles. Ces productions ne seront durables que si elles portent en elles l'empreinte, le cachet indélébile de la durée. Incomplètes, fausses ou bâtardes, elles sont destinées à disparaître sans espoir d'amélioration, *car elles ne valent pas la peine de continuer à vivre et ne le méritent pas.* C'est, dans le domaine de l'infini, l'application du malthusianisme. Il en est de ces productions comme des créations stériles de la pensée humaine, vouées aux sélections destructives. La transhumance, à travers les siècles, de ces genèses infécondes ou morbides est, à coup sûr, inadmissible : ce sont les *âmes noires* de la légende des peuples enfants. Mais pour les autres, pourquoi le socialisme — qui est l'unique religion possible de l'avenir — hésiterait-il à les proclamer immortelles, pour le vain plaisir de restreindre sa mission ici-bas, à l'Évangile de la matière ? Pourquoi ne reconnaîtrait-il pas que l'être humain possède, dans son organisation propre, le germe de ses destinées successives : morts sériées et définitives, ou immortalité ? Il en est qui mourront après une seule vie ; d'autres qui ne mourront que de plusieurs vies continuées ; d'autres, enfin, qui ne mourront jamais !

Mais, alors même que cette doctrine ne serait qu'une fantaisie imaginative, que la méthode socialiste — sous de vains prétextes réalistes — se garde de la proscrire ou de la dédaigner. Qu'elle la traite à son tour de chimère, libre à elle, puisque le droit de discussion est imprescriptible. Mais qu'au nom de je ne sais quelle vague crainte de « cléricalisme » et pour la satisfaction des sots, la méthode en condamne l'enseignement, cela est inadmissible. Le véritable cléricalisme consiste en effet, non point à enseigner telle ou telle croyance,—*mais à proscrire l'enseignement de la croyance à laquelle on ne croit pas*. « L'esprit clérical » est de toutes les sectes et de toutes les religions, même les plus absurdes. Il a un nom en philosophie : il s'appelle l'intolérance, le fanatisme. C'est pour cela que le « positivisme », au point de vue philosophique, n'est qu'un leurre commode, un trompe-l'œil, car il voit dans un problème non ce qu'il faut en résoudre, mais ce que l'on peut en laisser. Que de temps encore avant que ces vérités élémentaires entrent dans la conviction des foules si facilement abusées! La philosophie sociale, en ne s'adressant qu'à la raison pure, en ne parlant que des *nécessités matérielles* de l'existence, méconnaît l'âme individuelle, le cœur de l'homme et devient la plus aristocratique des doctrines. Elle ne tient aucun compte des germes de mysticisme qui existent dans leur tréfonds à l'état latent et inné, de cette poésie sainte qui n'a certes rien de « bourgeois ». Vouloir ne faire de la philosophie qu'une science pratique et abstraite, une sorte de « mathématique de la pensée », c'est lui enlever le seul but auquel elle doive tendre : consoler les humbles en éclairant leur intelligence, en faisant vibrer leur cœur. Une philosophie qui n'est pas consolatrice est une philosophie découragée. On ne fonde rien sur le découragement. Satisfaire la faim est un programme sacré : ce n'est pas un idéal. Car il en est

qui souffriront encore, même leur faim apaisée. Ne
parler au peuple que du « Dieu ventre » ; ne laisser
à l'Olympe futur que la jouissance matérielle
comme Divinité, c'est enlever au peuple les enthousiasmes chevaleresques qui l'ont rendu fort
et admirable à travers les ondes de l'histoire. Ne
voit-on pas que ce peuple qui, pieds nus et en
haillons, émancipa le monde lors de la grande
épopée révolutionnaire, ne frissonne plus aux
accents de *la Marseillaise* et hoquète péniblement
au lamentable refrain de *l'Internationale ?* Le
« genre humain » que l'on prépare c'est, sous
la vaine apparence de la fraternité universelle, un
genre humain qui *aura peur pour sa peau*. Or, les
peuples qui redoutent la mort sont des peuples
déjà morts. Loin de contempler l'avenir, ils ne
regardent plus avec frayeur que des tombes. Le
cri de « Élargissez Dieu » fut un cri sublime !
Qu'on lui préfère le cri de « Élargissez la raison »;
à merveille, mais à la condition de ne pas
proscrire le songe qui rassérène, l'espérance
qui protège, la joie qui rafraîchit. Je maudis les
philosophes tristes : ils n'ont pas voulu connaître
la gaîté, le « rire » qui est le propre de l'homme
et l'ennemi de l'ivrognerie. Inversant le mot de
Beaumarchais, ils se sont hâtés de pleurer de tout,
de peur d'être obligés de rire de quelque chose. Or,
si pleurer est humain, rire est bon et salubre,
même le rire à travers les larmes ! La philosophie
qui rit est une philosophie qui espère. Ne dites
pas à votre métaphysique sociale : « tu n'iras pas
plus loin », car elle vous dépassera bien vite, vous

laissant décontenancés le long du chemin et lassés
par ses récriminations imprévues. Dans ce pur
domaine de l'esprit, une affirmation vaut toujours
une négation. Pourquoi oublier que la première
est l'effort d'une intelligence qui cherche, tandis
que la seconde n'est, la plupart du temps, que la
manifestation orgueilleuse d'une ignorance qui
croit se débarrasser des difficultés en les méprisant?

.Il est nécessaire pourtant de s'expliquer pour
éviter les plus déplorables confusions. Cette idée
religieuse que je viens de mettre face à face avec
le monde futur, idée si largement féconde et d'une
pureté immatérielle, causera pourtant longtemps
encore au penseur une épouvante innomée. Pourquoi? Parce qu'elle a été défigurée, déshonorée,
exploitée, monnayée, par les prêtres de toutes les
sectes, au nom de je ne sais quelle Divinité sinistre ;
en vertu des enseignements d'obscures Révélations.
Comment de libres philosophes pourraient-ils voir
une « aurore » dans ces doctrines qui ont éclairé
l'histoire avec la flamme des bûchers allumés par
elles ; qui ont fait, grâce à leurs prédications furibondes, ruisseler le sang à travers les siècles
passés? Aussi, est-ce de ces divinités sacerdotales,
de ces religions, que j'entends aussi parler à mon
tour, avec la même sincérité, avec la même indépendance, à cet « individu » qui m'interroge, que
je voudrais voir fort et qui hésite, qui balbutie
devant moi.

Si sous cette appellation générique de « Divinité », vous abritez le principe inconnu, créateur

des mondes qui roulent silencieusement à travers
les espaces de l'infini, principe agissant mais non
pensant — ce qui est inadmissible — à cette divinité là, tout le monde peut croire. Cette divinité
n'est que l'expression concrète, matérialisée par
l'écriture, de la cause première, de la force initiale, mystérieuse, qui meut et gouverne les
lois créatrices. Que cette cause première réside
dans les molécules de la matière organique elle-
même ou ailleurs; qu'elle soit, au gré du hasard
ou d'impulsions ignorées, tantôt aveugle ou bienfaisante, tantôt consciente ou brutale comme un
fait inexpliqué, qu'importe? Elle existe puisqu'elle
se manifeste *et qu'elle est*. Chercher à la définir
ou à la canaliser ; tenter de la réduire en axiomes
ou essayer de la connaître, voilà l'inconséquence
et l'absurdité. La nier, l'adorer, la prier ou la
craindre, voilà le non-sens. Cette force créatrice, ce principe vital, ont disséminé, répandu les
diverses collectivités à travers les planètes et, en
particulier, l'homme sur la terre. Dis-moi d'où tu
procèdes et je te dirai peut-être qui tu es. Je ne
saurais, dans ces pages, aller au fond de ce terrible inconnu. Qu'il me soit permis cependant,
grâce aux magnifiques recherches biologiques contemporaines, d'indiquer sommairement, pour les
besoins succincts de cette étude, que ce principe
vital n'est qu'un état moléculaire particulier
ayant déterminé, dans la matière, ce que l'on
appelle *la vie*. Ce phénomène est d'une simplicité
telle, qu'il doit inspirer à l'homme autant de déférence pour la nature créatrice que d'humilité

envers ce qu'il appelle sa propre grandeur. Enseignement profond et, par cela même, nécessaire. A la base *de tous les êtres vivants*, on trouve en effet des cellules dont l'agrégation, en ses diverses modalités, forme les différents tissus — cellulaire, fibreux, vasculaire — constitutifs d'un organisme vivant proprement dit. « Les cellules, a écrit Schwann, sont les formes élémentaires, primaires, de tous les organismes. La force fondamentale des organismes se réduit donc à la force fondamentmentale des cellules. » Or, la paroi interne de la membrane de la cellule est tapissée d'une matière visqueuse formant, comme la cellule, un sac complet qui renferme le contenu cellulaire proprement dit. Ce contenu cellulaire compose la partie essentielle, *vivante*, de la cellule; il préexiste à toutes les autres parties de la cellule qui n'en sont que les produits successifs. Il est la matrice même de la vie. C'est ce contenu que l'on a appelé *l'utricule primordiale, le protoplasma ou plasma.*

Le protoplasma est constitué uniquement par le mélange de certaines matières albuminoïdes avec de l'eau et des principes inorganiques, tels que des sels de potassium, de sodium, de magnésium, de calcium, etc. Lorsque ce mélange est accompagné d'un état moléculaire déterminé, l'ensemble des propriétés que l'on appelle « la vie » se manifeste immédiatement. Ces substances albuminoïdes, n'étant elles-mêmes formées chimiquement que par des corps simples très répandus dans la nature — oxygène, hydrogène, azote, carbone et soufre — il est facile d'admettre, avec

.I. Baillon, « qu'elles puissent se produire, sous l'influence de certaines conditions déterminées, dans un milieu encore complètement inorganique, où elles se mélangeront aisément avec les composés inorganiques préexistants pour constituer du protoplasma, c'est-à-dire une substance organisée susceptible de présenter l'état moléculaire auquel appartiennent les propriétés *dites de la vie*. »

Si l'on s'arrête là ; si on se borne, avec les données désormais acquises de la science contemporaine, à considérer la cellule organique comme la pierre angulaire du monde vivant, la mère commune de tous les autres éléments de l'histologie[1], on aboutit fatalement au pur concept du socialisme réaliste que j'ai visé ; à la doctrine matérialiste qui devient la divinisation de la matière organisée, le culte étroit mais scientifiquement irréfutable de la cellule. Avec, et comme conséquence, cette question troublante qui se pose invinciblement à l'esprit, de savoir si l'homme — trouvant un jour les conditions spéciales de milieu, d'influences dont je viens de parler — ne produira pas à son tour le protoplasma, source unique de la vie !

Si ce phénomène prestigieux se produisait, si l'homme — agrégat de cellules — devenait à son tour capable de donner la vie à la matière organisée, et surtout de la forcer à se reproduire, ce jour-là, pourtant, l'homme serait-il Dieu, dans la vieille acception philosophique du mot ? Au socialisme

---

1. Létourneau, *la Biologie*, p. 41.

réaliste qui me crie : oui, je réponds nettement :
non. Car il est impossible de s'arrêter là, et c'est
pourquoi le concept matérialiste, la négation
athée qui repousse la contemplation des « couchants empourprés », ne peuvent être considérés
que comme des doctrines embryonnaires. On parviendra peut-être à arracher aux arcanes insondés
de la nature créatrice, ce secret de la vie jusqu'à cette heure privilège exclusif de la matière
elle-même. Ce secret trouvé, il ne sera pas permis d'affirmer cependant que l'idée obscure, non
théologique, bien entendu, de la Divinité, est
devenue soudain, selon la parole fameuse « une
hypothèse inutile ». On n'aura découvert qu'une
des faces — la plus simple — de ce que l'on
appelle encore « l'Inconnaissable ». Mais « l'Inconnaissable » n'en restera pas moins debout, avec
ses mystères impénétrés ; sorte d'Isis formidable
nous conduisant par la main, vers les hautes
régions de l'idéal spiritualiste. Vous tenterez vainement de l'éloigner, de vous soustraire à son
charme fascinateur : l'Inconnaissable reviendra
quand même assaillir votre esprit avec une im-
périssable ténacité. De ce protoplasma créé par
l'homme, vont jaillir — sans que son génie puisse
intervenir d'une façon régulatrice et souveraine —
des êtres vivants, animaux ou fleurs. Qui ordon-
nera, qui répartira ces séries une fois créées? Le
hasard, comme dans la nature créatrice elle-
même? La réponse est trop facile. Car il y aura
toujours — quoiqu'on veuille — derrière ou au-
dessus de ce protoplasma, *quelque chose* d'éter-

nullement ignoré, une orientation de la force
créatrice, procédant à la sélection mystérieuse
des germes épandus, à la classification des cellules vivantes, d'où qu'elles viennent. La raison
a le droit d'affirmer, dans son aride positivisme
qu'elle n'a rien à voir dans « ce quelque chose ».
Cet aveu d'impuissance ou d'impassibilité n'en demeure pas moins un formidable hommage rendu
à cet « Inconnaissable ». Qu'on l'appelle du nom
que l'on voudra, il n'en restera pas moins une
force *extra-humaine*, présidant à la sériation des
êtres organisés. Sériation qui échappera toujours à l'investigation la plus laborieuse, à la
recherche la plus inlassable. Cette force ne gît pas
seulement dans la matière : elle est au-dessus
d'elle puisqu'elle imprime à ses manifestations
organisées une direction certaine, résultante de
lois, dont l'ensemble, à jamais ignoré, forme le
concept suprême de la doctrine spiritualiste. La
philosophie de l'individu et à sa suite la philosophie sociale, n'ont pas plus le droit que la possibilité de rejeter ce concept. Ce concept constitue-
t-il une morale, une religion, un dogme, une
espérance dans l'au delà ? Qu'importe ? Il n'en faut
pas moins reconnaître qu'il ne répugne en rien
aux exigences les plus impérieuses de la raison,
puisque la raison est obligée de s'incliner devant
lui ; d'avouer qu'il est puéril de le nier par cela
seul qu'il est incompréhensible ou inexplicable.
Or, ne croire qu'à ce que l'on comprend ou à ce
que l'on explique, est assurément un procédé intellectuel des plus respectable. Mais c'est une limi-

tation volontaire de la méthode investigatrice qui
ne craint pas de regarder en face l'Infini et l'Indéfini; qui ne redoute pas de proclamer qu'il y a
une cause préexistante, alors même qu'elle n'a
atteint qu'un résultat précis, dont la cause imprécise lui échappe cependant. Avant que l'électricité
fût découverte et sortie en équations, la force élec-
trique n'en existait pas moins. Qui donc a jamais
songé à le contester? Il en va de même de la force
créatrice spiritualisée. Si cette force était captée
un jour dans ses résultats par l'homme, l'homme
aurait trouvé les éléments procréateurs de la vie;
il aurait découvert une des faces de la Divinité.
Mais il ne l'aurait pas plus inventée qu'il ne la
supprimerait en la niant ou en refusant d'y croire.
« La Divinité » n'est donc, ne peut être que l'ensemble des lois qui régissent la sériation des êtres
organisés. Certes, pas n'est besoin, pour en arriver
à cette conception, d'avoir recours à une « révélation » quelconque : un peu de bon sens et beaucoup de réflexion suffisent. Ici, je dirais volontiers
que le matérialisme n'est que du *spiritualisme
limité*. Loin de constituer une négation, il n'est
que l'affirmation simple des règles élémentaires
qu'il préfère à la recherche de règles supérieures
ne le conduisant à rien de certain. Mais même au
fond de cette doctrine, comme au fond de la doctrine spiritualiste, je n'en rencontre pas moins le
déisme : déisme de la matière ou déisme des forces
invisibles qui gouvernent cette matière. Ce que l'on
appelle l'athéisme n'est donc que le rejet de la conception de la *Divinité théologique*, c'est-à-dire d'une

divinité complexe adaptée aux besoins dominateurs
des religions. Pas n'est besoin d'aller au delà,
puisque cet « au delà » constituerait simplement la
négation de ce qui existe, par cet argument unique
que l'esprit humain ne le comprend pas. La conclusion? Elle s'impose. L'homme ne doit pas seulement regarder à côté et au-dessous de lui. La
philosophie lui enseigne, au contraire, qu'il peut
lever les yeux au-dessus de lui ; percevoir dans
l'infini troublant, l'écho de ses pensées, de ses désirs, de ses aspirations inassouvies. Il n'y trouvera pas la certitude philosophique? Soit; mais
l'apaisement de son cœur, l'apaisement de son
être intime torturé par les affres de la douleur;
la conviction que les organisateurs de la société
future oublient à tort qu'il y a « quelque chose »
dans l'au delà de cette société, qui ne saurait
être qu'une contingence et dont ils rêvent folle-
ment de faire un absolu. Le système est fils de
l'orgueil; la cellule est l'école de la sagesse. J'ai
lu dans Schopenhauer une parole terrible : « Il n'y
a aucune proportion entre la fatigue et le tour-
ment de vivre et le résultat ou le salaire de la
vie ». Je suis absolument de l'avis du grand
ironiste, et j'ai toujours pensé, en rencontrant ce
que l'on appelle improprement « un pessimiste »,
que je me trouvais en présence d'un homme qui
avait aimé, qui avait souffert, qui avait pleuré,
qui avait vécu. Mais ce que l'on désigne couram-
ment sous le nom de « pessimisme », ne serait-ce
point, en somme, l'angoisse éternelle qui naît de
l'éternel désir insatisfait? En ce sens, pourquoi,

sous le vain prétexte d'une certitude à laquelle
nul ne saurait aspirer, refuser à l'individu, et
avec lui à la société organisée, la consolation
souveraine de penser et de croire à l'au delà?
Pourquoi l'enfermer dans la sphère étroite de ses
besoins terrestres? Pourquoi lui enseigner l'insouciance ou le mépris de cet au delà insondé?
Si cette insouciance, ce mépris doivent assurer
son bonheur parfait, soit! Mais si, au contraire,
vous supprimez ses humbles joies en les huma-
nisant; si vous le rendez incomplet, malheureux
ou révolté, en bornant ses aspirations inexpli-
quées, en couvrant de sarcasmes et de doutes son
besoin inconscient de croyance supra-terrestre,
alors à quoi bon ces anathèmes sur l'infini?
L'homme n'est pas *un* : il est *double*. Que dans
l'organisation terrestre de la société, le penseur
se borne à ne tenir compte que d'une des formes
de ce double : celle qui boit, qui mange, qui souffre
de ses privations humaines, à la bonne heure !
Mais qu'il se garde, sous peine d'avortement
éternel, de supprimer, d'anéantir, de mépriser
l'autre forme de ce double : celle qui fait face à
l'infini.

Je tiens à m'expliquer davantage, à préciser
plus encore ma pensée. N'allez pas croire que je
veuille à mon tour incliner humblement l'homme
devant le Dieu fétichiste de la légende révélée.
Ce Dieu ne représente que la matérialisation
sacerdotale de la loi des fatalités. Loin de là! Il
ne s'agit que de savoir plonger un regard assuré
dans ce ciel d'azur où, durant les soirs d'été,

brillent les étoiles, mondes ignorés. Homme,
qu'est-il besoin pour te découvrir avec respect
devant cette immensité, d'individualiser, dans
son essence abstractive, l'être suprême auquel
s'adressent les prières « des fidèles »? Ce Dieu là
n'est qu'une entité théologique, dangereuse et
fausse. Dans ces prières de fidèles, je n'aperçois
qu'un *substratum* individuel de lâcheté. Vous
n'allez à ce Dieu que lorsque vous désirez ;
lorsque vous demandez l'impossible ; lorsque vous
réclamez de lui des faveurs exceptionnelles. Désirer, demander, réclamer ainsi, cela c'est de la
prière. Toute créature qui prie ou qui s'agenouille,
est faible. C'est parmi les femmes que s'est
recrutée la grande armée *des croyants*. Or, le
croyant est bien moins celui qui croit que celui
qui se courbe, par ignorance ou par peur, devant
les inconnus insondables ; qui éprouve, devant
la profondeur de certaines idées, le même ver-
tige que devant l'immensité des abîmes. Si c'est
seulement à ce « crédule » que s'adressent les
sécheresses de la philosophie réaliste et scientifique, je n'y vois nul inconvénient. Mais qu'elle
laisse tranquilles ceux qui « croient » aux lois
souveraines de l'expérience des âges passés, à
l'éternité de l'être humain, aux existences futures
successives. Car ceux-là sont des hommes dans la
plus noble acception du mot : ils n'éprouvent nul
besoin d'abriter leurs angoisses, leurs transes,
leurs incertitudes, derrière les *vérités révélées*. Je
m'incline et je crois lorsque Descartes me crie :
« je pense, donc je suis ». Je souris, lorsque les

catéchismes enseignent « qu'au commence m en Dieu créa le monde » !

Le commencement de quoi? Et de quel monde s'agit-il? Du nôtre? Il est donc seul dans l'infini planétaire? Autant de mots, autant d'erreurs. La croyance uniformément adaptée à tous les esprits, ressemble à ces magasins généraux emplis de défroques pour toutes les tailles : on ne sort de là que vêtu par à peu près. Dans les croyances humaines, l'à peu près c'est le vide et le néant. Eloignez-vous donc sans regret de ce Dieu, mythe ou apocalypse, qui légitime les défaillances, excuse les fautes quand il n'éternise pas les expiations, sanctifie les pénitences et ne châtie les crimes que lorsqu'il en a le temps. Ce Dieu là, ses appellations pullulent dans les catacombes de l'histoire. Il n'est qu'un exécuteur de hautes et basses œuvres créé par l'ignorance humaine, par de vaines épouvantes que les castes sacerdotales ont sans cesse surexcitées. A ce Dieu — le vrai Dieu des prêtres, le Dieu responsable de toutes choses — il manque les deux attributs divins par excellence : la justice et la bonté. Car il n'est pas juste ce Dieu qui fait mourir les enfants ou les punit pour les fautes de leurs pères. L'atavisme devrait s'appeler l'athéisme, puisque les alcooliques, les déments engendreront fatalement des tuberculeux et des fous. Dieu est-il donc là pour quelque chose? Q'est-ce alors que ce Dieu auquel échappe nécessairement et que domine la loi des hérédités maudites? Il n'est pas bon, ce Dieu implacable aux petits, aux humbles, aux souffrants, et si souvent indulgent aux scélérats. Si c'est un caprice de la fatalité inexorable, aveugle, qui brise dans sa fleur l'enfant que j'adore, je pleure et je courbe la tête devant cet inconnu accablant et féroce. Mais si ce crime a été commis au nom d'un Dieu individualisé ; si c'est au nom de ce Dieu que je vois tant de coquins triompher, alors que des milliers d'êtres inoffensifs grelottent de froid ou meurent de faim, je ne m'agenouille pas, je ne prie pas. Ce Dieu-là je ne le connais pas, je ne veux pas le connaître — car il me faudrait inscrire à son bilan les crimes impunis, les cyclones dévastateurs, les épidémies meurtrières, les navires engloutis dans les profondeurs mornes, les ouragans inutiles, les grêles ravageuses, les champs de bataille engraissés de pourriture humaine, les martyres, les bûchers convertisseurs, toutes les exécrations, toutes les malédictions ! Belle invention vraiment, que ce Dieu d'anathèmes, qui — selon la forte parole de Stendhal — n'a d'autre excuse que de ne pas exister.

Je me résume. L'athéisme proprement dit n'est donc, ne peut être que la négation consciente et raisonnée du mythe barbare, du Moloch cruel qui sert de base politique et de drapeau aux théocraties religieuses. Entendu ainsi, l'athéisme, loin d'être aristocratique comme le pensait Robespierre, est au contraire le mot qui symbolise les saines croyances philosophiques que le socialisme aurait le tort suprême de négliger comme embarrassantes ou inutiles. Cet athéisme n'est pas une

négation ; il est au contraire l'affirmation éclatante
de la vérité universelle qui, dégagée des préjugés
et des superstitions, proclame la liberté des
mondes créés et la toute-puissance de leurs lois
mystérieuses, qui seules constituent la Divinité.

***

Ce n'est pas seulement de la notion de ce mythe
prétendu divin et simplement sacerdotal, c'est
aussi des « religions » proprement dites, dans
le sens humain et théocratique de ce mot,
qu'il faut débarrasser la marche de l'humanité
entravée, retardée par elles. Pour y parvenir, il
importe essentiellement d'examiner les éléments
divers qui en forment la base terrestre. Il y a en
effet, dans ces religions humaines, trois sortes
d'enseignements qu'il faut soigneusement décomposer, si l'on veut éviter les plus graves erreurs.
D'abord, l'enseignement moral. Les théocraties
religieuses en revendiquent le monopole exclusif.
Le mensonge est flagrant, car cet enseignement
est le patrimoine commun des humanités, l'œuvre
sérielle des penseurs de tous les temps, la gloire
et l'honneur de tous les siècles. Gardons-nous de
laisser en gage aux sectaires religieux ce patrimoine commun qui doit être, entre les mains des
philosophes, un dépôt sacré. Platon, dans son
mythe de la caverne, disait que celui-là seul peut
comprendre la beauté et la réalité des idées, qui
d'abord consent à ne plus être ambitieux, avide de
plaisirs ou d'argent, qui meurt à la vie du corps ;

que les idées ne se découvrent qu'à celui qui se
donne à elles; qu'il faut se purifier soi-même pour
être admis à contempler l'être dans sa pureté. En
écrivant ces lignes, Platon était le précurseur du
Christ, qui fut un sublime opprimé mais ne songea
jamais à fonder d'autre religion que celle de la
justice, de la liberté, de la vérité pour les souffrants et les martyrs de ce bas monde. Il ne faut
pas laisser croître cette odieuse erreur que, dans
ce pur domaine de l'enseignement philosophique
et moral, les religions ont innové, inventé, *révélé*
quelque chose. Elles ont simplement recueilli et
compilé.

Mais à côté de cet enseignement qui appartient
à tous, je trouve, dans les religions, l'enseignement politique toujours constant et immuable,
toujours le même. Celui-là n'a qu'un but : la
domination universelle sous le joug d'une théocratie restreinte, d'une oligarchie irréductible ;
qu'un moyen : le despotisme sacerdotal. Contre
cet enseignement, il faut lutter sans trève pour
libérer et affranchir la pensée humaine. Il y a
enfin, à la suite et comme corollaire de cet enseignement politique, l'enseignement dogmatique
ou « religieux » proprement dit : enseignement
fait de révélations surnaturelles, de superstitions
sans grandeur, sans raison, sinon sans poésie.
C'est contre celui-là aussi qu'il faut marcher, sans
se décourager, avec les seules armes de la justice
et du bon sens.

L'histoire des religions est en effet le martyro-
loge des humanités. Elles se sont fondées dans

le sang et n'ont vécu qu'en versant le sang. Qui
penserait à s'en étonner, en songeant que leur
principe initial était que la suppression de *quelques*
« existences » importait peu, pourvu que le salut
social fût assuré ? Partout où le prêtre a été roi,
le seigneur a été maître ; le peuple n'a compté
que pour la corvée et la mort. De leur alliance
indissoluble, nécessaire, sont nés les supplices,
les inquisitions, les tortures. Les ministres des
religions révélées ont allumé les bûchers, déca-
pité les hommes, éventré les femmes, exterminé
les enfants, supprimé « les hérétiques », au nom
de leur Dieu de miséricorde. Connaissez-vous à
travers les siècles un cri plus féroce que celui de :
« Frappez, frappez ; Dieu reconnaîtra les siens. »
Dès que le prêtre apparaît dans l'histoire, le sang
coule à flots — sang généreux des natures rebelles
aux lâchetés du servilisme, à l'émasculation de
la pensée. De nos jours, où les prêtres ne peuvent
plus allumer de bûchers, mesurez la férocité de
leurs doctrines à celles des sectaires qui les sou-
tiennent. Ils ne brûlent plus leurs victimes : ils
les assassinent à coups de plume; leur haine
aveugle est restée aussi cruelle qu'aux temps de
l'Inquisition. L'humanité ne respirera à l'aise que
lorsque la domination sacerdotale aura disparu
sans retour.

Comment les écoles socialistes, dignes de ce
nom, ne voient-elles pas que ce jour ne luira
jamais si elles se contentent de proclamer, avec
une hauteur dédaigneuse, que le socialisme scientifique sera *positiviste* et *réaliste?* Que cela puisse

suffire à une élite qui, sous la sécheresse des
mots, opérera les sélections nécessaires, passe
encore ; mais aux foules ondoyantes, diverses,
ignorantes, allons donc ! C'est à armes égales
qu'il faut lutter contre des sectes et des pratiques
dont le but apparent de solidarité est adéquat au
leur ; qui les concurrencient, si elles ne les dis-
tancent pas, par leurs prédications de charité et de
fraternité sociales. C'est par d'autres efforts qu'il
faut assurer le règne de l'humanité future, basé
non sur des superstitions et des terreurs, mais
sur la justice et la véritable égalité.

Ce qui a fondé le succès des religions et en a
assuré la durée, c'est en effet, non point seulement
la satisfaction morale qu'elles semblent donner
aux aspirations indestructibles de l'homme vers
l'inconnu, mais encore la précision de leurs
dogmes, la poursuite implacable des dissidences
qu'elles stigmatisaient du nom générique d'hérésies ; la logique parfois déconcertante de ce que
saint Augustin traitait lui-même d'absurdité. Tandis
que ce qui a empêché jusqu'à ce jour le règne des
philosophes — et je ne les sépare pas des doctrinaires socialistes — c'est l'obscurité de leurs théories, la forme quintessenciée de leurs abstractions,
l'incompréhensibilité de leurs raisonnements ;
leur rêve de prétendue *unification* qui n'est, au
fond, qu'une formule nouvelle et intolérable d'asservissement de l'esprit humain. Ils n'ont été en-
tendus que lorsqu'ils se sont adressés aux appétits,
aux basses passions de la nature humaine. On ne
fonde rien sur ces appétits ni sur ces passions.

Quand ils ont cru parler à l'âme des foules, ils ne se sont au contraire tournés que vers les intelligences les plus élevées ; ils n'ont été ni suivis ni compris. Soyez clairs, si vous voulez être écoutés. L'eau limpide, cette limpidité fût-elle empoisonnée, est celle que l'on boit toujours volontiers. Une théorie obscure ressemble à de l'eau troublée : l'intelligence repousse la première, comme l'estomac rejette la seconde. Lorsque, dans son *Introduction à la métaphysique*, Henri Bergson dit que « la métaphysique, *qui ne vise à aucune application*, pourra le plus souvent et devra s'abstenir de convertir l'intuition en symbole », soit. Mais la métaphysique sociale, qui n'est pas dispensée « *d'aboutir à des résultats pratiquement utilisables* », ne saurait, sans un danger suprême, « agrandir indéfiniment le domaine de ses investigations ». Elle dépasserait le but, ferait naître des espérances irréalisables, créerait le doute et la crainte sur ses moyens de parvenir, serait incapable de lutter, pour l'affranchissement de l'homme, contre le petit manuel qui, sous le nom de catéchisme, semble vouloir, en quelques pages, embrasser le cycle de toute les connaissances et résumer l'ensemble de toutes les idéalités. Il ne suffit pas de proclamer que le socialisme sera *scientifique* : il faut encore ne pas oublier que, de la géométrie à la philosophie sociale, il y a loin. Car il y a la distance du monde qui nous entoure au monde idéal que l'on veut créer ; de l'abstraction matérialisée des contingents qui nous étreignent, au pur raisonnement spéculatif ;

de la science axiomatique à l'intuition souvent
indémontrable ; de la réalité tangible au rêve éternel. La science positive est souvent exclusive des
méthodes d'intuition. Or, la philosophie sociale ne
repose bien souvent que sur « des intuitions ».
Elle va du connu à l'inconnu, du mal au bien, du
non-être au mieux être ; non point avec des
chiffres, mais avec des idées dont l'essence même
est d'être variables, mobiles et surtout sujettes
aux universelles contradictions. Ce sont ces contradictions qu'il est nécessaire de supporter et
qu'il faut savoir dissiper sous la lumineuse clarté
des résultats. Sans cela, nous ne sortirons jamais
des limbes étouffants de la suprématie théocratique et sacerdotale. Mais il ne suffira pas seulement d'être clairs : il faudra encore se garder de
dessécher l'âme humaine sous les froides théories
d'un positivisme étroit. Sur ce point, les sectes
religieuses, par la perpétuité de leur domination,
nous ont enseigné le chemin du succès. Étudiez
de près leur géniale substitution de la poésie matérialiste la plus intense aux sublimes idéals des
conceptions spiritualistes, dont elles paraissaient
pourtant vouloir se faire un domaine exclusif.
Leurs merveilleux symboles *humanisés* dans leurs
« icônes », ravissent les cœurs simples ; l'inspiration de leurs prières calme les désespoirs ; la ser-
tissure prestigieuse de leurs temples enchante les
sens. Tous les sacerdotaux ont compris que si une
belle page de philosophie soulève l'enthousiasme
du penseur, elle n'en restera pas moins lettre
morte pour les humbles, les naïfs, les ignorants.

Ces pompes théâtrales qui sont la force des religions, regardez-les de près pour en mesurer la
faiblesse. Car si vous supprimez l'ignorance; si
vous donnez en pâture aux humbles et aux naïfs
les croyances qui réconfortent, les espérances qui
vivifient, vous en aurez bien vite fini avec les castes
religieuses. Jusque-là, malgré tous les décrets, en
dépit de toutes les lois oppressives, vous n'aurez
rien fait. Le cri de « à bas la calotte » est un
acheminement : je lui préfère le cri sublime de
« vive la lumière » qui est un résultat. C'est avec
de « la lumière » que vous répondrez à ceux qui
objectent que « le prêtre » est un citoyen possédant
dans le domaine du temporel les mêmes droits
que chacun. Erreur grossière ! A travers les religions, le prêtre a toujours obéi aveuglément au
mot d'ordre de sa caste. Il n'a jamais eu le droit
de raisonner, parce qu'il a toujours eu le devoir
d'obéir. Depuis la monarchie védique, le prêtre
n'a pas changé. Il a bouleversé, défiguré, transformé les noms de ses dieux; mais il est resté « le
prêtre » et n'a pas même effleuré le tréfonds de ses
doctrines. « De l'étude naît la discussion, et la discussion est l'ennemie évidente de l'autorité despotique. Apprendre est inutile, croire est tout;
apprendre est dangereux, prier suffit; la foi vaut
mieux que la science. Tout fut, est, et sera par la
foi[1]. » Il y a un monde d'absolutisme et de servitude sous ces paroles; il y a aussi un enseignement.
Comment accorder des droits de citoyen à l'homme

---

1. FONTANE, *Inde védique*, p. 379.

qui ne raisonne pas ; pis encore, *qui ne peut pas raisonner ?* Comment confier une parcelle de pouvoir politique à l'homme qui ne peut pas discuter ? Le rêve de théocratie universelle, commun à toutes les castes sacerdotales, est le rêve d'ambition le plus logique que je connaisse, et voilà pourquoi je crie « casse-cou » à ceux qui le dédaignent comme de réalisation impossible, ou à ceux qui croient le supprimer en le niant. Le prêtre, dès l'origine des religions, a compris à merveille qu'il *devait être tout*, sous peine *de n'être rien*. Il ne peut partager sa domination avec personne, sinon avec le trône qu'il commande en le bénissant. Le trône et l'autel ! Ceux qui s'imaginent de bonne foi que l'avenir social de l'humanité est indépendant de sa forme politique ont oublié le prêtre, en feignant d'être indifférents au trône. Quel aveuglement et quelle ignorance ! J'aurai du moins lutté contre eux, dussé-je être traité de sectaire par ceux qui se figurent qu'un peu de scepticisme est préférable à la plus énergique conviction.

La conclusion ? Elle s'impose. Tout en cherchant à protéger l'homme contre les souffrances de la faim, les injustices du sort, les déchéances de la misère, ne négligez pas l'autre face de cet idéal tourné vers l'infini, et donnez-lui les enseignements moraux de cette « idée religieuse » telle que je l'ai développée, idée qui l'a poursuivi et dominé à travers les âges et qui le captivera toujours. Sans cela, l'homme vous échappera et, ses appétits terrestres apaisés, se retournera vers ceux qui, sous prétexte de l'éternité, lui ont appris les tran-

quillités des servitudes et la paix menteuse des
despotismes. S'il vous parle alors des religions
disparues, répondez-lui qu'il ne saurait y avoir
en ce monde qu'une religion : celle de la bonté;
qu'un culte, celui de la justice et de la vérité.
Soyez bons, soyez justes et soyez vrais ; puis n'ayez
cure des enfers de la légende et des paradis enfantins. On vous dira que les religions parlent aussi
de cette trilogie sainte? Peut-être, mais elles ne
l'enseignent pas, elles ne l'apprennent pas. Leurs
dogmes sont faits de fanatismes exclusifs de bonté;
de malédictions exclusives de justice; de mensonges exclusifs de vérité. L'aboutissement suprême des religions est le « crois ou meurs ». Une
religion tolérante si elle existait, ne serait plus
qu'une forme de la philosophie universelle, dont la
tolérance, la liberté sont les bases souveraines. Le
croyant n'est ni tolérant ni libre, puisque croire
c'est proclamer l'erreur damnable des autres et
supprimer le libre arbitre de l'individu. Si l'on
vous dit que ce socialisme-là est *utopique*, qu'il
est en contradiction avec le socialisme scientifique;
qu'il est optimiste, rappelez-vous ces magnifiques
paroles d'Anatole France, mises par Tarbouriech au
frontispice de sa « Cité future » : « Il faut plaindre
le parti politique qui n'a pas ses utopistes. Des
rêves généreux sortent les réalités bienfaisantes.
L'utopie est le principe de tout progrès et l'esquisse d'un avenir meilleur. »

CHAPITRE XII

J'arrive maintenant, après cette discussion passionnante sur une des crises évidentes du socialisme, à l'examen de la loi qu'il considère comme l'une des bases les plus solide, la pierre angulaire de sa méthode. Je veux parler de ce que l'École appelle « la loi de concentration industrielle », et qui circonscrit le champ de bataille sur lequel le socialisme entend livrer le suprême assaut à la société capitaliste. Il ne s'agit plus ici de chimères mais de théories hardies, d'affirmations redoutables, qui méritent d'être étudiées avec un soin respectueux, car elles reposent sur des faits précis, remarquablement coordonnés dont les déductions — si elles sont vraies — sont de nature à bouleverser de fond en comble l'humanité ; ou si elles sont fausses, à en compromettre irréparablement l'essor vers l'avenir. « La concentration industrielle n'est pas un concept autour duquel il soit permis de batailler en brandissant de pures abstractions. Elle est une loi, ou, si l'on veut, une tendance, un phénomène continu qui se dégage des faits, et c'est exclusivement en consultant des statistiques et en confrontant des

18

chiffres, que l'on présentera une discussion concluante! ».

Je n'hésite pas à déclarer tout d'abord que, sur
ce point, le marxisme a bien vu, et il n'y a qu'à
résumer fidèlement ses observations pour en être
convaincu. Le marxisme a nettement aperçu le
fond du gouffre : autre chose est de savoir si ses
conclusions, d'apparence rigoureuse, sont de
nature à empêcher l'humanité de rouler au fond de
l'abîme. La chose vaut la peine qu'on la regarde
de près.

Quel est tout d'abord le spectacle offert à un esprit impartial par la société actuelle? Que cela
plaise ou déplaise, il est certain que les petites et
moyennes exploitations sont de plus en plus, à
l'heure présente, absorbées par les maisons puissantes. Elles le seront toujours davantage avec les
progrès incessants, inattendus de l'outillage mé-
canique. Cette absorption aboutira d'un côté, et
logiquement, aux trusts qui fédèrent la production; de l'autre aux cartels qui limitent, endiguent
la surproduction. Le trust, avec ses moyens d'action, ses agglomérations énormes de travailleurs,
son expansion naturelle vers l'internationalisme,
menace l'Etat et le domine par ses armées industrielles, par ses capitaux confondus. Le cartel suit
une marche à la fois inverse et parallèle; mais il
assemble, de son côté, sous un statut commun,
des effectifs croissants de maisons industrielles[2].

---

1. Paul Louis, *loc. cit.*, p. 311.
2. Paul Louis, *loc. cit.*, p. 317.

Trusts et cartels, se donnant là une main peut-être ennemie, sont donc appelés à devenir les maîtres de la production moderne. Le petit commerce, la moyenne industrie, disparaîtront devant eux. Leur anéantissement inévitable confirme la loi, la thèse de la concentration. Mais tout en la confirmant, ils n'en effectuent pas moins une « coopération d'énergies et une agglomération d'outillages ». Cela, pour l'édification de l'immense fortune de quelques-uns et la ruine presque totale de l'humanité.

Si cette loi de concentration, dont l'authenticité historique ne semble pas jusqu'ici discutable n'est pas culbutée de fond en comble par une autre loi économique, qui reste encore à dégager des théories du collectivisme et du communisme, je me demande à mon tour ce que va devenir la fameuse loi de « l'évolution du prolétariat »; c'est-à-dire de la loi qui permettra au prolétariat « *de grandir assez pour supplanter tout le reste.* » Proud'hon affirmait que cette loi ne peut se trouver que dans la science économique[1]. Marx et Engels, tout en reconnaissant que la formule de cette loi d'évolution est « haute et difficile », disaient que c'est l'ordre industriel qui crée tout ordre politique et social ; que l'émancipation politique et sociale du prolétariat se produira par l'industrie ou *qu'elle ne se se produira pas.*

Cette alternative ainsi posée par les deux penseurs peut-être les plus puissants de l'École socia-

---

1. *Création de l'ordre*, p. 386-442.

liste, démontre tout d'abord que, même à leurs
yeux, cette loi d'évolution du prolétariat n'a rien
de fatal, rien d'irrésistible ; qu'elle peut très bien
ne pas éclore au soleil des humanités futures. Cette
démonstration n'est-elle pas de nature à inspirer
quelques réserves suggestives aux sectaires intransigeants qui se contentent d'affirmer, sans supporter
la moindre objection ? Mais de plus, en examinant
de. près le trust et le cartel, n'est-il pas permis de
se demander si l'hypothèse de l'avortement de cette
loi d'évolution du prolétariat n'est pas en train
de se réaliser ? Si « la courbe de l'évolution industrielle » doit suffire à déterminer les chances possibles d'émancipation du prolétariat, ne faut-il
pas reconnaître que « ces chances possibles »
diminuent de jour en jour ? Ne sont-elles pas
menacées, dans leur p   cipe même, par la loi
de concentration industrielle, dont les doctrinaires proclament l'inévitable fatalité ? Sombre
logique qui aboutit ainsi à la destruction même de
ce que l'on veut édifier ! Il m'est difficile en effet
de voir, malgré les regards de sympathie évidente jetés sur eux par le Congrès d'Amsterdam
(1904), comment le prolétariat, en dépit de ses
refrains triomphants, soutiendra la lutte contre
le trust qui l'absorbe et le cartel qui l'enrégi-
mente ?

Je sais bien que d'aucuns ne sont nullement
effrayés par cette perspective ; qu'ils envisagent
avec sérénité, pour parvenir à la victoire, le trust
des trusts, le cartel des cartels, réalisant par le
communisme, la fédération universelle, invincible

des *forces productives*. Si cela doit se passer ainsi, trustons et cartellisons l'univers entier. Mais analysons au préalable cet avenir et demandons-nous si La Châtre n'aurait pas laissé une postérité qui, au lieu de billets, se contenterait de chimères.

Par quels moyens, par quelles voies espère-t-on atteindre cet avenir? Il est indispensable pour s'en rendre compte, de mettre en lumière, en les résumant, un certain nombre de principes marxistes. D'abord l'essentiel, pour une société, c'est d'éveiller « les forces productives » dont elle recèle le germe. Ceci posé, il faut opérer la reconnaissance des faits enseignés par l'ordre social actuel, faits qui constituent un bréviaire de mort, bien plutôt qu'un livre de vie. Qu'y voyons-nous? La bourgeoisie? Mais, si elle civilise, elle exploite bien plus encore. L'industrie? L'agriculture? Mais leur divorce va s'accentuant chaque jour davantage, accusant ainsi la suprématie croissante et ruineuse des villes sur les campagnes. Tandis que dans les premières, l'aisance, les lumières, l'assistance publique, les grands établissements, se développent sans cesse — dans les campagnes, la misère, la solitude, la dépopulation, le défaut des ressources intellectuelles, croissent sans répit. Les populations rurales forment une sorte de sous-prolétariat du prolétariat des villes. Les intérêts agraires sont mal gérés par ces populations sans ressources, sans intelligence, sans initiative, sans direction. Si d'un côté le capital absorbe peu à peu l'industrie moyenne ou petite, de l'autre côté, l'hypothèque affame la terre et se l'approprie en la ruinant. Quel est le résultat de ce phénomène économique indiscutable? L'exode continu du paysan vers la ville, où il devient citadin à son tour et contribue à accroître la suprématie des villes sur les campagnes de plus en plus délaissées. En concentrant ainsi dans ses mains les instruments de production : hommes, argent, machines, la bourgeoisie a non seulement créé une classe riche ou aisée; mais, par une pente irrésistible, elle a accaparé tous les pouvoirs publics, mis à son service ces deux puissants moyens de défense qui s'appellent l'armée et les douanes, organisé « l'infrastructure sociale », dont les assises reposent sur l'agrégation générale des forces productives, dont elle use et mésuse à sa volonté.

Or, comment la bourgeoisie, dont les éléments divers forment « les classes dirigeantes », peut-elle conserver ses positions si laborieusement acquises? Par l'adoption ininterrompue d'améliorations matérielles qui, tout en lui profitant, profitent aussi au prolétariat. De telle sorte que — et ici les observations de la méthode socialiste sont d'une logique lumineuse — si à un moment donné, la bourgeoisie, par peur du prolétariat, s'arrêtait brusquement dans la voie de ces améliorations, elle voterait sa disparition immédiate. D'un autre côté, en les continuant, elle retarde assurément sa défaite, mais elle la rend néanmoins certaine, puisqu'elle fournit elle-même au prolétariat les moyens de la battre définitivement et d'arriver à sa totale émancipation. La bourgeoisie est donc acculée à ce dilemme : ou ne rien faire pour le prolétariat, et c'est alors le suicide sans phrases ; ou tout lui concéder peu à peu, et c'est alors une agonie plus lente, avec la mort au bout.

Il serait puéril de nier la force de ces déductions de l'école socialiste, déductions qui expliquent clairement d'ailleurs pourquoi le socialisme prend tout ce que la bourgeoisie lui donne sans rien accepter d'elle pourtant. L'acceptation formerait en effet la base d'une sorte de contrat bilatéral que le prolétariat *ne veut pas signer*. Mais allons plus loin. Sous quelle forme se produira cette défaite irréparable de la bourgeoisie ? Suivant la terminologie marxiste, par un autre fait économique lentement préparé, mais d'échéance inéluctable : *la révolte des forces productives contre le régime moderne de la production*. Nous voici parvenus au trust des trusts, au cartel des cartels. « La société moderne périra *par la pléthore de la production* et par la disproportion des forces productives aux forces économiques et juridiques de la production. La Révolution où elle s'opérera sera la dernière, car on n'imagine pas que, une fois disciplinées complètement, ces forces productives dont la population laborieuse est la principale, il puisse s'insinuer dans la vie sociale nouvelle un de ces vices antagoniques dont les sociétés meurent. L'administration parfaite des choses fondera la liberté immortelle des hommes[1] ».

Comment s'accomplira cette Révolution que.

---

1. ANDLER, *Manifeste communiste*, p. 99.

par déférence pour Andler, je consens à appeler la
dernière ? La théorie marxiste en détermine le
schéma tracé par des faits historiques et économiques patents. En premier lieu, la petite bourgeoisie, après avoir si longtemps exploité, sera à
son tour acculée à la ruine par la grande bourgeoisie. A ce moment et sous la poussée naturelle
des choses, elle deviendra l'alliée nécessaire de
l'ouvrier. Cet événement se traduisait, dans « le
manifeste communiste », par ces simples mots :
« Le prolétariat se recrute dans toutes les classes
de la population » (§ 18). Se tournant alors vers
cette grande bourgeoisie, niveleuse à son insu
et par son propre poids, le prolétariat, renforcé
par ces accessions successives, entre en lutte
par l'organisation du syndicalisme. La grève,
provoquée, soutenue par les syndicats puissamment fédérés, limite la baisse des salaires. La
grève fait naître les groupements solidaires des
ouvriers ; elle protège le travail contre les tentatives audacieuses dirigées contre lui ; elle prépare au besoin la grève générale qui est la mainmise irrésistible du travail sur le capital. Mais
grèves et syndicalisme ne sont eux-mêmes qu'un
stade, un apprentissage révolutionnaire pour
« la lutte finale ». L'étape ultime à franchir
consistera dans la conquête absolue des pouvoirs
publics. Conquête essentiellement politique, analogue à la suprême infiltration de la bourgeoisie
dans les rouages gouvernementaux. A ce moment-
là seulement, le prolétariat, maître de la totalité
de ses forces par l'association nationale, détenteur

de tous les pouvoirs publics, sera devenu « la classe dirigeante ». De telle sorte — et je me trouve ici en face même du tréfonds de la théorie — que cette lutte des classes, dogme intangible sur lequel je me suis nettement expliqué, n'est en réalité, sous un vocable sonore et imprécis, que la lutte décisive entre le bourgeoisisme et le prolétariat, pour s'assurer, à l'exclusion de l'un ou de l'autre, la possession intégrale des pouvoirs publics. La lutte sociale apparaît enfin comme une lutte exclusivement politique.

Comment et par quels moyens la victoire, ainsi entendue, du prolétariat deviendra-t-elle définitive? Ce dernier ne dissimule pas plus ses procédés qu'il ne cache ses espérances. Il mettra à profit les dissentiments intérieurs, les oppositions flagrantes d'intérêts des classes bourgeoises si âpres à la curée. Grands capitalistes, financiers agioteurs, petits ou moyens commerçants, boutiquiers, ruraux et paysans, ameutés les uns contre les autres, assourdis par le bruit de leurs mâchoires, se heurtent, s'entrechoquent, se déchirent et se détruisent. Le prolétariat les regarde faire tranquillement, car il sait qu'ils travaillent pour lui. Parfois même il ne dédaigne pas certaines alliances temporaires qui peuvent le servir, et il recueille les épaves de la moyenne industrie, du petit commerce, même des paysans. Mais ce sont là pures alliances de tactique qui ne sauraient avoir qu'un temps, parce que petit commerce, moyenne industrie, classes rurales ralliées, au fond, cela c'est encore du « bourgeoisisme », c'est-à-dire l'ulcère dont il

faut se débarrasser à tout prix, même par le fer
et par le feu. Bonnes gens qui croyez aux idylles
sociales, vous voilà dûment avertis ! La victoire
du prolétariat ne comporte pas ces palliatifs flo-
rianesques, ces panacées enfantines. « C'est le
combat ou la mort, la lutte sanguinaire ou le
néant. C'est ainsi que la question est invinciblement posée.[1] » C'est, en d'autres termes, la guerre
au couteau du prolétariat, maître des forces productives, contre le capitalisme — grand ou petit
— qui ne représente que l'exploitation de ces
forces productives.

De dénouement pacifique à cette crise ultime,
il serait naïf d'en prévoir. La petite bourgeoisie,
dont un prochain avenir fera la première aile
révolutionnaire du prolétariat, ne se laissera pas
évidemment *prolétariser*, sans une résistance énergique, par l'oppression du grand capitalisme.
C'est elle qui fondera le socialisme d'État par la
République démocratique et sociale. Elle portera
ainsi un premier coup mortel au capitalisme et
atteindra dans son essence la propriété. Le capitalisme renversé, la grande bourgeoisie ébranlée
d'abord dans ses assises fondamentales, puis
détruite avec le principe de la propriété, c'est
alors que commence le corps à corps décisif de
la petite bourgeoisie radicale-socialiste victorieuse, avec le prolétariat. A ce moment, la
situation sera des plus nette. La petite bourgeoisie aura établi l'impôt progressif, le rachat de

---

1. MARX, *Anti-Proud'hon*, p. 244.

tous les monopoles ; elle aura au besoin créé des
ateliers nationaux ; elle aura établi un régime
d'État foncier, permettant de racheter les hypothèques, de libérer la terre ; elle aura fait entrer
dans la réalité pratique ce que j'ai appelé « la loi
des besoins ». Quel merveilleux et propice moment pour le corps à corps dont je viens de parler,
pour ce mouvement que Marx appelait le surélè-
vement de l'infrastructure sociale, ameutant
l'ensemble général des opprimés contre la su-
perstructure capitaliste. Le corps à corps — ainsi
indiqué comme inévitable — amènera le triomphe
définitif du prolétariat, puisque la révolution
dernière se fera sur les ruines déjà amoncelées
du bourgeoisisme capitaliste et politique. A ce
tableau si admirablement décrit, Bernstein pré-
disait pourtant une ombre : la bataille entre prolétaires et ruraux ; mais une ombre vite dissipée,
puisque les premiers devaient l'emporter de haute
lutte sur les seconds, dans un dernier effort about-
tissant à un dernier investissement.

Je ne crois pas avoir rien déguisé du terrible
système et je me suis borné à résumer à grands
traits fidèles — non pas l'évolution — mais la
Révolution que l'on annonce en la préparant. Le
tableau peut ne pas paraître rassurant. Mais, rassurant ou non, il importe de l'étudier de très
près, car nous sommes ici en pleine « méthode »,
et il serait puéril de répéter avec Léon Faucher
que « ceux qui prétendent refaire la société ne
sont que des rêveurs ou des anarchistes. Tout le
secret de ceux-ci consiste, comme on le dit hau-

tement en certains clubs, à mettre dessus ce qui était dessous et à mettre dessous ce qui était dessus. Ils élèvent le désordre à la hauteur d'une théorie; pour eux, renverser est tout, ils ne songent pas à réconstruire. Par cela même, nous les croyons peu dangereux[1]. » Ce qui était de mise en 1848, avec les penseurs dont l'idéologie craintive devait amener la restauration de l'Empire, ne l'est assurément plus aujourd'hui. La question n'est pas de savoir si les doctrinaires socialistes, dont il serait puéril de méconnaître la science dialecticienne, la sûreté de tactique, sont dangereux ou non. Car une doctrine ne cesserait pas d'être vraie, par cela seul qu'elle ne serait pas rassurante. Le « geste » de l'autruche est loin d'être une démonstration. Il s'agit d'apprécier, problème autrement redoutable, si le déterminisme dont ces doctrines se targuent est exact ; si ce qu'elles prédisent doit fatalement arriver, *quoi qu'il advienne*. J'ai proclamé hautement que je ne le croyais pas. J'ajoute que je n'ai aucune certitude personnelle de la valeur de cette négation, parce que je n'ai qu'une confiance des plus relative dans le bon sens et la justice des hommes. La société entière peut disparaître dans la conflagration générale et le « corps à corps » annoncé, de même que la terre disparaîtra un jour dans quelque cataclysme dévastateur. Mais ce sera bien alors une *destruction générale* qui se produira : destruction qui n'aura rien de commun avec une « évolution » ou une amé-

----

1. *Système de Louis Blanc*, p. 7.

lioration, quelque considérable qu'elle puisse être. Encore moins une résurrection de la vieille société en train de mourir ; résurrection opérée par la transfusion du sang versé sur les champs de bataille de la dernière lutte sociale.

Pourquoi cela ? Parce que, dans cette lutte effroyable au-devant de laquelle marchent gaîment, drapeau rouge en tête, tant de braves gens qui ignorent où ils vont, nul ne s'est jamais demandé sérieusement qui, en fin de compte, sera victorieux. La question vaut cependant la peine d'être posée, car ici s'arrête le domaine du déterminisme et commence celui de la prophétie exclusivement hypothétique. Si le vainqueur — et l'histoire sur ce point ne laisse pas que d'être inquiétante — était par hasard un César d'aventure, aidé par la « canaille » des villes, celle que Marx et Engels appelaient « *Lumpenprolétariat* » ; soutenu par cette « lie du peuple qui imite dans son existence fangeuse l'oisiveté exploiteuse des hautes classes et, par son armée de prétoriens recrutée dans cette canaille, installe le pouvoir personnel qui, *en brisant toutes les classes*, assure d'autant plus le développement du capitalisme[1] ». Qu'adviendrait-il alors de la « dernière » Révolution ? Hélas ! elle serait si peu la dernière que tout serait à recommencer, mais désormais dans les conditions les plus désastreuses! Il faudrait bien reconnaître ce jour-là, trop tard peut-être, que la forme politique a une répercussion directe sur

---

1. ANDLER, *loc. cit.*, p. 127.

l'organisme social. Car l'histoire nous montre ce que valent les Césars socialistes. Les « *panem et circenses* » grisent, enivrent les foules : ils ne les améliorent pas. Les servitudes même dorées sont toujours des servitudes. Je me demande à quoi aurait servi la suprême bataille dont l'issue désastreuse ferait reculer de plusieurs siècles la lente et sûre évolution de l'humanité. On criera à l'impossibilité ? Pourtant Marx et Engels écrivaient leur manifeste communiste, évangile des temps nouveaux, en 1847. Louis Blanc, Proudhon et d'autres, étaient bien vivants, lorsque le coup d'État de 1851, que leur avaient prédit tant de politiques retardataires, les envoyait méditer dans un lointain exil sur le danger de certaines théories révolutionnaires. On me répondra que « la société bourgeoise » se défendait. Croyez-vous sincèrement qu'elle ne se défendra pas encore, lorsque se produira ce corps à corps que vous annoncez ? Vous ajoutez que vous ne livrerez ce corps à corps que lorsque vous serez assurés du succès ; lorsque, après avoir ébranlé, jusque dans ses fondements, le capitalisme par les grèves, vous pourrez monter à l'assaut définitif avec vos syndicats innombrables et fédérés ? Mais pensez-vous sérieusement que le « capitalisme », menacé de si terrible manière, attendra avec candeur que l'heure choisie par vous « pour la lutte ultime » sonne tranquillement ? Avez-vous songé à ce que pourrait amener et produire la grève des patrons, se dressant en face de vos grèves syndicales ; la grève générale du capital poussé à bout et se levant en face des reven-

dications prolétariennes, même légitimes? Vous
répondrez : eh! bien, alors, bataille! Soit, mais
une bataille dont vous serez forcés de subir l'échéance anticipée; dans laquelle vous pourrez avoir
les gros bataillons, mais non les cadres; à laquelle
il manquera ce nerf de la guerre conspué par
vous, le capital; durant laquelle vous aurez contre
vous les désertions, les défaillances, les lâchetés
et le passage, avec armes et bagages, de partie de
vos troupes à l'ennemi. L'issue ne serait-elle pas
fatale pour vous, pour nous tous, pour la liberté,
pour la conscience, pour les conquêtes si durement
achetées par l'humanité en marche, par cette Révolution française qui bouleversa le vieux monde de
fond en comble, et dont on oublie trop les services
immenses, en osant attaquer les ancêtres illustres
dont nous défendrons la mémoire immortelle
jusqu'au bout. Pauvres semeurs d'idées, héroïques
et convaincus, qui attendez la récolte de la tempête
et de l'ouragan! Cela ne vaut-il pas la peine d'y
réfléchir mûrement, de peur de compromettre à
jamais l'avènement de ce monde à venir que je
salue avec joie?

Supposons cependant le triomphe du prolétariat
obtenu par tous les moyens, même par une victoire sanglante et exterminatrice. L'ère des dangers
est-elle close? J'estime au contraire qu'elle commence à peine. C'est ce que je voudrais bien faire
comprendre aux foules simplistes, mais ignorantes,
qui suivent avec autant d'enthousiasme que de fracas le drapeau des revendications sociales. Le
triomphe du prolétariat est enfin obtenu. De quel

prolétariat s'agit-il ? Le *parti socialiste de France*, à la suite du Congrès d'Amsterdam, dit bien qu'il « est indispensable que dans tous les pays, en face de tous les partis bourgeois, il n'y ait qu'un parti socialiste, *comme il n'y a qu'un prolétariat* ». Le désir d'unité est facile à comprendre ; mais est-il exact qu'il n'y ait qu'un prolétariat ? L'erreur est flagrante, car, sans vouloir ici parler des subdivisions fatales du prolétariat ouvrier, il ne faut pas perdre de vue qu'en face de ce prolétariat ouvrier, que quelques-uns ont appelé le quatrième Etat, va se dresser le prolétariat agricole, dont les aspirations, les besoins, les desiderata en apparence identiques, sont, au fond, nécessairement dissemblables de ceux du prolétariat ouvrier et ont, ainsi qu'on va le voir, un caractère de précision, de netteté entièrement ignoré de ce dernier. Le paysan et l'ouvrier ? Qui voudrait les fondre en une seule et indivisible unité, les réunir en une seule classe de prolétaires, tenterait une œuvre irréalisable. Autant que celui qui rêverait de fusionner dans la même matérialité pratique les villes et les campagnes. Bernstein a bien vu en prédisant le choc de ces deux puissances : le prolétariat ouvrier ou quatrième Etat et le prolétariat agricole, qui va former le cinquième Etat. Ce choc est-il certain ? Je le crois inévitable et cela pour deux raisons qui peuvent passer pour péremptoires et qu'il est nécessaire de développer, car elles contiennent en germe le plus terrible des problèmes de l'avenir.

La première résulte de l'application de la cé-

lèbre loi d'airain que Lassalle, après Ricardo, a
formulée ainsi : « Le salaire oscille à la limite de
« ce qui est strictement nécessaire à l'ouvrier pour
« vivre et se reproduire, sans pouvoir ni s'élever
« sensiblement au dessus ni descendre sensible-
« ment au dessous. » Que cette loi d'airain soit
plus ou moins exacte pour le prolétariat ouvrier,
je le veux bien. Mais elle menace de devenir la
certitude même pour le prolétariat agricole, et
cela par le fait du prolétariat industriel. Que
produit en effet le paysan? Tous les objets de
consommation de première nécessité. Prenons
les deux types de produits les mieux connus : le
blé et le vin. L'ouvrier des villes, consommateur
permanent, trouve toujours le pain et le vin
trop chers. Au sens légitime de ses intérêts, il a
raison, bien qu'il ne montre pas toujours la
même sévérité économique pour l'alcool qui l'empoisonne et l'absinthe qui le rend fou. L'ouvrier
des villes imprime donc aux objets d'alimentation
une orientation de bon marché qui, pour le producteur de ces objets, est une orientation de
famine. Ici la loi d'airain, en s'attaquant d'abord
au produit lui-même, réagit d'une façon meurtrière, et non prévue par Lassalle, sur le salaire
agricole. Ce salaire devient un salaire de misère
qui, loin de tendre à s'élever au-dessus de ce qui
est nécessaire pour vivre, est exposé à décroître
sans cesse jusqu'à ne plus permettre de subsister.
Un produit agricole, qui est toujours un produit
de première nécessité, ne peut pas être créé au-
dessous d'un prix déterminé. Comment le paysan

pourra-t-il vivre, *être payé*, si ce produit est
vendu à la moitié du prix de revient, et cela grâce
aux exigences de la consommation des villes; à
la *volerie* impudente, sans limites, des intermédiaires agricoles? Grâce à ses syndicats, à ses
Bourses du Travail, l'ouvrier des villes est en mesure de régler le fonctionnement à peu près nor-
mal de la loi d'airain. Cela, en attendant l'heure
inévitable où, en dehors des rêvasseries burlesques,
le travail sera organisé de telle façon que *la rétribution* du travailleur — qui de quelque nom
qu'on la décore, sera toujours une rétribution —
soit devenue *suffisante* et *utilitaire*. Suffisante,
dans son quantum; utilitaire, dans ses résultats
économiques. Mais l'ouvrier agricole ne le peut
pas. Pour lui, la force syndicaliste n'existe pas,
ou, quand elle se montre, elle n'est dirigée que
contre la propriété terrienne qui agonise, pour le
seul profit de l'intermédiaire qui les dépouille
tous les deux. L'abandon des campagnes pour la
ville, par l'ouvrier des champs, n'a pas d'autre
raison. Mais la révolution agrarienne, — quoi
qu'on fasse ou quoi qu'on écrive — n'en demeure
pas moins fatale. Elle se fera, en premier lieu,
contre la propriété terrienne : cela est évident,
parce que le propriétaire terrien est, aux yeux du
paysan, l'ennemi le plus rapproché; la terre, la
proie que les formules faciles lui présentent
comme lui appartenant de droit naturel. Mais il
est non moins certain qué cette révolution se
fera aussi et ensuite contre le prolétariat industriel, qui ne s'en doute pas le moins du monde.

J'arrive alors à la seconde raison péremptoire dont j'ai parlé.

Le choc se produira — précédant même peut-être l'*autre* — le jour où on voudra appliquer à la propriété terrienne, les principes que l'on cherche à appliquer à la propriété capitaliste et industrielle, pour assurer l'avènement du prolétariat ouvrier, sa transformation définitive en classe exclusive, dominante. Ceux qui s'imaginent, devant l'exode rural indiscutable, que le paysan a cessé d'être attaché à la terre, à la glèbe ancestrale, ne le connaissent pas. J'ai passé au milieu des paysans les plus belles années de ma vie, et j'ai pu étudier de près leurs aptitudes, leurs vouloirs obstinés, leurs défauts énormes qui finissent par constituer des qualités incomparables, et surtout leur indéracinable attachement à leur champ ; leur défiance instinctive des méthodes nouvelles ; leur entêtement pour les vieilles pratiques de la routine. Le paysan est resté le même à travers les siècles, dans ses tendances, dans ses mœurs, dans ses goûts, dans sa passion de la terre. Mais ce qu'il a — ce qu'il a toujours eu — de déconcertant c'est sa force d'inertie, qui est une puissance négative, mais en même temps formidable. Si cette force d'inertie se transforme un jour en vouloir agissant, le rural deviendra le maître suprême de tout. Il a déserté la campagne, parce que l'aspiration pneumatique produite par la pléthore étouffante des villes, lui a fait croire qu'il pourrait vivre là plus à l'aise que sur sa terre incultivée. Mais que cette terre, petite ou grande, soit menacée, vous le verrez accourir, implacable et furieux. Dans leur manifeste communiste, Marx et Engels disaient : « La bourgeoisie a soumis la campagne à la ville. Elle a créé d'énormes cités ; elle a prodigieusement augmenté la population des villes aux dépens de celle de la campagne et, par là, elle a préservé une grande partie de la population *de l'idiotie de la vie des champs.* » Ces mots dénotent l'ignorance profonde des deux célèbres réformateurs à l'égard des paysans. Idiots, ces derniers ? Mais il n'en est pas un qui, sous ses lourdes allures de rustre, grâce à sa finesse native, à son énergie, à sa ténacité invincible, ne battrait à plate couture une centaine d'ouvriers des villes, dont l'intelligence ne dépasse guère la plupart du temps le souvenir de quelques articles de journaux lus avec passion et digérés avec effort. Que voulaient donc dire Marx et Engels ? M. Tarbouriech a dégagé nettement leur pensée intime : « Remarquons ces derniers mots ; voici la pensée qu'ils révèlent : la grossièreté des ruraux, leur routine, leur misonéisme, leur inaptitude aux progrès étant un obstacle à la civilisation, ils doivent disparaître[1]. » Lorsqu'on essaiera de cette disparition ; lorsque son principe générateur sera simplement soupçonné dans les campagnes, je vous plains, ouvriers avancés des villes ! Dites au paysan qu'il est un embarras pour la « civilisation » que vous préparez ; qu'il ne doit plus survivre de lui qu'une

---

1. *Cité future*, p. 118.

expression littéraire; que sa glèbe, son lopin de terre, aussi bien que les grandes propriétés qu'il croit encore seules visées, vont faire retour, pour les nécessités de la rénovation sociale, à la collectivité *seule propriétaire de tout ce qui existe,* et vous me donnerez de ses nouvelles. Ce jour-là, le paysan se lèvera et il organisera la plus abominable Jacquerie dont l'histoire ait fait mention. Car je ne connais pas d'être au monde plus amoureux de liberté, plus âprement individualiste que le paysan. Il est l'ennemi juré de toutes les tyrannies, de tous les despotismes et, s'il redoute le progrès, c'est que ses allures scientifiques lui paraissent des règles de servitude. Dans sa belle étude sur *le Socialisme en 1898,* M. Faguet s'exprime ainsi[1] : « Le paysan, dans nos pays d'Occident, surtout en France, est l'être le plus libre qui soit au monde. Je reconnais avec douleur que l'ouvrier ne l'est guère et que le régime socialiste, au point de vue de la liberté, ne changerait pas grand'chose à son affaire ; mais le paysan est libre comme l'air. Il est maître chez lui absolument. Il cultive comme il l'entend, il exploite à son gré son bien. S'il n'a pas de bien, il est très libre encore, passant facilement d'un patron à un autre, choisissant son maître, presque égal à lui, très indépendant. Personne n'est libre, mais le paysan l'est plus que qui que ce soit. Et il est jaloux de sa liberté. C'est le fond même de son être moral. S'il est défiant, c'est à cause de

---

1. *Grande Revue,* numéro du 1er novembre 1898.

cela ; s'il est avare, c'est que la liberté se mesure
à ce qui en garantit l'exercice ; s'il est fanatique
de propriété individuelle, c'est que l'image, pour
lui, de la liberté, c'est un homme travaillant dans
un champ qui est à lui et qui ne doit rien à personne. Le grand libéral français, c'est le paysan.
Je reconnais même qu'il est beaucoup trop individualiste ; mais c'est le défaut de sa qualité. Il
est âprement libéral. Si le libéralisme est si fort
en France, c'est que nous sortons tous du paysan.
C'est notre grand-père. Le libéralisme est un atavisme. » A la bonne heure, je reconnais bien là
aussi le paysan de toujours, le paysan que les
écoles socialistes contemporaines ignorent complètement.

Cette ignorance, qui va même jusqu'à rêver
d'enrégimenter le paysan dans l'immense machine bureaucratique du collectivisme, amènera,
hâtera fatalement l'heure sombre où se produira
le choc effrayant dont j'ai parlé ; choc au bout
duquel la victoire du cinquième Etat ne saurait
faire doute pour un esprit observateur. Sera-ce
un bien? Sera-ce un mal? Ce sera peut-être un
désastre ; et je ne sache pas d'inconnu plus troublant. Mais la victoire, quel qu'en soit le résultat,
n'en est pas moins certaine. Cette victoire sera,
en effet, assurée par une arme que les syndicats
ouvriers offrent, avec une inconscience rare, au
prolétariat agricole : *la grève générale*. Une grève
générale ouvrière amènerait sans doute le bouleversement, la ruine de beaucoup d'industries,
sans compter la ruine complète de l'ouvrier lui-

même. La grève générale agricole, elle, entraîne-
rait la mort sans phrase du pays tout entier qui
la verrait se produire : la mort par la faim. Les
forces productives ouvrières ne créent ce qui est
nécessaire à tous les besoins, à tous les superflus
de l'homme, qu'à l'aide des matières premières,
fournies — surtout en ce qui concerne l'alimentation — par l'agriculture. Que l'agriculture
croise ses bras : l'alimentation, c'est-à-dire le seul
moyen de vivre, est supprimée. Le triomphe est
donc évidemment du côté des bras croisés. Que
fera-t-on ? La question vaut la peine d'être posée
respectueusement à des gens qui s'imaginent solu-
tionner avec des périodes oratoires ces sinistres
problèmes de sang et de mort. On dira aux paysans que la grève va tourner à leur encontre ? Ils
répondront que les grèves industrielles tournent
aussi bien — sinon davantage — contre les ouvriers que contre les patrons. On leur contestera
le droit de proclamer cette grève homicide. Ils
répliqueront que la grève est de droit prolétarien strict, et qu'ils sont aussi prolétaires que
les ouvriers. On cherchera à les remplacer dans
leur besogne ininterrompue, et c'est là un des
rêves, une des illusions du collectivisme prolétarien. En supposant un instant ce remplacement
possible — et il ne l'est pas — que deviendra la
théorie de la solidarité sociale ? Ils exigeront, au
contraire, que chacun fasse comme eux, les sou-
tienne dans leur œuvre de mort — et cela avec
ce petit ricanement silencieux que je connais
bien. Ils réclameront les grèves générales gémi-

nées, afin de rendre irréparable la ruine universelle d'où devra sortir, lumineux et définitif, le
bonheur du genre humain. On tentera de les réduire par la force? Puisque la faim fait sortir le
loup des bois, elle fera aussi sortir l'ouvrier des
villes? Prenez garde! Les paysans vous fusille-
ront au coin des halliers touffus, comme les
chouans fusillaient les bleus dans les bocages de
la Vendée. On haussera les épaules? On criera
que la faim est égale pour tous; que, puisque les
paysans la décrètent, ils disparaîtront aussi? Non!
Car le croire, c'est avouer qu'on ignore les réserves
immenses d'énergie, de sobriété des paysans. Ils
assisteront, impassibles, à l'agonie des citadins
révolutionnaires, en serrant davantage leurs
ventres, éternels affamés! Je note d'ailleurs, en
passant, que ces ruines, ces bouleversements, ces
agonies et ces morts composent un bilan dont la
séduction relative peut pousser pas mal de gens
à se demander si la destruction de la moitié du
genre humain rendra certaine la félicité de
l'autre. Je reconnais pourtant avec l'Ecole, que
c'est là une querelle de détail.

Il n'y a donc pas à équivoquer : dans la lutte an-
noncée par les intransigeants du socialisme urbain,
le paysan sera victorieux. Devenu le maître, il dic-
tera ses conditions. Quelles seront-elles? Il est
facile de les deviner. Au besoin, s'ils hésitent, les
propriétaires terriens dépossédés les enseigneront
aux paysans — à ces paysans dont les bâtisseurs de
cités futures célèbrent l'idiotie. Et je vous garantis
qu'une fois ces vérités entrées, figées dans leurs

cervelles simples et tenaces, elles n'en sortiront plus, car elles forment un programme d'une incomparable netteté. La réalisation de ce programme fera cesser par enchantement l'exode rural constaté par tout le monde... et peut-être beaucoup d'autres choses avec.

En premier lieu, la suppression de tout impôt sur la terre de quelque vocable qu'il s'affuble, sous quelque déguisement qu'il se cache. La terre en effet, grande ou petite, n'est pas un capital, mais *un instrument de travail* acquis par le travail, appartenant légitimement à celui qui le fait valoir de ses propres bras ou par des bras intermédiaires qu'il dirige, seconde lui-même. Ces bras intermédiaires, simples collaborateurs aujourd'hui, deviendront demain des associés en participation, résolvant ainsi le problème agricole sans effusion de sang et avec une sûreté quasi mathématique.

Cette suppression d'impôt est de droit nécessaire. On n'impose pas, on ne peut pas imposer un instrument de travail. La matière imposable ne naît qu'après la création du produit lui-même. Mais je regarde comme un produit dès lors imposable au premier chef, la *rente* de la terre affermée à un locataire qui l'exploite à redevance fixe. *La terre en effet ne produit rien par elle-même.* Il faut qu'elle soit fécondée par la sueur de celui qui la travaille ou l'intelligence spécialisée de celui qui gouverne sur place ce travail. En dehors de ce travail, de cette direction — combinés ou associés — *le capital terrien nu n'existe pas.* Tout au plus y aurait-il une exception à opérer pour les bois et les forêts. Cette exception ne fait que confirmer la règle posée.

Or, quelle est aujourd'hui la situation de la
terre ? Si l'on tient compte du prix de revient
excessif de la production par une main-d'œuvre
non intéressée ; si l'on y ajoute les intérêts des
capitaux engagés, l'amortissement de l'outillage
et des constructions immobilières ; si on fait la part
énorme arrachée à la production-récolte, par les
intempéries des saisons, les aléas de la culture ; si
on enlève les prélèvements léonins opérés par les
étrangleurs patentés que l'on appelle « les intermédiaires » et qui ne sont que des usuriers
déguisés ; si l'on additionne ce que les gratte-
papiers ministériels du fisc trouvent si commode
et si sûr de prendre à leur tour sur cette récolte
à l'aide d'impôts exorbitants, que voit-on actuelle-
lement ? La part de celui qui possède en titre cette
terre, réduite à peu près à rien, tandis que celle
du paysan lui permet à peine de vivre. Est-il nécessaire de se demander, après cela, pourquoi
tant de terres restent incultes ; pourquoi tant
d'ouvriers agricoles, de propriétaires fonciers vont
chercher dans les villes voisines déjà encombrées,
ruinées par la surproduction, les ressources,
d'ailleurs illusoires, que la campagne ne leur
fournit plus ? Ceux qui parlent des paysans exploités
par des propriétaires avides sont des rhéteurs con-
damnables qui n'ont jamais mis les pieds dans un
domaine rural. Affranchissez la terre de l'impôt
inique qui l'écrase ; ordonnez juridiquement le
retour à la collectivité agraire et à celle-là seule,
des terres non cultivées, et l'exode rural cessera
presque instantanément. Exode qu'il faut soigneu-

sement se garder de confondre avec celui qui, se produit dans les localités rurales industrielles, où la petite industrie annexée à la culture a été fatalement anéantie par la grande industrie des villes voisines, disposant d'un outillage, d'une main-d'œuvre et de débouchés rendant toute concurrence inutile. Cet exode n'est au fond qu'un *simple déplacement* des forces productives réduites à une concentration nécessaire. Mais tous ces déracinés n'ont pas d'autre rêve, une fois leur petit pécule amassé péniblement, que celui de retourner vers le champ qui les a vus naître et de mourir tranquilles devant les splendeurs des horizons contemplés dans leur enfance.

En second lieu, il faut que la Collectivité-État, à laquelle retour aura été fait, moyennant une juste indemnité, des terres improductives, au besoin même des bois, des forêts, des terres affermées, organise non plus sur le papier électoral mais d'une façon tangible, réelle et pratique, le *Crédit agricole*. Crédit qui permettra au paysan propriétaire le rachat des hypothèques grevant et grugeant le sol. Constitué sérieusement, le crédit agricole assurera le lendemain au cultivateur qui, moyennant une faible redevance à long terme et sans agio, pourra développer son outillage, ses moyens de production tout en en amoindrissant le coût. Cette-production augmentera le bien-être agricole, diminuera les frais, les dépenses de la consommation et tirera le paysan des griffes des usuriers.

En troisième lieu, il sera indispensable de créer

le warrantage agricole, les docks entrepositaires des récoltes amassées et de fonder, à côté des caisses du Crédit agricole, les caisses de warrantage destinées à faire face aux avances exigées par la culture. À l'heure actuelle, un agriculteur détenteur de sa récolte, mais ayant besoin d'argent, est une misérable proie offerte en holocauste aux écumeurs qui ne cultivent pas, mais encaissent seuls les bénéfices de la production. Inutile d'ajouter que ces caisses seront gérées. non par des politiciens en quête de sinécures — race à exterminer — mais par des ruraux bien au courant des nécessités d'exploitation.

En quatrième lieu, la collectivité prendra à sa charge la construction des canaux d'irrigation, la réfection de tous les chemins ruraux que les communes pauvres sont incapables d'entretenir. Pour effectuer cette réfection, *aucune indemnité ne sera due aux propriétaires riverains* — qu'il s'agisse de redressement ou d'élargissement — car ils sont les seuls à en profiter. Il faudra aussi que la collectivité, devenue maîtresse absolue de toutes les voies de communication par le rachat de tous les moyens de transport, organise le transport à peu près gratuit des produits et denrées agricoles *qu'aucun droit de circulation* ne pourra de son côté effleurer. On me demandera où la collectivité, puissance publique, prendra les ressources nécessaires à ces organisations? D'abord là où l'impôt est légitime, parce qu'il n'est prélevé sur aucun travail ; puis dans l'assurance obligatoire, dans les rachats des monopoles, dans les produits des biens expropriés, dans la diminution des armées permanentes, et surtout dans la suppression des fonctionnaires inutiles, dont le nombre toujours croissant a pu faire dire justement ; que la moitié de la France travaillait pour nourrir l'autre moitié occupée à ne rien faire.

En cinquième lieu, la collectivité devra *socialiser* la terre. J'appelle — car ici il faut être clair — *socialisation de la terre*, l'ensemble des moyens financiers et juridiques destinés à assurer la libre circulation des propriétés ; leur transmission ou tradition sans frais d'aucune sorte ; leur groupement fédéralisé par voie d'association ou de syndicalisme, sans qu'aucune gêne législative entrave ou obère ce groupement, cette association. Cette association, en syndiquant les terres, instruments de travail et les forces productives, permettra aux petites et moyennes propriétés de lutter d'ensemble, par l'outillage et les ressources réunies, avec les grandes propriétés dont l'autonomie n'aura plus rien d'inquiétant ni d'anormal. Elle sera, bien mieux que les creuses formules d'un collectivisme aussi erroné qu'imprécis, le merveilleux outil de la transformation agricole, précédant, maîtrisant et dominant la transformation industrielle qu'elle assujettira inévitablement. Est-ce que la circulation, la transmission des valeurs mobilières entraîne actuellement des frais ou des charges pour leurs détenteurs ? Pourquoi la terre, instrument de travail par excellence, continuerait-elle, en changeant de main ou en se socialisant, à être grevée de charges atteignant jusqu'au dix pour cent de sa valeur, alors que la transmission de titres de rente échappe à toute redevance, voire même à tout impôt. Il faut que la terre devienne le titre au porteur le plus facilement négociable et le meilleur, avec cette différence capitale, toutefois, que ce dernier ne produira quelque chose que par un travail acharné, tandis que les valeurs mobilières assurent aujourd'hui aux oisifs un revenu rémunérateur. Il est vrai que cette dernière anomalie disparaîtra avec le service du travail obligatoire pour tous et l'impôt sur le revenu.

En sixième lieu, la mise en œuvre pratique et définitive de ce que j'ai appelé « la loi des besoins » sera opérée au sein des campagnes dans les mêmes conditions, avec les mêmes développements que dans les villes. Pour atteindre ce but, l'alcoolisme sera partout réprimé avec une rigueur telle que l'alcoolique n'ait plus que le choix entre la santé ou la réclusion. Sur ce point, ma théorie est intransigeante, de même que la loi que je réclame doit être inflexible. Car l'alcoolique constitue un danger social qu'il faut supprimer sans merci ; danger social que ceux-là seuls qui en profitent ou s'en servent, peuvent avoir intérêt à maintenir. En outre, les caisses de chômage, l'assistance publique, les assurances agricoles obligatoires, la loi sur les accidents du travail, les caisses de retraite pour la vieillesse et les invalides du travail, les écoles, les bibliothèques cantonales, les inspections du travail seront organisées, appliquées partout.

En septième lieu, les fraudes sur les denrées

agricoles, de quelque nature qu'elles soient,
seront réprimées par des sanctions pénales effi-
caces qu'aucune magistrature ne sera libre d'interpréter ou de distribuer à sa guise. *Tout fraudeur est à la fois un voleur et un empoisonneur.*
La maxime est simple et vraie. La loi, dans un
article unique, doit la traduire en pénalité. Ici la
fin justifie les moyens.

Tels sont le bilan sommaire, les « têtes de cha-
pitres » des revendications agrariennes que le
prolétariat agricole, mieux renseigné et bien
éduqué, formulera bientôt et imposera. Ces résultats obtenus — et ils le seront dès que les paysans
le voudront — on peut être certain que ces derniers retourneront à leurs champs ou y demeureront, parce qu'ils y trouveront désormais la paix
salubre, le travail fécond, l'existence laborieuse,
mais attirante et douce. Sûrs de leur force qu'ils
commencent à soupçonner et qu'au besoin on leur
révélera ; en pleine possession de leurs moyens,
relevés de leur déchéance séculaire par la conscience de leurs droits et le libre accomplissement
de leurs devoirs ; instruits par la nature immortelle qui leur apprend chaque jour qu'il faut aux
récoltes le temps de germer, de se développer,
de mûrir ; sachant par l'expérience que les ouragans ne produisent rien ; que les tempêtes déra-
cinent les arbres, mais ne les remplacent jamais,
les paysans iront droit de l'avant, laissant les
villes se débrouiller comme elles l'entendront. Si
ces dernières résistent ; si elles tentent de s'en
prendre à cette mentalité rurale irréductible ; si

elles essayent d'atteindre dans leur substance ces
revendications agricoles *minima;* si elles font
mine de vouloir absorber en des fédérations incompatibles ce grand prolétariat rural, les villes
apprendront à leurs dépens qu'elles ne peuvent
rien contre lui. Elles n'arriveront à rien, car les
paysans émancipés avec la terre libérée, tiendront
les citadins par la gorge et par la faim, les maî-
triseront avec un indomptable élan. La fusion
des villes et des campagnes sera possible au point
de vue politique; elle ne s'opèrera jamais par une
absorption sociale amenant une unité irréalisable.
Sur ce point, Marx, Engels et à leur suite tous
leurs disciples, ont commis la plus lourde, la plus
étrange des erreurs.

Je sais bien que l'on va crier au socialisme
réformiste, c'est-à-dire à ce socialisme bâtard
qui a la singulière imprudence de tenir compte
de la nature immuable des choses, de la psychologie de l'individu, de son infériorité incurable,
des lois de l'expérience, des enseignements de
l'histoire et qui étale la prétention exorbitante de
songer à organiser autre chose que le fonctionnarisme universel et la misère intégrale. Laissons-
sons crier, car il faut bien que chacun vive. Mais
en attendant, ruraux bons pour les suppressions
révolutionnaires, exigez la réalisation du programme que je me suis contenté d'esquisser, et
qui, sous ses apparences modestes, est de nature à bouleverser de fond en comble la société
actuelle. Et si l'on traite devant vous ces théories
de « bourgeoises », rappelez-vous que l'épithète

n'a rien qui puisse m'arrêter ni me contraindre — car j'ai côtoyé la bourgeoisie en ne cessant de rouler près d'elle, dans mes veines, le sang furieux des prolétaires. Vous pourrez attendre alors paisiblement, sous vos ormes touffus, l'heure ineffable où, après avoir tout détruit, tout culbuté, tout démoli, les dogmatistes vous apporteront le bonheur idéal que l'on goûte sur les ruines amoncelées. Si vous voulez tout d'abord aller à eux au contraire, libre à vous! Comme tant d'autres, vous reconnaîtrez à votre tour *que la mort est en effet le remède suprême de toutes les maladies.*

CHAPITRE XIII

Les considérations qui précèdent ont un aboutissement logique. Si l'idéal collectiviste et communiste est sublime dans ses aspirations substantielles — et je ne lui ménage pas mon admiration
théorique sincère — il faut reconnaître que les
moyens indiqués par les doctrinaires pour l'atteindre, oscillent la plupart du temps entre l'enfantillage et la folie. Surtout en France, où l'idée du
travail tend à se transformer en besoin de repos
largement rétribué ; où les principes d'égalité se
muent en unification de salaires, adéquatisant
toutes les incapacités et toutes les paresses ; où
les refrains bachiques affectent des allures triomphantes de solutions sociales.

Cet idéal, quel est-il en effet ? Un théoricien
dont nul ne contestera la compétence, Andler, va
nous répondre[1]. « Quel sera l'esprit de la société
nouvelle ? La propriété n'y sera pas exclusive. La
gestion de la production n'y sera pas concentrée
dans un petit nombre de mains qui prélèvent sur
la majorité un tribut de *force productive* très supérieur à celui qu'ils lui restituent sous forme de

---

1. *Loc. cit.*, p. 168.

salaires. Il n'y aura plus d'oisiveté dorée ni de travaux forcés à l'atelier pendant des jours interminables, sous le fouet des gardes-chiourmes industriels. Il n'y aura plus, en regard, le cynisme exploiteur et la révolte criminelle, l'orgie patronale et la prostitution prolétarienne, les villes instruites et les campagnes ignorantes, les nations cultivées et les nations barbares. A la guerre d'homme à homme, de classe à classe, de nation à nation, succédera l'abolition des nations, des classes et l'*association* des hommes pour une vie où le libre développement de chacun sera la condition du libre développement de tous. »

Il serait injuste d'hésiter à reconnaître que cet évangile des temps nouveaux est de tous points superbe. C'est la doctrine du « bonheur universel » mise en formules lumineuses. Mais hélas! combien naïves! Car cette doctrine nous renvoie à une échéance tellement indéterminable qu'il ne vaut même pas la peine d'en parler. Avant que l'heure de cette échéance puisse sonner — si elle sonne jamais — les diverses fractions de l'humanité auront eu cent fois le temps de s'entretuer et de s'entre-dévorer. On ne bâtit pas un édifice, cet édifice fût-il la Cité future, avec des lignes géométriques idéales et des matériaux inexistants.

On me répondra que je me trompe? Cela est possible. Mais en attendant qu'on le prouve — et je voue d'avance une gratitude éternelle à qui me le démontrera — je ne me lasserai pas de répéter que les moyens indiqués par les écoles communiste ou collectiviste pour réaliser la transformation magique de la société, sont « enfantins, dangereux et fous ». Car ces moyens, au dire même de ces écoles, reposent tous sur cette idée étrange qu'après avoir, à l'aide de procédés économiques, juridiques, scolaires, bouleversé de fond en comble notre vieille société, on n'aura pas pour cela fondé la *République sociale*, parce que ce bouleversement se ressentira encore des luttes anciennes. Ainsi l'expropriation *générale* de la propriété au bénéfice de la collectivité, l'affectation de la rente foncière aux dépenses de l'État ; l'impôt progressif, l'abolition de l'héritage, la confiscation des biens de tous les révoltés contre le nouvel ordre de choses ; la centralisation du crédit public par une banque nationale avec monopole exclusif ; la gratuité des voies et moyens de communication, de transport ; la création d'ateliers nationaux avec le droit au travail pour corollaire ; la fusion de l'agriculture avec l'industrie, le cumul de la ferme et de la manufacture ; l'éducation publique, gratuite, obligatoire et intégrale à tous les degrés, tout cet ensemble formidable ne constitue pourtant que les lignes essentielles du programme précurseur de la *République sociale*. Pour atteindre à cette dernière, il faut encore autre chose !

C'est ici, j'en ai grand'peur, que commencent l'enfantillage sinistre et le péril suprême. Enfantillage, qui n'est qu'une flagornerie évidente aux plus bas instincts de la foule ; péril, qui résulte d'un appel à la force, dont la réaction certaine est de nature à compromettre à jamais le sort de l'humanité ; sort cependant bien incertain, puisque les réformateurs dont je parle n'ont pas l'air de se douter que notre planète n'est pas éternelle, que l'homme n'est pas indéfiniment améliorable. Pour que la République sociale soit définitivement fondée, l'école marxiste, origine de toutes les autres, demande en effet que le prolétariat, jadis opprimé, « se fasse dictateur à son tour et pèse de tout son pouvoir de *classe dirigeante* sur les autres classes ». C'est une phase encore de « l'*antagonisme* ». Je suppose que ce sera la dernière ; mais je retiens l'aveu qui est formel, la doctrine qui est claire, et je prends l'audacieuse liberté de l'examiner de près.

Si les choses doivent se passer ainsi ; si le prolétariat, après s'être érigé en parti de classe, veut devenir à son tour la seule classe dominatrice par la suppression et l'anéantissement de toutes les autres classes, il faut reconnaître que la société, après avoir, durant des siècles, gémi sur ses souffrances passées, n'a pas encore fini de pleurer sur ses misères à venir. L'orientation de ses souffrances, de ses misères aura seule changé. Maigre résultat il faut bien en convenir, pour l'avènement du bonheur universel. Cette phase révolutionnaire des destinées futures de l'humanité, assurant par les suites d'un antagonisme brutal, le pouvoir despotique de « classe dirigeante » au prolétariat, et cela à l'encontre des autres classes devenues alors des « classes opprimées », ne ressemble-t-elle pas à un tour de main, à un « ôte-toi de là que je m'y mette » n'ayant avec la liberté humaine et l'idéal de félicité terrestre entrevu, annoncé pour chacun, qu'une parenté des plus lointaines ? Quel est du reste le prolétariat dont la tyrannie de classe sera ainsi proclamée légitime et nécessaire ? Est-ce le prolétariat ouvrier dont on parle toujours ? Est-ce le prolétariat agricole dont on ne s'occupe jamais et dont j'ai cependant prédit, sans trop de peine, la victoire définitive sur le premier ? D'ailleurs, même sans aller jusque-là, n'est-il pas permis de se demander où sera le prolétariat, à l'heure où il lui faudra appliquer sa toute-puissance à l'égard des autres classes usurpatrices ? Ou mieux, où seront ces classes elles-mêmes ? Il est bon en effet de ne pas perdre de vue les lignes primordiales du « programme précurseur ». A l'heure dont je viens de parler, il n'y aura plus de propriétés ; l'État sera le maître de tout et de tous ; le travail sera général et obligatoire ; l'impôt progressif aura nivelé toutes les fortunes — impôt qui continuera à être perçu je ne sais trop sur quoi, puisqu'il n'y aura plus ni propriétés ni richesse — la banque d'État aura été fondée sans actionnaires ; les voies de transport seront livrées gratuitement à chacun et entretenues, outillées, sans doute *avec les recettes;* le droit au travail concurrenciera le droit au repos. Ne serait-il pas logique de dire où se trouveront alors les prolétaires ouvriers ou agricoles ? Prolétaires ? Mais nous le serons tous, de par la réalisation du programme sus-résumé. Plus de classes dirigeantes — pas même celle qui voudrait le devenir à la place des autres — puisqu'il ne

saurait y avoir de dirigeants là où il n'existera
qu'une universalité de dirigés, fonctionnaires,
salariés de l'Etat. Plus d'ouvriers ni de paysans
proprement dits : les *Monita secreta* du communisme nous apprennent en effet que, l'échéance
sonnée, les villes seront à la campagne, les campagnes à la ville, par suite d'une sorte de *vire-
ment social* que j'indique sans oser une explication, et bien qu'il me semble que je connaisse
tout cela. Serait-il donc vrai qu'il n'y a rien de
nouveau sous le soleil? Ces excentricités réformatrices ont en effet des aïeules. Au vi[e] siècle, les
corporations d'artisans s'émiettent déjà devant
l'arrêt du travail : « l'industrie quitte les villes et
se réfugie dans les campagnes ; chaque *villa* a ses
artisans qui fabriquent les objets nécessaires à la
consommation locale. En revanche, bientôt la
ville cesse de demander à la campagne sa nourriture : derrière les maisons s'étendent les jardins
qui fournissent les légumes ; des espaces assez
considérables dans l'intérieur des murs sont ense-
mencés et, à l'extérieur, une zone de terres cultivées constitue la banlieue urbaine. *La ville devient
rurale*[1]. » Ah! çà, mais pourquoi a-t-on changé
tout cela, et n'est-il pas intéressant d'apprendre
que beaucoup de réformateurs socialistes ont, sur
ce point, découvert l'époque mérovingienne? Si
je poursuis cet examen, je vois dans l'avenir
ardemment poursuivi, chaque citoyen titulaire
d'une petite rente, sous forme d'inscription au

---

1. LAVISSE, *Hist. de France*, t. II, p. 203.

Grand-Livre de la dette publique régénérée. Nous pouvons tous nous considérer comme les fonctionnaires *égalisés* du nouvel état de choses. « Tous les citoyens seront pour ainsi dire, inscrits au Grand-Livre et, du jour de leur naissance à celui de leur mort, titulaires d'une rente nominative viagère. Tout le monde fonctionnaire ! disent les conservateurs, auxquels on répond très justement que, par cela même, il n'y aura plus de fonctionnaires ; c'est détruire une caste que d'y faire entrer tous ceux qui, hier, en étaient exclus, et un privilège disparaît par sa généralisation comme par sa suppression[1] ». Tout cela n'est-il pas lumineux ? N'est-il pas évident qu'il n'y a plus eu de soldats à partir du moment où la loi a astreint tout le monde au service militaire ? Mais n'avais-je pas raison de demander où serait le prolétariat à cette aube de renaissance où il s'agirait de l'organiser ; à cette aurore sociale où chacun sera riche, puisque personne n'aura plus le sou ?

Supposons cependant, et par une condescendance respectueuse envers les apôtres de l'ère nouvelle, qu'il survive encore à ce moment un prolétariat. Quel usage fera-t-il de ce pouvoir suprême qu'on lui octroie, sans trop lui expliquer cependant où il le prendra ni de quelle façon il en usera ? Dans leur manifeste, Marx et Engels répondent « que les *infractions despotiques* que commettra le prolétariat n'auront pas pour objet de sauvegarder une situation privilé-

---

1. Tarbouriech, *loc. cit.*, p. 23-25.

giée, elles tendront à abolir tous les privilèges et dès lors tous les antagonismes ». Sans trop s'inquiéter de ce que deviendra, sous ce régime idéal, la liberté humaine pourtant inviolable et sacrée, n'est-il pas prudent de n'avoir qu'une confiance limitée dans les résultats des « infractions despotiques » de la masse ? Aboutiront-ils à l'épanouissement de la félicité générale ? N'est-il pas préférable de penser, avec Kautsky, *que le marxisme n'est pas le plus haut point que puisse atteindre la pensée humaine ?* La grandeur du but rêvé n'a jamais, que je sache, préservé un système théorique de l'absurdité. Il est certaines prétendues sciences qui ressemblent, en profondeur, à beaucoup de puits : elles n'en deviennent pas pour cela plus respirables, plus habitables. Bien loin, dès lors, d'être une doctrine d'avant-garde, en dépit de ses allures hautaines, de ses sécheresses confuses, même, si l'on veut, de ses incontestables qualités d'analyse, le marxisme ne constitue, dans son essence axiomatique, qu'un retour pur et simple vers les doctrines surannées du despotisme. Le César de demain s'appelle aujourd'hui le prolétariat. Or, on ne fonde rien sur la force, ni par la haine et la violence. Toutes les théories que j'ai examinées ne sont au fond que des appels mal déguisés à la tyrannie la plus odieuse que je connaisse : celle des masses soulevées. N'en déplaise aux fanatiques, aux desservants de la religion nouvelle : ce n'est pas la société menacée par leurs doctrines, ce sont les doctrines elles-mêmes qui finiront par

sauter en l'air. Lorsque M. Tarbouriech écrit dans
sa *Cité future* : « Une conception détaillée des institutions formelles de l'État social collectiviste
me renseigne sur celles de la société capitaliste
qu'il faut détruire, *sur celles qu'il faut maintenir
en leur état actuel ou améliorer et dans quel sens* »,
à la bonne heure, et je comprends. Il ne s'agit
plus ici de destruction totale, de la table rase, du
néant sur lequel on bâtira quelque chose, du reste
mal précisé. Les leçons, les enseignements, les
résultats acquis des siècles passés, ne sont pas
jetés pêle-mêle à l'eau ou dans le sang, sous la
facile et commode épithète de « *Principes bourgeois* », dont il faut se débarrasser coûte que coûte
et dût-on y laisser la peau des générations à
venir ! Je vois avec Georges Renard, avec Desli-
nières, avec Tarbouriech, des chercheurs sincères
et convaincus, épris de systèmes d'une application pratique peut-être discutable en beaucoup
de points, mais dont les lignes générales reposent
sur des données scientifiques, historiques à peu
près certaines. Il est loisible de ne pas partager
toutes leurs idées ; de trouver fausses quelques-
unes de leurs assertions, puériles même, plusieurs de leurs combinaisons sociales. Mais du
moins on se trouve en pays connu de raisonneurs
sincères et courageux, convaincus que nul homme
de bonne foi ne saurait contester le bien-fondé
de la plupart des revendications sociales, et qui,
se mettant hardiment à l'œuvre, ont essayé, sans
réclame électorale, de décrire l'intérieur de cette
« Cité future » qu'ils veulent édifier. Que l'on est

loin, ici, des penseurs amers, diffus ; des démolisseurs à outrance qui n'admettent ni contingences ni relativités ; dont l'absolutisme insociable a pourtant la prétention de fonder la société nouvelle. Ceux-là ne sont pas des philosophes : *ce sont des prêtres.* Ils oublient que, si le but est aisé à indiquer, les moyens d'y parvenir sont loin d'être tous possibles. Le socialisme doit évidemment reconnaître à un être humain « le droit de poursuivre son bonheur, de conquérir toutes les jouissances matérielles et spirituelles que peut offrir l'existence »[1]. Le principe est clair : seulement il est plus aisé de le formuler que d'en coordonner les données pratiques. Pour y parvenir — et les révolutionnaires auront le temps de se discipliner à la patience — il faut reconnaître que si *l'individualisme absolu* est une idée vaine, le *communisme absolu*, de son côté, n'est qu'une chimère, qui n'a d'autre fondement que la croyance en une solidarité humaine beaucoup plus philosophique que réelle. Prétendre le contraire, c'est vouloir organiser une société, en oubliant l'individu qui en est la base. Or, cela est œuvre dangereuse et fausse, non réformatrice. L'intransigeance ne conduit qu'aux abîmes, et c'est entre ces deux pôles de l'individu — despote isolé — et de la collectivité — maîtresse de tous — que doit osciller la formule de l'ère nouvelle.

---

1. G. Renard, *loc. cit.*, p. 5.

CHAPITRE XIV

Les conclusions? Car enfin il ne suffit pas de discuter, même avec une bonne foi certaine, les doctrines que l'on étudie — puisqu'il est de vérité banale que « la critique est aisée ». Il est bon, il est nécessaire que de cette discussion jaillisse la lumière qui doit éclairer, au moins en partie, la marche en avant, toujours confuse, de l'humanité. Cette lumière me paraît ressortir des théories, des critiques exposées dans ce livre; théories que je me suis efforcé de rendre aussi claires que possible; critiques dont l'allure n'a jamais cessé d'avoir la modestie qui convient à l'examen, même passionné, des idées d'autrui.

Qu'il me soit permis tout d'abord de rappeler, en la précisant, la définition scientifique du socialisme. *Le socialisme n'est, ne peut être qu'une méthode :* la méthode de l'évolution sociale. Elle a pour but d'assurer, de garantir, de protéger les intérêts de tous sans léser les droits de personne; pour moyens, la socialisation de toutes les forces productives et la suppression de toutes les forces parasitaires.

Ceci posé, n'est-il pas évident que l'organisation sociale future ne pourra s'établir que sous le

régime d'une République sociale fortement constituée. La *forme républicaine*, qui d'ailleurs n'a
rien de commun avec le parlementarisme paresseux, inactif et discoureur, est seule en mesure
d'assurer le jeu des libertés publiques indispensables à chacun ; de lui garantir ce que j'appellerais volontiers son indépendance spirituelle et
morale. La *forme sociale*, que je ne sépare pas de
la forme républicaine, est seule capable de rendre
certaine la pleine satisfaction de ses besoins,
l'indépendance matérielle à l'individu socialisé,
c'est-à-dire apportant l'effort conscient de tous ses
devoirs, à cette collectivité de laquelle il réclame
le contentement de tous ses droits. C'est pour cela
que l'organisation sociale future doit reposer nécessairement sur la reconnaissance formelle, la
codification exacte de « *la loi des besoins* », constituant l'assise fondamentale de cette organisation.

Cette République sociale sera-t-elle fédérative
ou mondiale ? J'ignore ce qui adviendra dans
un nombre de siècles indéterminé. Je crois même
qu'il est prudent de proclamer cette ignorance, en
laissant aux diseurs de bonne aventure le soin
d'affirmer le contraire. Il me paraît cependant probable que l'avenir, ramené aux bornes des prévi-
sions humaines réalisables, ne fournira qu'une
seule réponse : *la République sociale sera fédérative.*
Les nations ne représentent pas en effet seulement
des expressions géographiques, et l'idée de patrie
ne constitue pas uniquement une entité philosophique. La patrie existe, et ceux qui la nient
tremblent peut-être beaucoup plus pour leur peau,

que pour le salut de l'humanité. J'ajoute que la
patrie existe si bien, qu'elle résistera toujours
même à la conquête ; conquête pouvant conduire
à l'*assimilation* des vaincus et des vainqueurs,
mais jamais à l'*absorption* d'un peuple par un
peuple, encore moins d'une race par une autre.

J'admets très bien — et j'appelle de mes vœux —
la formation des États-Unis d'Europe. Je ne vois
pas l'Europe, encore moins la terre entière,
constituant un tout indivisible. Le verrais-je, que
je serais bien obligé de reconnaître que ces anciennes
nations, fondues dans l'univers un et indivisible,
n'en ont pas moins gardé leur individualité propre,
leur physionomie particulière, leurs mœurs spéciales, leur tempérament et par dessus tout leurs
couleurs. Elles pourront bien associer tout cela dans
une unité politique et sociale gouvernée par des
lois communes. Elles n'en demeureront pas moins
distinctes, et cette association n'en sera pas moins
une immense *Fédération*, quelque chose ressem-
blant à un Zollverein constitutionnel mondial. De
telle sorte même qu'en allant au fond des choses,
ces distinctions subtiles entre *la fédération et
l'unitalisation* seraient absolument dépourvues
d'intérêt.

Dans ce zollverein international, les grandes ins-
dustries deviendront fatalement souveraines, non
par le despotisme d'une classe unique — ce qui,
quelle que fût cette classe, serait une monstruosité
— mais par le fait économique inévitable de la
concentration de tous les vouloirs, de toutes les
activités, de tous les besoins associés ou fédérali-

sés pour atteindre le but idéal poursuivi par l'humanité. Ce but ne saurait être que le bonheur relatif de chacun des membres de cette humanité.

J'ai dit : *bonheur relatif*. Toute vraie méthode socialiste repose sur ces deux mots. Rechercher en effet un bonheur *absolu* et *égal* pour chacun — sous le prétexte que ce bonheur absolu et égal n'est que la résultante de droits égaux apportés par chaque homme en naissant — est une chimère. S'il n'existait qu'un seul homme sur la terre, la chimère pourrait devenir une réalité, à la condition essentielle que « l'unique » ne désirât plus rien parce qu'il posséderait tout. Mais autant d'hommes, autant de sens, d'appétits, de besoins, de moyens différents : sens, appétits, besoins, moyens qu'aucune réforme, aucune loi, aucune éducation n'adéquatisera jamais et dont la diversité même, attirante et complexe, constituera l'universelle harmonie. Pourquoi rêver de donner un quotient unique à des facteurs si dissemblables? Pourquoi chercher une solution dont la plus élémentaire algèbre sociale démontre la flagrante inanité ? Ce que l'on appelle aujourd'hui les « inégalités sociales » doit disparaître et disparaîtra certainement, parce que ces inégalités sont le résultat, non d'un déterminisme enseigné pourtant par des écoles qui se disent socialistes, mais d'un état social impondéré et mal organisé. Il n'est pas admissible en effet que certaines gens — fussent-elles minorité — roulent, à travers une oisiveté dorée, une existence lassée par les plaisirs, abreuvée par l'ennui, alors que tant d'autres traînent leurs mi-

sères, leurs désespoirs, le froid, la faim, dans les
géhennes des enfers sociaux. La cité future verra
la fin de ces pantelantes iniquités. Mais ce qu'elle
ne verra pas — et il faut avoir le courage désintéressé de le proclamer bien haut — c'est la disparition de l'*inégalité sociale*, proprement dite, au
sens absolu, abstrait et philosophique du mot. Que
nous apportions en naissant *des droits égaux pour
des capacités inégales*, là gît, d'indiscutable façon,
l'erreur inaccepta' 'e qu'il ne faut pas se lasser
de réfuter et de combattre. Lutte nécessaire pour
arrêter les effets désastreux de doctrines orgueilleuses sur des cerveaux mal équilibrés. L'inégalité sociale, dans la cité future, sera donc *de droit
étroit*, comme disaient les anciens jurisconsultes,
parce qu'elle est de réalité humaine éternellement
écrite. Prétendre le contraire, c'est amuser ou surexciter la foule ignorante, pour le plus grand
profit d'injustifiables ambitions. Ce n'est ni l'enseigner ni la préparer aux saines batailles de
l'avenir.

La concentration inévitable des grandes industries commerciales ou agricoles, n'en laissera pas
moins intactes les propriétés individuelles, de
quelque nature qu'elles soient. Ces propriétés deviendront naturellement, sans heurts ni secousses,
par la nécessité des choses et la socialisation des
forces, les agents associés, les facteurs puissants
de ces grandes concentrations fédératives. C'est à
ce moment que la science qui, au rebours d'une
collectivité bornée dans ses aptitudes, limitée
dans sa perfectibilité, est indéfiniment perfectible

et ne dira jamais son dernier mot, surgira avec
ses découvertes incessantes, ses progrès merveilleux. Quelques savants disséminés, quelques intelligences d'élite contre lesquelles nulle théorie
égalitaire ne prévaudra, suffiront à assurer cette
ascension ininterrompue. Cette concentration sociale, dont je salue l'aurore, n'aura plus rien de redoutable pour les expansions, les initiatives individuelles. Elles resteront libres, intangibles ; et
après avoir fourni à la société future le contingent
d'obligations imposées par la solidarité collective,
elles conserveront le droit de vivre à leur guise ou
de s'adjoindre à la masse socialisée, sans qu'aucune
contrainte puisse les asservir à la loi de fer qu'on
essaierait vainement de nous dépeindre comme
l'aube d'un âge d'or. De par le fait même de l'ac-
cumulation des forces, de la capitalisation des ressources, des améliorations indéfinies du machinisme, le travail sera diminué, allégé dans des
proportions que les rêves socialistes les plus avancés n'ont pas osé formuler. La production sera réglée non seulement par les exigences, mais encore
par le superflu de la consommation. Quant à la
rétribution du travail lui-même, en laissant de
côté les ambitions des uns et la paresse du plus
grand nombre, rien de plus facile que de la rendre
normale et de la garantir par la loi d'arbitrage obligatoire solidement instituée. J'appelle d'ailleurs
rétribution normale, le prix, c'est-à-dire la représentation exacte et surtout *proportionnelle* du travail. Je n'éprouve aucune hésitation à proclamer
odieuse la doctrine de l'*unification des salaires*,

bonne pour les incapables et les oisifs incorrigibles. Certes, il est juste, il est humain, que, par l'application de la *loi des besoins*, le minimum nécessaire d'existence soit garanti à chaque être vivant. Mais il est inadmissible que cette rétribution du travail — sous quelque forme qu'elle se produise — *soit égale pour tous*. Les socialistes de l'avenir ne parviendront à comprendre une pareille théorie, qu'en tenant compte de l'organisation actuelle du suffrage universel; en reconnaissant que la majorité de nos réformateurs vise, non la rénovation sociale, mais la conquête dorée du pouvoir; mieux assurée par les déclamations même les plus creuses, que par les actes les plus nobles et les plus désintéressés. Les expressions de salaire, *de droit au produit intégral du travail*, sont des mots avec lesquels on commence par berner la foule, pour affoler ensuite les humanités miséreuses. Il n'est pas en effet d'affirmation plus juste, plus équitable, plus naturelle en apparence, que celle du droit au produit intégral du travail. Étudiée de près, je n'en connais pas de plus fausse, de moins réfléchie. Une simple équation suffira à le démontrer. Soit T le travail, P *le produit intégral* de ce travail. Dans la théorie que j'examine, T, *qui n'est que du travail manuel*, égale P :

$$T = P.$$

Erreur fascinante pour l'ouvrier, colossale pour le penseur. Cette erreur saute aux yeux les plus prévenus. Dans P il y a en effet non seulement le travail manuel T; mais encore :

La matière première, M ;

L'outillage et son amortissement, OU ;

Le capital nécessaire à tout travail, C ;

Enfin l'*alea* certain de la production, A, qu'aucune forme de société ne fera disparaître, puisque le hasard en est le facteur essentiel. De telle sorte que la véritable formule de P est représentée par l'équation suivante :

$$P = T + (M + OU + C + A).$$

On peut contredire cette équation, puisque toute contradiction est permise à la sottise humaine ; mais elle n'en demeure pas moins irréfutable. Si je résous cette équation, je trouve donc que :

$$T = P - (M + OU + C + A).$$

Je me demande ce qu'est devenue cette belle intégralité du produit du travail? Si je daigne — par exemple pour la production agricole — descendre des hauteurs de l'empyrée raisonneur dans une contrée ravagée par un cyclone qui n'a lu ni Menger ni les autres, je suis obligé de reconnaître que l'aléa A a si bien dévasté, détruit l'infortuné P qu'il en est arrivé à le réduire, en l'égalant, à l'état de zéro. Ce qui, traduit en langage algébrique, me donne l'équation : $P - A = 0$. De telle sorte que la formule ci-dessus doit être modifiée de la façon suivante :

$$P = - (M + OU + C)$$

Le néant même est diminué de quelque chose.

Les réformateurs qui croient rémunérer le travail en lui attribuant le *produit intégral* de ce travail, devraient bien nous dire ce que deviendra, dans cette hypothèse qui est l'histoire banale de tous les jours, de tous les temps, de tous les pays, cette attribution généreuse qui devait enrichir T. Je crains bien qu'à ce moment précis, T ne regrette amèrement le salaire esclavagiste qui, du moins, avait le mérite de n'être pas *restituable*, quelles que fussent les inclémences ou les brutalités de A.

Si je quitte le domaine incertain de l'agriculture pour aborder celui plus régulier, moins aléatoire de l'industrie, je vois de suite que la valeur d'un produit est représentée par sa valeur d'échange E.

Un produit n'a en effet, ne peut avoir d'autre valeur que *sa valeur circulatoire*, c'est-à-dire *échangeable*, l'échange direct devenant en effet la suprême manifestation économique de la société future. Dès lors :

$$E = P = T + (M + OU + C + A);$$

d'où :

$$T = E - (M + OU + C + A)$$

Ici encore où trouve-t-on la *rétribution intégrale* de T, fatalement diminuée par des facteurs constants ? N'avais-je donc pas raison de dire que cette expression de droit au *produit intégral du travail*, est un mot vide de sens qui ne résiste même pas à une mathématique enfantine. Ce qu'il faut poursuivre et assurer, c'est ce que j'ai appelé la *rétribution normale* de T, du travail que l'on libérera par l'arbitrage.

Mais, à partir de l'heure où ce travail *normalement rétribué*, est devenu obligatoire pour tous, quels que puissent être la nature, la grandeur, l'effort de ce travail, je cesse de comprendre *ce qu'est l'ouvrier*, pour ne plus trouver partout que *des travailleurs*. Il ne faudrait pas en effet que, par une sorte d'aberration sociale que je vois poindre nettement dans les cerveaux fumeux ou ignorants, l'épithète d'*ouvrier* devînt un titre de noblesse nouvelle assurant aux prolétaires — soigneusement, rigoureusement classifiés — une série de privilèges dont tous les autres membres de la collectivité seraient exclus. Dans tous les congrès, en laissant de côté les questions dominantes des rivalités personnelles, n'est-il pas facile de reconnaître que les tendances corporatives ou syndicales vont, non pas vers les associations solidaires et libératrices, mais vers des groupements dont le but unique et sans lendemain, est la lutte aveugle, intransigeante, violente même contre *le Patronat ?*

Le mutualisme même, la coopération, deviennent les ennemis. Il ne s'agit pas de rendre les hommes heureux à l'aide de tous les moyens : il vaut mieux risquer une catastrophe universelle que de déranger les plis de formules sacrées. Lorsque les orateurs autorisés de ces congrès rappellent la belle devise syndicale : « bien-être et liberté » du bien-être de qui, de la liberté de qui, entendent-ils parler ? *Est-ce de ceux de l'ouvrier seul ?* Alors

que deviennent le bien-être, la liberté des autres?
Si l'on restreint ainsi ce bien-être, cette liberté
aux seuls syndicataires, c'est purement et simplement renverser de bas en haut l'axe social;
remplacer le patronat qui a fait son temps, par le
syndicat qui n'a pas encore fait ses preuves. C'est
transformer le patron d'hier en révolté de demain.
Je me demande, avec une sincérité peut-être
naïve, ce que deviendra cette société future, dans
laquelle les *rebelles* n'auront changé que de figures
et d'étiquettes. Lorsque Karl Marx criait aux prolétaires : « *Ouvriers de tous les pays, unissez-vous* »
dans *l'intérêt de qui* et *contre qui* proclamait-il la
nécessité de cette union? Si l'état de demain doit
être un état de guerre permanent où les partis en
présence seront éternellement les mêmes, en ayant
simplement changé de positions stratégiques; si
les syndicalistes se bornent à prendre « aux bourgeois » leurs capitaux en excluant leurs personnes
— ce qui semble bien être au fond la véritable
« lutte de classes » — comment orienter la société
future vers le bien-être et la liberté universels?
Ces doctrines d'exclusivisme, qu'elles s'appellent
action directe révolutionnaire ou méthode réformiste, sont toujours les mêmes. Ce sont des doctrines d'oppression, de despotisme, de violence,
inconciliables avec le monde généreux de l'avenir.
Elles passeront dans les cycles de l'histoire, en
ne laissant, avec des traces sanglantes, que le
souvenir de théories absurdes — expliquées peut-
être par des misères trop réelles, aiguillées par
des ambitions inavouables — mais inaptes à fon-

der le règne de la justice sociale. On peut bien marcher à la conquête du pouvoir par ces voies fatales ; mais cette conquête sera éphémère. L'histoire, que certains dédaignent parce qu'ils ne la connaissent pas, est remplie de cet enseignement. Et les « bourgeois » que ces théories épouvantent, sont aussi fous que les prolétaires qu'elles grisent.

Je n'ignore pas qu'en écrivant ces lignes je vais soulever bien des passions et heurter bien des intérêts électoraux : je n'ai cure ni des uns ni des autres. C'est à la société à jeun que je m'adresse exclusivement, et ce livre ne peut valoir quelque chose que par son inébranlable sincérité. Si la situation de prolétaire doit devenir une fonction rétribuée et tranquille, à l'abri de tous les besoins, à l'écart de tous les soucis ; si l'effort qu'on lui demande est un effort théorique qu'aucune sanction matérielle n'atteindra, il est évident que chacun voudra être prolétaire, et je pose nettement ma candidature. Le rêve universel de l'*aurea mediocritas* aura été réalisé dans des conditions que le roi Henri IV, qui était Gascon, ne soupçonnait pas. Je n'y vois certes aucun inconvénient. Je risque cependant une timide objection. Comme parmi les penchants irrésistibles de la nature humaine, il en est un que les faiseurs de systèmes ne corrigeront jamais que dans leurs manuscrits — je veux parler du penchant à la paresse — n'y a-t-il pas lieu de craindre que les paresseux *intelligents* n'imposent *le travail forcé* aux paresseux moins avisés? Le

bagne social aurait changé de gardes-chiourmes :
il n'en resterait pas moins le bagne. Nous avons
aujourd'hui les pauvres et les riches. Nous aurons
demain les riches et les pauvres; les fainéants
adroits et les laborieux imbéciles. En quoi le sort
de l'humanité aura-t-il progressé?

La rétribution *normale et proportionnelle* du
travail une fois garantie par des lois organiques,
et non par des lois de combat; la formation, la
constitution et le fonctionnement des syndicats
sociaux nettement réglés, le droit de grève —
droit brutal et confus — n'a plus de raison d'être
et doit être rayé du Code de justice de l'avenir. Le
droit à la grève, à la grève ouvrière, de même que
la grève patronale; la mise à l'index comme le *lock
out*, font partie, en effet, de ces lois de combat dont
j'ai étudié le fonctionnement transitoire. Que ces lois
aient été bienfaisantes ou malsaines, qu'elles aient
été bien comprises ou mal maniées, peu importe,
elles n'en étaient pas moins nécessaires. Mais elles
ne sauraient, dans aucun cas, constituer les lois fondamentales de la cité future. Car ce droit de grève
est inconciliable avec un état social qui comporte,
avec la pleine satisfaction des besoins de chacun,
l'application intégrale des devoirs de tous, dont on
ne s'occupe jamais. La cessation brusque et souvent irréfléchie du travail, est inadmissible dans
une société où le travail est obligatoire. Elle ne
représenterait plus que les revendications de la
paresse contre le labeur organisé.

C'est encore par la fédération syndicaliste, par
le groupement volontaire de toutes les forces pro-

ductives socialisées, qu'on arrivera à transformer
les trusts et les cartels en immenses sociétés
anonymes rétribuant justement leurs actionnaires
qui seront tous des travailleurs. Que l'on ne perde
pas de vue en effet que la rétribution du capital
est aussi légitime que celle du travail de l'intelligence ou des bras. Si ce dernier fonctionne, c'est
que le capital lui a permis de le faire valoir. Que la
part du capital soit réglée de telle sorte qu'elle ne
puisse dévorer, absorber la part du travail, rien
de plus indispensable assurément. A ce point de
vue, le *contrat collectif* de travail, dirigé, soutenu
par les forces syndicalistes ; contenu par elles
dans les limites logiques de la *possibilité productrice,* remplacera, partout où la chose est pratique,
le *contrat individuel* de travail et deviendra le
régulateur suprême des relations du travail et du
capital. Cela c'est de la méthode, et cette méthode
enseigne la nécessité évidente de la rétribution du
capital lui-même. Mais je parle de rétribution seulement, non des bénéfices du capital, *car je
n'admets pas les bénéfices du capital.* Le capital
ne peut, ne doit être que le collaborateur du travail. Dès que cette collaboration, qui ne représente
en somme qu'un *effort d'apport,* est rémunérée,
le capital n'a plus droit à rien. Le rôle du capital
ainsi défini et limité, je n'hésite pas à proclamer
que vouloir supprimer une force *qui est indestructible parce qu'elle est indispensable,* est une chimère.
Que l'on anéantisse la *force spéculative* du capital,
rien de mieux, puisque cette force finit par annihiler
les autres, en les étouffant ou en les absorbant ;

en les dépouillant ou en les volant. Mais chercher, sous la pompe des phrases ou le cliquetis des mots, à faire disparaître *la force collaboratrice* inhérente au capital, est un non-sens social irréalisable. Que sera cette rétribution du capital? Uniquement réduite à « l'effort » social produit par lui, dans le libre jeu des expansions collectives du monde futur; mais à cela seul, par une conséquence logique, rigoureuse de ces expansions. Le contraire peut paraître séduisant à une société débitrice, qui trouve dans la confiscation du capital un procédé facile de libération. Mais cette confiscation a le double défaut d'être malhonnête et impossible. On pourra écrire des volumes pour contester ces vérités banales; on ne les fera jamais contresigner par le bon sens, qui tôt ou tard reprendra le dessus, en mettant à néant ces chimériques illusions. Les théories les plus audacieuses s'approprient, sous des noms divers, le capital : elles ne le détruisent pas, parce que tout capital est le résultat utile d'un effort licite. Supprimer le premier, c'est détruire le second sans profit pour la société, qui ne vit que d'efforts communs individuels géminés, groupés, coalisés dans un but collectif. Or, tout effort licite doit être rétribué. C'est cette rétribution qui est la base même, l'assise du capital devenant par là la *propriété* de celui qui a produit l'effort ainsi matérialisé sous la dénomination très claire de capital. Que cette propriété soit canalisée dans un sens d'utilité sociale, soit : elle n'en reste pas moins légitime. En se superposant à l'effort de chaque jour, elle l'amplifie, elle l'accroît au profit de la collectivité, qui assume dès lors l'obligation stricte de le rémunérer.

Cette doctrine si simple comporte avec elle la transformation évidente de l'antique propriété quiritaire. Mais elle n'entraîne pas le moins du monde l'abolition du principe de la propriété individuelle, qui n'aurait d'autre conséquence que l'abolition raisonnée de l'effort social résultant des efforts individuels. Rendre ces efforts illusoires, c'est inutiliser l'initiative individuelle et supprimer *ipso facto* la société elle-même.

C'est à la lumière de ces considérations qu'il devient possible de prévoir ce que deviendront les petites et moyennes industries commerciales, agricoles, devant les trusts et les cartels mondiaux organisés par ces immenses fédérations syndicales ou ces énormes groupements volontaires. Qu'elles soient destinées à disparaître, cela est probable. Mais, en dépit des affirmations tranchantes des docteurs socialistes, cela n'est nullement démontré. L'anarchisme, qui est la suprême expression du vouloir individuel, est capable de bouleverser bien des hypothèses! Il se peut aussi que ces petites ou moyennes industries, confiantes dans la puissance incomparable de l'effort individuel, dans l'expansion incompressible de l'initiative personnelle, persistent à continuer, en dépit de tout, leur existence de lutte. Cette existence sera précaire? Qu'importe, si elle suffit à leurs besoins? Dans ce cas, la société qui tenterait de les en empêcher ou essaierait de les réduire, serait une société mau-

dite, vouée d'avance aux pires catas͏ᵗ ophes. S'il
plaît à quelques-uns, et quel qu'en so͏ᵗ ι le nombre,
de demeurer, même au prix d'une misère libre et
indépendante, à l'écart des servitudes dorées de la
caserne collective, qui pourrait songer à s'en
inquiéter? L'idéal du socialisme est d'assurer à
chaque être créé la somme pratique de bonheur à
laquelle il a droit en naissant. Or, si mon bonheur
à moi est constitué par ma solitude laborieuse,
pourquoi me l'enlever, pourquoi me supprimer à
partir du moment où j'aurai satisfait à l'*intégralité* des devoirs sociaux que la collectivité a le
droit de me réclamer? Il ne saurait y avoir, en
cette matière, ni majorité ni minorité, puisqu'il
n'existe que des droits individuels égaux. Si ces
petites ou moyennes industries comprennent ou
admettent au contraire que la lutte est impossible,
elles apporteront alors à la masse collective ce
qu'elles possèdent en propre. Cet apport s'opérera
moyennant la rétribution légitime dont j'ai parlé,
et qui sera représentée par des obligations socié-
taires dans l'immense fédération organisatrice du
travail et régulatrice du capital.

Il est facile de prévoir pourtant que trusts et
cartels voudront conserver leur organisation, leur
existence *pneumatique* actuelles. Ils opposeront à
la fédération syndicaliste *volontaire* leurs puissantes ressources, leurs énormes capitaux. La
lutte sera certainement périlleuse. La victoire
finale restera cependant aux gros bataillons fédé-
ralistes, s'ils consentent enfin à ne plus se payer
de mots, à exiger de la loi ce qu'ils n'ont demandé

jusqu'ici qu'aux déclamations furibondes de leurs orateurs attitrés et surtout à rendre à cette loi l'hommage et le respect qui lui sont dus. S'ils veulent bien en un mot ne pas oublier que la loi n'est pas faite seulement pour contraindre les autres, mais aussi pour les obliger eux-mêmes.

CHAPITRE XV

Que sera cette loi? La question est d'une déli-
catesse suprême, mais qu'il faut résolument
aborder. A mon sens, cette loi ne saurait être
qu'une loi organique d'intérêt public, sacrifiant,
dans les limites d'une justice rigoureuse, l'intérêt
de quelques-uns à l'intérêt de tous. Quelque chose
qui ressemblera à une mesure législative nécessaire contre l'accaparement. Le salut est à ce prix.
Je reconnais loyalement que cette théorie est
grave. N'importe, elle est d'une nécessité rigoureuse; plus encore d'une application inévitable
qu'il vaut mieux rendre pacifiquement légale que
violemment révolutionnaire.

Est-il admissible en effet que, sous le fallacieux
prétexte de la liberté capitaliste, sous l'égide
du « laissez faire, laissez passer », des capitaux
qui par eux-mêmes ne produisent rien, puissent
s'associer pour l'absorption de toutes les forces
productives, muselées, ruinées par la suprématie
brutale de l'argent; dévorées par l'agio et la spéculation? Que le capital soit et demeure le collaborateur, l'associé, le facteur essentiel du travail-
production, rien de plus logiquement exact au point
de vue économique. Mais sa quote-part doit être

ornée comme je l'ai dit, à la rémunération stricte
de sa participation nécessaire. Le nier, dans la
théorie socialiste, c'est de la chimère ; dans la
théorie bourgeoise, le résultat d'une mentalité
déformée et puérile. Mais on ne saurait aller plus
loin. Consentir à ce que le capital, par cela seul
qu'il est le capital et qu'il appartient à quelqu'un,
ait le droit, parce qu'il en possède le pouvoir, de
confisquer à son profit exclusif les « forces productives » en ne leur laissant, grâce à l'agiotage
et à la spéculation, qu'une portion insuffisante
pour vivre, jamais ! La loi doit être implacable
pour le capital qui accumule dans son escarcelle,
non seulement la rémunération à laquelle il a
droit, mais encore la totalité des bénéfices produits
par le travail. Un pareil résultat est d'une immora-
lité que la loi doit briser. S'il est licite d'admettre
une rémunération du capital sous forme d'intérêt,
il n'est pas possible d'admettre que, par son propre
poids, *le capital engendre un nouveau capital*. Non
qu'il faille envier ou jalouser le sort de la plupart
des milliardaires ; non que je conteste leur bien-
fai. nce intelligente, ni même les avantages sociaux auxquels leurs immenses fortunes ont pu
parfois donner un essor fécond. Il est certain, par
exemple, que le trust de l'acier a fait baisser le
prix de l'acier. Mais cette baisse n'a entraîné que
l'augmentation des bénéfices du capital-production,
sans accroître sensiblement ceux du capital-travail,
c'est-à-dire de la main-d'œuvre restée la force
productive opérante. De plus ces fortunes colos-
sales constituent une pléthore sociale mortelle et

un danger public. Elles sont les maîtresses de tous les débouchés, de toutes les rentes, par ce que j'appellerais volontiers le machinisme de la spéculation sans frein et sans contrepoids. Elles peuvent, à un moment déterminé, comme celui d'une guerre continentale, fermer les premiers et faire baisser les secondes, en mettant ainsi une nation à la merci d'un adversaire favorisé par leurs menées financières. Car la spéculation n'a pas attendu l'avènement du socialisme pour devenir internationale, abolir les frontières et supprimer les patries. Que l'on ne dise pas que « le monde futur » ne connaîtra pas la guerre. Je le veux autant que je l'espère. Mais il ne faut pas résoudre les questions par les questions. Le « monde futur » ne se fera pas tout seul, et puisqu'il est l'avenir, cela suppose une époque intermédiaire entre le présent et cet avenir. C'est durant cette période intermédiaire, qu'il faudra successivement déloger l'ennemi des positions fortifiées qu'il occupe en ce moment et qu'il défendra. Cet ennemi, c'est le *capital pléthorique, spéculateur et agioteur* : le seul patron réel, puisque par la concentration formidable de ses ressources et de ses moyens, il est le maître véritable et anonyme non seulement des ouvriers, mais aussi de ceux que les ouvriers appellent naïvement des *patrons*. Si par cette concentration, il diminue de plus en plus la concurrence meurtrière qui fait baisser les salaires, il opère cette diminution pour son profit exclusif — non pour celui d'une main-d'œuvre intellectuelle ou manuelle dont il n'a pas à se soucier,

sque seul il est en mesure d'assurer la continuité de rétribution de cette main-d'œuvre. Mais
en sens inverse, par ses richesses, par ses banques,
par la mainmise sur les débouchés, par la sûreté
de sa spéculation, il affame le petit patronat, le
mine par l'agiotage, le supprime en centralisant
les forces créatrices, les initiatives individuelles et
le dévore en ameutant contre lui les haines
aveugles et destructrices des masses prolétariennes.
Le trust des capitaux a été collectiviste bien avant
les petits penseurs socialistes unifiés ou non. L'absorption des propriétés individuelles n'a été pour
lui que jeu d'enfant, tandis que les autres, hyp-
notisés par leurs rêves imbéciles, oublient que
seules, au contraire, les propriétés individuelles
unies aux initiatives personnelles sont de taille en
coalisant, en fédéralisant leurs vastes groupements,
à lutter contre le capital minotaure et à rester en
somme les maîtresses de ce champ de bataille où
se débat le sort de l'humanité.

Tel est le fondement de la loi organique que je
réclame, loi de droit souverain et d'effet tutélaire.
Cette loi, sortie toute entière de la volonté raisonnée, indiscutable de la majorité, devra être sociale,
inflexible et non *bourgeoise*, c'est-à-dire fermant
volontairement les yeux quand on les couvre de
bandeaux dorés. Je citerai, comme exemple d'un
des articles de cette loi, l'appropriation absolue de
tous les moyens d'action, de toutes les ressources
d'un trust *légalement condamné* et s'insurgeant
contre cette condamnation. Moyens d'action, ressources faisant retour à la masse, pour être inscrits

au Grand-Livre de la Dette sociale, assurant le
fonctionnement de la « loi des besoins ». J'ai la
ferme conviction qu'une semblable disposition législative sera beaucoup plus efficace, beaucoup
plus pratique que les divagations oiseuses sur la
petite propriété individuelle, sur le petit patronat,
sur le capital-force. On s'acharne sur eux comme
si de leur disparition dépendait le salut social.
L'ambition, la sottise et l'erreur fructueuse ont
de ces invincibles ténacités ! Hélas ! cette disparition — qui peut résulter d'une dépossession violente ou d'un déterminisme économique fatal —
assurerait au contraire la royauté définitive des
trusts et des cartels, devenus les maîtres réels
du monde, en face d'une plèbe affamée qui aura
la ressource de hurler, mais non la force de vaincre.
Il est possible, il est désirable que je me trompe.
Je proclame cependant avec une hautaine bonne
foi que je ne le crois pas. Et si, d'aventure, ce sont
les « réformateurs en chambres parlementaires »
qui commettent, en enseignant le contraire, la
plus monstrueuse des erreurs, on m'accordera
sans peine que cette erreur peut coûter cher à
l'humanité.

On objectera, sans doute, que la mesure législative que j'indique constituera une véritable
confiscation. Au sens usuel de ce mot, l'objection
paraît grave. Il faut aller au fond des choses pour
en saisir pourtant l'inanité. La base juridique de
cette loi est en effet, ainsi que je l'ai dit, l'appropriation intégrale des ressources et des moyens
d'action du trust préalablement condamné, soit

par une formule spéciale d'impôt progressif, soit par *un rapport* à la masse, analogue au rapport successoral pour avancement d'hoirie sociale. Or dans ces ressources, dans ces moyens d'action, il y a bien une part qui appartient de droit à l'intelligence créatrice directrice. Cette part légitime demeurera intangible. Le surplus seul doit équitablement revenir à la collectivité, qui en a été dépouillée sans être en mesure de lutter et de triompher de l'agiotage effréné, de la spéculation immorale. Lorsque la Révolution française — la plus rude éducatrice de peuples que je connaisse — a mis la main sur les biens du clergé, on a crié aussi à la confiscation, au vol. Quoi de plus juste cependant que cette mainmise sur les biens immenses dont le clergé s'était emparé avec la complicité de faiblesses royales sans contrepoids, à l'aide de l'exploitation religieuse de la crédulité humaine? Cette appropriation des biens de mainmorte n'était pas un rapt, mais une restitution à la collectivité qui en était seule propriétaire. Elle assurait la fin d'une « concentration » formidable de richesses énormes entre quelques mains oisives et licencieuses. Elle ramenait, au soleil de la circulation générale, des capitaux dont l'impuissance productrice aurait tôt ou tard amené l'effondrement du pays entier. Il en ira de même avec les capitaux pléthoriques dont j'ai signalé les formidables dangers. On dira qu'en matière de « confiscation », il n'y a que le premier pas qui coûte; qu'après avoir mis la main sur la puissance patronale hypertrophique, dont

il est impossible de méconnaître le danger social,
on continuera sur tout ce qui peut ressembler à
une propriété, à un capital, à un patronat individuels. Il est trop facile de répondre que les met-
teurs en-scène communistes n'ont pas attendu
que la première appropriation fût opérée, pour
crier à la foule qu'il est urgent d'entamer les
autres. L'objection, écoutée, ne sauverait donc
rien, si le salut est possible. Or, il ne-le sera
qu'à des conditions nettement déterminées dont
les cervelles étriquées de la bourgeoisie feront
bien de prendre leur parti, puisque l'inverse
n'y changerait rien. Si après avoir détruit le pouvoir abusif du capital en matière économique, on
finit par inculquer à l'esprit simpliste de la masse
la conviction que l'existence du capital socialisé,
canalisé, est le facteur indispensable du travail —
qui est lui aussi un capital — le reste ira de soi.
La société s'orientera à pleines voiles vers les
régions sereines du bonheur humain universalisé.
Mais, pour cela, il faut que la masse comprenne
bien que certaines solutions prétendues radicales,
ne sont en somme que des dissolutions; qu'elles
symbolisent non des panacées fécondes, mais des
expédients chimériques, plus encore inutiles;
qu'elles représentent l'éternelle mainmise du ba-
vardage lucratif sur la misère exaspérée. Dans le
cas contraire, les masses retourneront aux stades
antiques, pour reprendre comme Sisyphe leur stérile montée en avant. Après tout, si cela leur plaît,
qu'est-ce que cela peut faire au penseur qui aura
en vain clamé dans le désert ? C'est en cette

matière que la loi fatale du déterminisme paraît menaçante. On a toujours considéré la boutade de Siéyès : « Qu'est le Tiers-État ? Rien. — Que doit-il être ? Tout — » comme un des axiomes fondamentaux de la Révolution française. Le mot de Siéyès a fait de la bourgeoisie une puissance dont cent années de gouvernement ont amené le déclin mortel et la prochaine disparition. Si on veut aujourd'hui appliquer cette maxime au prolétariat, la même erreur inadmissible produira les mêmes effets certains. Le prolétariat mourra d'un excès de pouvoir qui aura, dès l'origine, flatté ses instincts matériels, mais dont il sera complètement incapable de se servir, après avoir commencé par en abuser. La puissance des dogmatiseurs est incalculable dans notre pays amoureux par-dessus tout de chimères et grand avaleur de mots. Au Congrès de la Libre Pensée à Rome (1904), un naïf congressiste ayant demandé si l'on ne s'occuperait pas enfin de la question essentielle de la séparation de l'Église et de l'État, se vit rabroué de la belle façon par certains délégués français. « Inutile, dit l'un d'eux, de s'occuper de cette séparation, puisque nous voulons supprimer l'Église. » — « Cette suppression n'est pas la seule que nous réclamions, renchérit un autre. Nous voulons aussi la suppression de l'État ». Ces plaisanteries ont dû être longuement acclamées par des hommes qui se figurent que toute suppression équivaut à un progrès certain ; que le bouleversement universel est le synonyme de tranquillité parfaite. Ils oublient qu'avant eux, quelqu'un qui n'était pas un socialiste avait aussi *supprimé l'État*. Comme le libertaire de Rome, Louis XIV avait proclamé que « l'État, c'était lui ». Je reconnais pourtant avec joie que, dans ce même Congrès, le vote de la résolution Buisson implique une reconnaissance parfaite des lois du bon sens et des règles de la justice sociale. « Appliquée aux sociétés, la libre pensée est la méthode qui consiste à vouloir soumettre aux lois de la raison l'organisation sociale elle-même. » A la bonne heure, et j'applaudis sans réserve à la définition de l'idéal humain qui doit tendre : « à l'institution d'un régime dans lequel pas un être humain ne pourra plus être sacrifié ni même négligé par la société et, par conséquent, ne sera plus mis ou laissé par elle, directement ou indirectement, dans l'impossibilité pratique *d'exercer tous ses droits d'homme et de remplir tous ses devoirs d'homme.* » C'est à la diffusion, à la propagation de ces nobles pensées, que doivent tendre les efforts de ceux qui croient à l'avènement de cet idéal humain. S'ils s'abusent, c'est non pas que leurs maximes soient fausses, mais que cet idéal n'existe pas.

J'ai admis, dans les pages qui précèdent, la continuation possible d'existence du petit ou moyen commerce, de la petite ou moyenne industrie agricole, et ce, malgré les luttes certaines, les privations indispensables, les aléas inévitables. J'ajoute, sans la moindre hésitation, que cette continuation, désirable au premier chef, doit être efficacement protégée. Elle allégera en effet sin-

gulièrement le fardeau social, qui pèsera lourdement sur les épaules humaines. Elle empêchera
l'étouffement mortel de l'individu par le despotisme de la collectivité. Si la concentration des
forces productives sous la domination du capital,
est en effet un résultat social d'une clarté aveuglante et dont j'ai discuté la loi, n'est-il pas d'une
prudence évidente de chercher pourtant à vivre
avec cet ennemi; de lutter au besoin contre lui
pour éviter une destruction totale de la société au
profit de quelques-uns seulement? Par quels
moyens ? Ils ressortent, avec certitude, de tout ce
que j'ai écrit jusqu'ici et se résument du reste en
cette simple remarque que, pour vaincre, il ne
faudra pas se contenter d'inverser au bénéfice de
la masse et contre l'individu, la loi de concentration elle-même. Car ce serait changer uniquement
l'axe de ses effets meurtriers, non les supprimer.
La libre fédération des forces productives par des
associations syndicales organisées contre la tyrannie odieuse de la paresse et de l'incapacité; corri-
gées par la libération, l'expansion indéfinie des initiatives individuelles, peuvent seules conjurer les
périls suprêmes de la concentration actuelle. Mais
que l'on se garde de considérer la victoire comme
certaine! D'abord, parce que nul esprit sensé ne
peut prédire à coup sûr le résultat de la bataille
économique furieuse, sans merci, qui s'engagera
autour de la loi dont j'ai développé la méthode.
Ensuite parce que cette victoire même, grâce à ses
tendances et à ses affirmations, paraîtra à beaucoup, plus redoutable encore que le triomphe défi-

nitif de la concentration capitaliste. La concentration industrielle, telle que nous la voyons fonctionner, fait appel en effet à toutes les intelligences, à toutes les initiatives. Elle les surexcite, les échauffe, les développe à outrance, les rémunère largement, quitte à confisquer ensuite les résultats de leurs efforts, de leurs découvertes géniales.

Les fédérations syndicales jusqu'à cette heure, au contraire, semblent ne vouloir s'adresser qu'à la violence, à la force, alors qu'elles n'ont pas d'autre raison d'exister que la justice. Ce n'est pas à la libre discussion qu'elles ont recours pour triompher dans leurs revendications : elles préfèrent les imposer, fussent-elles iniques, par l'écrasement du nombre. Elles croient le succès assuré parce que leurs guides écoutés le leur affirment eux-mêmes. Elles ne considèrent pas que, sous d'autres noms, les mêmes rhéteurs depuis des siècles, leur prédisent ce succès, sans avoir devancé d'une heure des échéances qu'ils compromettent plutôt. La violence, la force n'ont jamais rien fondé de stable. Rien n'est plus décevant que *la puissance du nombre*, parce que l'intelligence qui la domine toujours, est comme le roseau de la fable : elle plie et ne rompt pas. Le nombre est beaucoup plus aveugle, plus passionné, plus impressionnable que puissant. J'ai vu, dans ma prime jeunesse, la foule en délire dételer la voiture du César de contrebande partant pour la guerre d'Italie. Ce jour-là, le nombre était du côté des brancards.

* *
*

On me répondra qu'à l'époque déjà lointaine
dont je parle, la foule encore ignorante, pouvait plus facilement se laisser prendre aux oripeaux dorés de la dictature ; que ces entraînements irréfléchis, mortels pour la liberté,
finiront par devenir impossibles le jour où les
bienfaits de l'instruction auront pénétré au sein
des masses. J'en suis bien convaincu. Mais à la
double condition que le temps ait passé, assez
long pour permettre cette pénétration et que
l'instruction ait inculqué à la foule non seulement
l'idée de ses droits, mais la notion, encore confuse, de ses devoirs. Il faudra donc que cette
instruction large et féconde, épandue à pleins
bords, soit à la fois scientifique et historique ;
qu'elle possède de plus une esthétique sociale et
morale capable d'éclairer l'intelligence, de diriger
l'âme de cette foule. Jusque là, la société entière
sera à la merci des faiseurs de mots et des bâtisseurs de systèmes, d'autant plus séduisants qu'ils
seront plus irréalisables et plus absurdes. Ce sont
là des vérités qui pourront ne pas être du goût
des Panurge de la « Sociale », mais qui paraîtront
irréfutables aux penseurs vraiment dignes de ce
nom. C'est pour cela que, lorsque j'entends professer au socialisme allemand devenu soudain
cosmopolite, que les formes politiques sont secon-

daires, indifférentes pour les formes sociales, je
me hâte, avec Figaro, de rire de peur d'être obligé
de pleurer.

Si les petites ou moyennes industries peuvent,
par la continuation volontaire de leur existence,
contribuer à l'édification de l'avenir social, il
devient dès lors indispensable de les protéger
contre la ruine définitive, la spoliation. Comment
et par quels moyens? Ils sont évidents et simples.
Puisque c'est à l'agglomération sociale et collective que doivent aller la presque totalité des profits, il est juste que ce soit à elles qu'incombent
toutes les charges sociales. Je n'en excepte que les
charges individuelles qui doivent toujours subsister, puisqu'elles sont la rançon du droit de vivre
assuré à chacun par la société. Pour les petites et
moyennes industries agricoles où commerciales
qui côtoieront, dans la pleine indépendance de
leur liberté, la société fédéralisée, sans vouloir se
mêler à son courant ou chercher à le paralyser,
toutes les charges seront supprimées. Charges
qui, sous le nom de patentes, impôts directs, in-
directs et autres vocables de volerie destinés à alimenter l'oisiveté des fonctionnaires, les grèvent,
les accablent actuellement; les annihilent au
profit exclusif du grand commerce pour lequel,
grâce à l'assiette bourgeoise de l'impôt, ces
charges prétendues proportionnelles, sont illusoires. C'est sur lui au contraire que ces charges
devraient être exclusivement reportées, en attendant l'heure où la masse collectiviste aura pris
définitivement le dessus. Si, comme je l'ai dit, le

maintien des charges individuelles est la rançon
de l'individu, en revanche l'exemption des charges
publiques sera la légitime récompense de l'initiative personnelle conservée malgré les risques de
l'isolement, de la liberté individuelle conquise non
pas seulement par le travail qui sera universel,
mais par une lutte de tous les instants, contre les
étouffements, le bâillon et les servitudes des futures
communautés laïques. On m'opposera sans doute
que ces dernières ne supporteront pas la dualité de
ces courants individualiste et collectiviste ? Elles
seront bien obligées pourtant d'en passer par là,
sous peine, de sauter en l'air comme de vulgaires
bourgeois. Je vais même beaucoup plus loin. Si
certaines natures rebelles — et leur nombre en
sera d'autant plus grand que leur existence sera
plus contestée — ne veulent en aucune façon des
bénéfices de la société collectiviste ; si, pareilles au
loup de La Fontaine, elles préfèrent la vie misérable
et le grand soleil de la liberté à tous les présents
de la « Cité future », qui donc aurait le droit de
les en empêcher, qui oserait les bannir, les écraser au nom de cette loi de déterminisme curieuse,
qui n'est la loi qu'autant qu'elle obéit de toutes
pièces aux faiseurs de systèmes préconçus ? Ces
« volontaires » sociaux ne demanderont rien à la
société qui elle, en retour et en dehors de leurs
devoirs accomplis, n'aura rien à exiger d'eux. Ils
ne pourront peut-être pas vivre ? Que vous importe,
puisqu'ils seront impuissants contre votre société
idéalisée ? Laissez-leur du moins l'illusion que le
Væ soli n'est qu'un mensonge ; laissez-leur même

le droit de mourir comme ils l'entendront. Après tout, c'est encore un droit éternel celui-là! L'humanité, durant de longs siècles, aura connu les forçats de la misère. Que la « Cité future » se garde de créer « les forçats du bonheur »! Nos vieux jurisconsultes, qui n'étaient pas tous des « bourgeois » et qui du reste ont défendu, à travers les heures sombres de l'histoire, la liberté contre le despotisme qu'acclamaient les prolétaires d'alors, nous ont enseigné « qu'il n'y avait pas de droit contre le droit ». Ils nous ont appris aussi comment on assurait le triomphe de cette maxime séculaire — ah! celle-là bien déterministe! — Tous les Bebel de la terre et autres aristocratiques communistes, ne prévaudront pas contre elle. Ce que j'en dis n'est que le résultat d'une conviction profonde enracinée dans mon esprit affamé de liberté; de mon désir inlassable de voir l'évolution sociale s'orienter enfin vers des solutions définitives. Mais cette conviction ne déguise point une sympathie quelconque pour une société capitaliste dont j'exècre les vues mesquines et étroites, le mercantilisme oppresseur, l'égoïsme féroce, la tyrannie odieuse, sans excuse et sans grandeur. Cette société doit disparaître et je ne me consolerais pas de songer qu'elle peut renaître des cendres d'un foyer d'individualisme mal éteint. Non! ce que je combats, dans les tendances avouées des conceptions collectivistes ou communistes, c'est la chimère irréalisable, orgueilleuse et folle, compromettante pour le salut commun qui est la loi suprême. Certes, je reconnais volontiers que bien que ces tendances aboutissent fatalement à la tyrannie, du moins cette tyrannie a la prétention unique d'améliorer le sort de chacun et d'assurer le bonheur de tous. Tandis que la société capitaliste, sous son masque de libéralisme progressif, n'a d'autre but que l'absorption ininterrompue des forces productives pour le seul profit d'un capital pléthorique, réparti entre quelques privilégiés oisifs, paresseux. Lorsque le collectivisme parle d'expropriation générale, de retour à la masse sociale des éléments constitutifs de la propriété individuelle, il entend non pas seulement dépouiller le possesseur actuel, mais organiser à sa manière le bonheur de tous, y compris le possesseur dépouillé. Le résultat peut être incertain ; je suis convaincu qu'il est impraticable. Je confesse pourtant que cette étiologie socialiste cache un fond de générosité sous ses allures brutales. L'industrialisme et le capitalisme modernes n'y mettent ni tant de bon vouloir ni tant de phrases. Ils pompent jusqu'à la dernière goutte le sang, la vie du travailleur, producteur universel. Cela, non dans un intérêt général, mais en vue d'une appropriation individuelle exclusive n'ayant nul souci des deuils, des souffrances, des ruines amoncelées par cette appropriation égoïste. Voilà pourquoi tout en discutant l'opportunité, l'efficacité de certains moyens d'action présentés comme indiscutables, je n'en approuve pas moins l'*action* elle-même en son principe générateur tutélaire. Mais je veux que cette action soit méthodique afin de pouvoir admirer sans réserves des doctrines

auxquelles il ne sera plus permis de crier : Casse-
cou. Je devais à ceux qui me feront l'honneur de
me lire, cette déclaration catégorique pour que
l'on sache bien que si je dispute pied à pied le
terrain aux exploiteurs de la crédulité populaire,
je n'en cède pas un pouce aux trafiquants de la
denrée humaine. Ceux-ci doivent disparaître coûte
que coûte, et quel que soit le bouleversement
qu'entraînera cette disparition nécessaire. Seulement, que la société se garde de certains concepts
d'apparence séduisante et d'allure théocratique,
qui, loin de précipiter ou d'assurer cette libération sociale, finiraient au contraire par l'empêcher,
à la suite de quelque bataille sanglante et inutile.
Puisqu'on parle de luttes de classes -- et je me
suis expliqué là-dessus — qu'on en finisse avec
celle que l'on a si justement appelée « la classe
imperfectible ». Celle des grands financiers, des
abominables intermédiaires, qui sucent le sang de
la nation pour accroître leur fortune *insociale* et
développer sans mesure la somme de leurs iniques
privilèges. La voilà bien, mais là seulement, la
véritable « classe bourgeoise » qu'il faut supprimer
à tout prix. Cette suppression libérera toutes
les autres classes qui formeront ensuite l'unique
classe laborieuse, dont les efforts communs, *collectifs ou individuels*, concourront utilement au
but final de la solidarité humaine. « Et vous qui,
comme moi, bourgeois de naissance, avez dans
nos penseurs et dans nos poètes sucé le lait de la
liberté, élevez-vous au-dessus des conditions d'existence d'une classe qui a apporté au peuple la mi-

sère... Venez à moi, prononcez mon *jacta est alea*. C'est ici qu'est notre drapeau, c'est ici qu'est notre honneur[1] ».

Mais il ne suffit pas que la petite ou moyenne industrie soient tirées des griffes du capital affameur et privilégié ; il faut encore que la petite ou moyenne propriété individuelle soient aussi protégées contre lui. Loin de tendre à la suppression, à la fois antisociale et abusive, de cette propriété individuelle, la cité future doit au contraire s'efforcer de la diffuser parmi les travailleurs dont elle libérera les labeurs et entre les mains desquels elle représentera le bénéfice légitime du travail. L'altruisme en effet, tel que la société humaine idéale de demain — ou de plus tard — le verra épanouir, sera, non *la suppression de l'individu*, parce qu'il y en a d'autres qui ont les mêmes droits que lui, mais *l'affranchissement de ce même individu* par l'accomplissement 'intégral des devoirs sociaux imposés à tous. « Ce que veut le socialisme, *ce n'est pas supprimer la propriété ;* c'est au contraire *établir pour la première fois la propriété individuelle, la propriété fondée sur le travail*[2]. » Les amuseurs de peuple feraient bien de méditer ces paroles du grand penseur allemand, dont il faut approuver la définition de la propriété individuelle. Que cette propriété soit, dans l'avenir, une transformation complète de la forme actuelle de la propriété *en propriété du*

---

1. LASSALLE, *Capital et Travail*, p. 287.
2. LASSALLE, *loc. cit.*, p. 231.

travail, rien de plus exact ni de plus juste. Mais cette transformation démontre et assure en même temps la légitimité de cette propriété individuelle, qui n'a pas attendu d'ailleurs, en France, l'heure prédite par Lassalle pour n'être plus déjà, dans la plupart de ses résultats, que *la propriété du travail.* Et le penseur socialiste se trompait, quand il proclamait que le socialisme l'établirait *pour la première fois.* Cette propriété individuelle du travail existe; elle a toujours existé. Ce n'est pas à elle, mais à *la propriété capitaliste spéculatrice* qui dispose des avances et asservit à son égoïsme particulariste le travailleur, que doivent aller les menaces et les imprécations. La théorie contraire, celle qui pousse « le communisme » jusqu'à ses dernières limites, sous le prétexte d'une égalité chimérique inexistante en fait, odieuse en droit, est une erreur absolue, une hérésie inacceptable. De semblables théories constituent des dogmes mensongers que démentent les plus élémentaires aperçus de la psychologie humaine. C'est dans ce but, pour montrer l'impuissance de certaines doctrines, que j'ai commencé ces études par celle de la physiologie de l'individu. Je sais bien qu'en parlant ainsi je reste peut-être dans les « *limbes intellectuels d'une animalité instinctive* ». Je m'en console d'abord en songeant que l'intelligence d'un certain nombre d'hommes ne vaut pas l'instinct de beaucoup d'animaux; ensuite, en reconnaissant avec la dernière évidence que les « écoles socialistes » s'imaginent toujours avoir découvert les

mondes nouveaux, quand elles n'ont fait bien
souvent que rapetasser les vieilles histoires du
temps jadis.

J'ai admis sans restriction la nécessité de la
disparition de la propriété *capitaliste et spéculatrice*. Je m'explique sur ces mots. Prenons comme
exemple le cultivateur, dont on parle si peu d'habitude. Sous ce nom, je comprends aussi bien
l'ouvrier qui travaille la terre que le propriétaire
qui la fait valoir directement. Le voilà en présence de sa récolte engrangée au prix de tant de
peines, de tant de soucis, de tant d'aléas. Quel
est le phénomène économique inéluctable qui
se passe actuellement? Le capitaliste vampire,
l'intermédiaire, l'exécuteur des basses œuvres
d'une spéculation sans scrupule, sans frein,
arrivent devant cette récolte si durement conquise. Organisant la baisse à l'aide des capitaux oisifs dont ils disposent, des débouchés
dont ils sont maîtres, ils *s'emparent* — le mot
n'est pas excessif — de cette récolte à un
prix inférieur au salaire même du travail exé-
cuté. Puis ils la revendent après l'avoir fraudée,
sophistiquée par les ingrédients que la chimie
leur fournit à bas prix, avec des bénéfices parfois illimités, aux consommateurs dépouillés à
leur tour et empoisonnés sans remords. La voilà
bien, prise sur le vif du flagrant délit, *la véritable expropriation du travail :* expropriation féroce
et sans indemnité. La voilà l'expropriation criminelle que « les penseurs aux puissants cerveaux »
dédaignent d'apercevoir, pour traiter ensuite

23

d'oppressive la propriété individuelle, victime des
voleurs de grand chemin ! Il faut sortir le peuple
— le vrai peuple des travailleurs — de ces clichés
honteux et faciles. Il faut que les profits illicites
de cette expropriation réelle, quoique déguisée,
soient supprimés dans l'organisation sociale nouvelle. Qui pourrait contester, en effet, que ces
bénéfices soient immoraux ; que la *propriété* de
ces bénéfices soit véritablement un *vol*, puisqu'ils
sont obtenus sans travail des produits du travail
lui-même cyniquement spolié ? La société bourgeoise qui assiste, impassible, à cette spoliation ;
qui la permet et qui l'admire, quand elle ne la
jalouse pas ; qui consacre ses facultés intellectuelles à son exécrable imitation, doit certainement sauter en l'air avec les financiers, les intermédiaires qu'elle entretient et dont la fortune
doit faire retour à la masse collective à laquelle
elle a été frauduleusement arrachée. Mais pour ce
faire, est-il admissible qu'on commence par enlever *sa propriété* au malheureux dépouillé de toute
éternité, quitte à prendre ensuite une revanche
impossible sur des capitaux insaisissables, qui se
cacheront ou disparaîtront avec la plus étonnante
facilité ? Poser la question, c'est la résoudre. Si
l'on affirme que c'est bien ainsi qu'on l'entend
au fond, alors qu'on le proclame hautement
comme je le fais moi-même. Que l'on professe
coram populo, que *la propriété individuelle, résultat du travail, est légitime* ; qu'au lieu d'en détruire l'essence, il faut en universaliser la diffusion ; que cette légitimité protège le capital-travail,

synonyme de liberté, d'expansion, d'initiative individuelles. Le fera-t-on ? Non. Car l'aveu dérouterait trop de combinaisons électorales et dérangerait trop d'appétits malsains, misérablement surexcités. « A y regarder de bien près, a « écrit Clemenceau, le collectivisme puise sa « force encore dans les sentiments d'égoïsme « communs à tous les hommes. » Lorsqu'on crie à ceux qui n'ont rien : « Prenez ce qui vous « entoure parce que cela vous appartient de « droit », les malheureux à qui l'on s'adresse n'ont garde de protester contre le conseil qu'on leur donne, laissant à leurs professeurs le soin de les débrouiller des suites de l'aventure. Or, cette aventure peut être sinistre et, au jour de la liquidation, les professeurs auront disparu. Ces professeurs ne sont d'ailleurs eux-mêmes que de vulgaires imitateurs. Quand le général Bonaparte envahissait la Lombardie, il en montrait les plaines fertiles à ses héroïques bataillons qui marchaient pieds nus. Le futur César se souciait fort peu, à cette heure suprême, des droits juridiques de la propriété individuelle. Il ne songeait qu'à teindre une défroque impériale dans le sang de ses soldats. J'ai bien peur que la plupart des doctrinaires socialistes ne veuillent ressembler au général Bonaparte. Hélas ! Napoléon est mort à Sainte-Hélène et les masses populaires me permettront de leur rappeler que les légions de Bonaparte se sont évanouies le long des routes jalonnées par leurs cadavres; que les plaines de la Lombardie, toujours aussi luxuriantes, ont

perdu jusqu'à la mémoire des envahisseurs.
Mais à quoi bon ces souvenirs? L'humanité est
ainsi faite, que les leçons de l'histoire n'ont jamais servi à rien ni à personne.

CHAPITRE XVI

Si l'on examine d'ailleurs de près cette théorie de la suppression de la propriété individuelle qui est la pierre angulaire, la clef de voûte de la pure abstraction socialiste, comment ne pas reconnaître que cette théorie repose sur une palpable aberration ; plus encore, sur les instincts bas et séculaires de cette partie de l'humanité qui a toujours cherché à exploiter la misère trop réelle de ceux qui souffrent, au profit de ses appétits et de sa paresse jalouse. Je sais bien que je m'expose à me brouiller ici avec toute la secte. J'ai assez démontré que je n'avais peur ni des mots ni des réalités, pour avoir le droit de dire que je n'en ai cure. Je préfère d'ailleurs rester en excellents termes avec ce vulgaire bon sens auquel Lassalle lui-même a cru devoir faire certaines concessions. Qu'on puisse arriver à cette suppression de la propriété individuelle par un coup de force, par la violence numérique, peut-être. Mais je suis convaincu que la chose n'ira pas toute seule et dans tous les cas, ne durera pas longtemps. Que cette théorie devienne pour cela juridique et vraie, jamais! La démonstration en est de toute évidence. Une propriété, *quelle qu'elle soit*, à côté

de l'idée mère d'appropriation personnelle, repose
en effet sur une loi immuable que l'on a fort justement appelée « la loi de restitution ». Prenez
cette propriété à son origine, se perdrait-elle dans
la nuit des temps. Cette propriété n'existe à
l'heure actuelle, que grâce au fonctionnement de
la loi de restitution qui a seule permis de maintenir — sous des formes sensiblement adéquates
— une valeur qui, sans l'aide de son mécanisme,
aurait depuis longtemps complètement disparu. De
telle sorte qu'en supposant illégitime à son origine,
la possession de cette propriété, cette possession
s'est régularisée *en fait et en droit* par le phénomène économique indispensable de « la restitution ». Etudions à l'œuvre ce phénomène, soit
pour la propriété terrienne, soit pour la propriété
industrielle.

Nul n'a plus fortement et plus sobrement tenté
de démontrer l'iniquité initiale du droit de propriété foncière que Pascal. Les doctrinaires venus
après lui n'ont fait que le copier ou le délayer. « Vous
tenez, dites-vous, vos richesses de vos ancêtres,
mais n'est-ce pas par mille hasards que vos ancêtres
les ont acquises et qu'ils les ont conservées. Mille
autres, aussi habiles qu'eux, ou n'en ont pu acquérir, ou les ont perdues après les avoir acquises.
Vous imaginez-vous aussi que ce soit par quelque
voie naturelle que ces biens ont passé de vos
ancêtres à vous? Cela n'est pas véritable. Cet
ordre n'est fondé que sur la volonté des législateurs, qui ont pu avoir de bonnes raisons, mais
dont aucune n'est prise d'un droit naturel que

vous ayez sur ces choses. S'il leur avait plu
d'ordonner que ces biens, après avoir été possédés
par les pères durant leur vie, retourneraient à la
République après leur mort, vous n'auriez aucun
sujet de vous en plaindre. Ainsi tout le titre par
lequel vous possédez votre bien n'est pas un titre
de nature, mais d'un établissement humain. Un
autre tour d'imagination dans ceux qui ont fait les
lois vous aurait rendu pauvre, et ce n'est que cette
rencontre du hasard qui vous a fait naître avec la
fantaisie des lois favorables à votre égard, qui
vous met en possession de ces biens[1]. »

Cette admirable page — si souvent démarquée
ou diluée — n'est-elle pas cependant un fouillis
de formidables erreurs, inconcevables chez l'un
des plus merveilleux esprits que l'humanité ait
enfantés. S'il est vrai que le hasard ait présidé
à l'acquisition d'une propriété, n'est-il pas de la
dernière évidence que *jamais il n'a concouru à
sa conservation*. La belle doctrine en vérité que
celle qui part de la plus colossale des hérésies.
De plus, la *filiation*, qui a fait passer cette propriété des mains des ancêtres dans celles de leurs
successeurs, n'est-elle pas une *voie naturelle* dont
on peut contester les effets juridiques, mais dont
il est impossible de discuter l'origine? L'ordre
successoral, ajoute Pascal, n'est fondé que sur la
seule volonté des législateurs. Mais cette volonté
n'est-elle pas le fondement nécessaire de toutes
les relations sociales, quelles qu'elles soient? Est-

----

1. *Pensées*, p. 485.

ce que ce n'est pas à la loi — à une loi nouvelle
— que l'on réclame la dévolution à la collectivité
des propriétés particulières ? La loi ne devien-
drait-elle donc respectable que lorsqu'elle consacre
dans ses dispositions, non les prescriptions du
droit, mais les fantaisies de nos imaginations ? S'il
avait plu aux législateurs d'édicter que les biens
des ancêtres feraient, après leur mort, retour à la
collectivité, nul n'aurait sujet de s'en plaindre.
Mais pourquoi se plaindrait-on davantage, si le
législateur a ordonné le contraire ? Le hasard des
naissances a-t-il seul présidé à l'édification de la
fortune ? Pourquoi alors tant de gens nés fort
riches sont-ils allés mourir dans les hôpitaux,
tandis que tant de pauvres diables, issus de
miséreux, ont, grâce à leur courage, à leur
indomptable énergie, à leurs puissants labeurs,
fini leur existence dans des châteaux de million-
naires ? Enfin se figure-t-on de bonne foi que
l'*état de nature* est synonyme de droit naturel ?
En parlant de ce dernier, Pascal, loin de regarder
l'avenir, retournait purement et simplement à la
sauvagerie.

En contestant ainsi à la propriété individuelle
jusqu'à la plus légère apparence de droit, en donnant les solennelles allures de dogmes à des
billevesées qui sont la négation même de la société, Pascal — pas plus que les théoriciens modernes — n'était un précurseur. Platon avait
poussé l'idée communiste jusqu'à ses dernières
limites. Le grand philosophe voulait non seulement la communauté des biens, mais aussi celle

des femmes. Pascal, qui avait une santé frêle, ne devait pas aller jusque-là. Dans sa cité modèle, l'illustre Grec édictait encore la communauté de l'approbation ou du blâme; celle des joies et des peines. Molière se montrait plus tard un fervent disciple de Platon, lorsqu'il faisait dire à son immortel ivrogne que, quand il avait bien bu et bien mangé, il fallait que tout le monde fût content à la maison! Aristote, tout en critiquant la théorie communiste de son glorieux maître, ne reconnaissait pas même à l'homme le droit à l'existence, ce qui évidemment aurait assuré à ce dernier une indiscutable félicité. Rome connut à son tour la lutte des classes : patriciens et plébéiens ne cessèrent de se battre qu'après l'avènement du césarisme qui conduisit la grande République à la décrépitude, à la honte, à la mort.

Comme formule du progrès, on m'accordera sans peine que le résultat était maigre. Après l'établissement victorieux du christianisme, les Pères de l'Eglise — et cela explique Pascal — reprenant à leur actif la malédiction du Christ contre les riches, professèrent les mêmes doctrines à l'endroit de l'origine du droit de propriété. « Nous ne naissons pas propriétaires, dit saint Chrysostome; nus, nous sortons du sein de notre mère; nus, nous rentrons dans le sein de la terre. *Le tien et le mien sont de vains mots.* Tout est commun, le soleil, la terre et tout ce que Dieu a créé. Nous ne sommes propriétaires qu'en apparence; en réalité ce qui appartient à l'un, appartient à tous. » Saint Basile nie le droit de propriété. Saint

Ambroise écrit : « Quel est l'ordre naturel, l'ordre établi par Dieu? C'est que la terre soit la possession commune de tous. La nature a voulu la communauté, *l'usurpation de l'homme a créé la propriété individuelle.* »

Les grands prédicateurs catholiques ne furent pas plus tendres pour la propriété. « Selon le droit primitif de la nature, s'écrie Fénelon, nul n'a un droit particulier sur quoi que ce soit qu'autant qu'il est nécessaire pour sa subsistance. Si les hommes avaient suivi cette grande loi de la charité, tous les biens de la terre auraient été communs. » Massillon traitait *d'usurpateur* celui qui refuse de donner son bien propre à son frère.

Jean-Jacques Rousseau, Montesquieu, Mirabeau, Babeuf et tous les réformateurs communistes modernes, n'ont donc fait que répéter les imprécations des saints de l'Eglise romaine. Proudhon lui-même n'a pas droit à la paternité de sa célèbre formule : « La propriété, c'est le vol ». Saint Chrysostome et saint Basile refusaient de faire la moindre différence entre le riche qui refuse de faire part de ses biens aux pauvres et *un voleur*[1]. »

La concordance de ces doctrines, vieilles comme le monde, entre penseurs venus des quatre points de l'horizon, peut de prime abord paraître étrange. Elle cesse de l'être pour l'observateur impartial qui veut bien reconnaître que la mentalité humaine ne s'est pas sensiblement modifiée à travers les changements incessants du milieu social;

---

1. Voir LAURENT, *C. civil*, t. VI, p. 115 et s.

que toujours la paresse des uns n'a cessé d'envier les résultats acquis par le travail des autres. Il n'en est pas moins vrai pourtant que ces doctrines, que d'aucuns nous présentent comme nouvelles, constituent la plus déplorable des erreurs économiques.

Tout homme — et il ne faut pas se lasser d'y revenir — apporte en effet, en naissant, un ensemble de droits que l'on peut appeler *droits naturels*, parce qu'ils dérivent de sa nature propre et du fait brutal de cette naissance elle-même. A l'origine, l'homme isolé, vivant seul, n'avait que des droits. Les devoirs corrélatifs de ces droits, ne naquirent que lorsque les hommes, comprenant l'impuissance de leur solitude, reconnurent le besoin de se réunir dans des tribus qui constituèrent les éléments primordiaux de la société humaine. Car si les droits sont individuels, les devoirs au contraire sont sociaux. Lors donc que Rousseau a écrit que « le premier qui, ayant enclos un terrain, s'avisa de dire : *Ceci est à moi*, et trouva des gens assez simples pour le croire, fut le vrai fondateur de la société civile », Rousseau s'est lourdement trompé. Ce « premier » n'avait rien fondé du tout; il n'avait fait qu'exercer *le droit naturel du premier occupant*, et il le fit pour venir en aide à sa misérable existence d'esseulé. *Ce champ par lui-même ne produisait rien.* S'il donna des fruits, et devint par là une véritable propriété, c'est parce qu'il fut travaillé. Si ces fruits furent protégés contre les rapines de tous, c'est parce que le champ était enclos. Mais

travail et enclos étaient bien le résultat d'un effort
absolument individuel. Les fruits ainsi créés
appartenaient légitimement à l'ouvrier auteur de
cet effort. Que ce fut là l'origine de *l'appropriation
individuelle*, soit. Eh! bien, après? En quoi cette
appropriation pouvait-elle contenir une illégalité?
Pourquoi ces fruits eussent-ils constitué une *co-
propriété* à celui qui, s'étant borné à contempler
paresseusement le travail de l'autre, ne se serait
rappelé qu'il avait aussi des bras qu'au moment où
il aurait éprouvé le besoin de s'en servir pour partager les produits de ce travail initial individualisé?

La société civile ne se trouva réellement fondée
que le jour où tous ces travailleurs isolés éprou-
vèrent la nécessité, pour augmenter leur bien-
être, d'échanger les produits restreints et limités
obtenus par chacun d'eux, avec les produits de
nature différente créés par les autres. C'est dans
le fait économique de cet échange indispensable,
que gisent le fondement et la continuité de la
société civile. Mais ce fait suit, sans l'ébranler, la
naissance de la propriété individuelle. *Il ne la
précède pas*, puisque sans elle il ne peut pas être
et n'a aucune raison d'exister.

La propriété individuelle est donc, par son
essence même, de *droit naturel*. Tout au plus
pourrait-on dire que la première appropriation fut
une usurpation — d'ailleurs inévitable — d'une
portion du domaine commun à tous, du domaine
social public imprescriptible, si cette propriété
originelle s'était maintenue, *dans son intégrité
initiale*, entre les mains de la descendance juri-

lque du premier occupant. Mais cette idée
usurpation continuée ne résiste pas au plus léger
examen. C'est ici qu'entre en jeu en effet « la loi
de restitution ». Si à ce premier champ fécondé
par le premier travail, on n'avait pas restitué
par voie d'apports successifs, les éléments ferti-
lisateurs que chaque récolte lui enlevait sans
retou ce premier champ n'existerait plus qu'à
l'état de propriété négative et inerte. Devenu
fatalement stérile, depuis des siècles, il ne pro-
duirait plus rien. Si cette production a pu continuer ; si une quote-part de cette production,
conservée par l'économie, a fondé une propriété
nouvelle, c'est par le fait des restitutions ininterrompues apportées à ce sol épuisé par celui qui
l'a sauvé de la ruine totale et a opéré ces économies. Or, ces restitutions ne sont-elles pas l'œuvre
unique d'un effort individuel ? N'est-il pas évident
que le *premier* champ, disparu en fait, n'existe
plus aujourd'hui que comme propriété légitime de
celui qui en a maintenu — par la loi des restitutions et sans que la collectivité y fût pour rien —
l'intégrité productive ? Nul sophisme ne saurait
prévaloir contre ces enseignements irréfutables
de la chimie. Combien plus facile encore la solution relative à la propriété mobilière. A-t-elle pu
surgir d'un fonds social commun qui n'existait
pas ; d'un domaine public naturel qui ne la
connaissait pas ? Enfin, est-ce que, sous forme de
charges et de contributions diverses, pour le seul
profit de la communauté, le principe de cette
propriété, mobilière ou financière, n'a pas racheté

de l'Etat, du domaine public social, sa personnalité propre? Où trouver, dans cette personnalité incontestable, l'apparence même d'un vol à la masse commune?

Ainsi expliquée par ses origines, justifiée dans son maintien, la propriété individuelle comporte en même temps les droits afférents à toute propriété. Droit de disposer, c'est-à-dire de vendre, d'échanger, de donner; droit de transmettre, c'est-à-dire de laisser, après sa mort et à qui bon semblera, cette propriété individuelle. Que les abus antisociaux de cette propriété individuelle, ainsi que je l'ai déjà démontré, soient anéantis et paralysés; que la socialisation des forces productives aussi bien que des propriétés individuelles, devienne la méthode sociale nécessaire — mais facultative — pour le bien universel de la collectivité, rien de plus équitable, de plus naturel, de plus juridique. Mais il y a un abîme entre cette socialisation inévitable et la suppression brutale, inique, de la propriété elle-même par cela seul qu'elle est la propriété. Abîme que ne combleront jamais les déclamations creuses de ceux qui s'imaginent transformer une société en la décapitant. C'est pour cela qu'aux yeux du penseur désintéressé, ces doctrines restent vides et malsaines, bien qu'elles se cachent sous le masque de réformes sociales définitives; d'égalisation des destinées humaines, de bonheur collectif universalisé sur les dépouilles de chacun. Il faut voir d'ailleurs de quelle façon se présente et sur quels arguments s'appuie cette négation du droit de propriété : « Quand l'ordre collectiviste sera réalisé, quand l'ensemble des forces productives aujour- d'hui détenues par le capital, mines, usines, grands domaines, sera possédé par la nation et géré par des associations de travailleurs évoluant dans l'associa- tion nationale; quand tous les travailleurs auront, par leur seule qualité d'hommes, un droit inalié- nable de co-propriété sur le domaine social, l'usage précis de ce droit sera garanti pour chaque indi- vidu par des stipulations précises qui assureront le plus haut développement possible à l'activité individuelle de chacun et de tous. Et ce sont ces garanties qui constitueront pour chaque individu humain, dans la mise en œuvre de la propriété sociale, la propriété individuelle [1] ».

Certes, nul ne me verra jamais combattre ou railler les efforts sincères de ceux qui, devant le déclin fatal et croissant des classes privilégiées, ne cessent de grouper, dans le même élan, les activi- tés puissantes et fécondes des forces démocratiques en marche vers l'avenir. Mais est-il possible de chercher, en un langage plus obscur, à définir cette « propriété individuelle » dont on a com- mencé par contester, par nier la légitimité? Qu'est- ce que ce « domaine social » devenant la co-pro- priété de tous les individus, non parce qu'ils le travaillent, mais parce qu'ils sont hommes? N'avons-nous pas toujours possédé *un domaine public social ?* Or, en dehors des oisifs appointés qui le gèrent, qu'a rapporté ce domaine public aux

1. Jaurès, *l'Humanité,* 10 octobre 1904.

travailleurs qui paient et entretiennent ces gestionnaires? En universalisant ce domaine public;
en englobant dans son sein les mines, les usines,
les grands domaines, *qui ne sont pas des forces
productives, mais des résultats produits* — et c'est là
que gît l'erreur insoutenable du collectivisme électoral — à quel résultat s'imagine-t-on parvenir?
On augmentera sûrement et dans des proportions
insoupçonnées le nombre des sinécures ; on fera
de la société nouvelle, non la société idéale qu'on
se figure, mais une agglomération restreinte d'intérêts et une agrégation d'appétits. On n'accroîtra
pas d'un centime la somme légitime de bien-être
dévolue à chacun. La chaîne qui étrangle aujour-
d'hui le travail aura, pour le profit de quelques
privilégiés, changé de nom : elle n'en restera pas
moins un collier de misère, de servitude et d'oppression. Ce droit de co-propriété sur le domaine
social universalisé, sera garanti, dit-on, pour
chaque individu par des stipulations précises?
Mais qui garantira ces garanties? Le pacte social
nouveau? Mais le droit de propriété individuelle,
tel qu'il fonctionne actuellement, n'est-il pas garanti par *les stipulations précises* du Code civil?
Que valent pourtant ces garanties séculaires aux
yeux des réformateurs socialistes? Que vaudront,
au regard des réformateurs de l'avenir, les garanties dont M. Jaurès parle maintenant avec
tant d'assurance? M. Jaurès objectera que sa
théorie une fois entrée dans le domaine de la
réalité, il n'y aura plus de place pour les réformateurs? Hélas! un réformateur trouve toujours

n plus réformateur que lui qui le réforme.
e plus, ces garanties assureront « le plus haut
éveloppement possible à l'activité individuelle » ?
Mais à quoi bon développer cette activité désormais inutile, puisqu'en sa seule qualité d'homme,
l'individu apporte en naissant un droit de co-propriété sur le domaine social : droit qui devient
incommutable *et reste toujours identique à lui-
même*, sous peine d'empiètement et d'usurpation
sur le droit du voisin ? L'activité individuelle,
quelqu'agissante qu'on la suppose, n'aura donc
pas à développer un droit qui ne peut pas augmenter ; que le fait brutal d'un accroissement de
population tend sans cesse à diminuer mécani-
quement ; que le fonctionnement même de cette
activité suffirait à chaque instant à inégaliser.
Comment dès lors persister à méconnaître qu'un
système est mauvais, dès que toutes les conséquences qui en découlent sont d'un palpable
non sens ? Je sais bien qu'il serait d'une utilité relative de développer ces objections devant
un parterre d'auditeurs malheureux, trop facilement voués aux espoirs décevants. Je n'en défie pas
moins les prêtres de la religion nouvelle, de répondre un seul mot de bon sens à ces vérités éternelles de justice et de liberté. N'est-ce pas se
moquer étrangement des règles immuables du
droit que de prétendre que, seul, un certain socialisme d'État comprend le principe de la propriété
individuelle, *parce qu'il l'universalise en la supprimant*. C'est aux peuples enfants que conviennent
les impostures prestigieuses et les excommunica-

tions majeures; non à des hommes mûrs pour le
progrès, pour la perfectibilité humaine dans les
limites modestes où cette dernière peut s'exercer
et se mouvoir. Il faut donc affirmer hautement
que le droit de propriété individuelle est intangible, parce que cette propriété elle-même est
légitime toutes les fois qu'elle est le résultat
acquis d'un effort licite. J'appelle effort licite, le
travail produit par l'individu dans la sphère de
ses intérêts particuliers, quand ce travail ne lèse,
n'absorbe ou n'accapare aucun intérêt social.

Ce droit de propriété individuelle ainsi reconnu,
même par ceux qui veulent le détruire, comment
le sauvegarder dans son principe, sans perdre
cependant de vue qu'il est indispensable de le
modérer, de le limiter, de l'humaniser dans ses
effets ? C'est, ainsi que je l'ai établi, en l'orientant
non vers la fausse théorie de la protection « bourgeoise » aveugle et sourde, mais vers la socialisation de ses moyens, la mobilisation de ses
ressources, l'exemption de ses charges reportées
au passif du grand capitalisme, surtout si ce
capitalisme devient un capitalisme d'État. Par
cette socialisation, la petite ou moyenne propriété, de même que le petit ou moyen commerce,
conserveront, avec toutes les énergies de l'initiative individuelle, la division tutélaire et croissante du travail; assureront et régleront les
grosses productions, développeront la puissance
de leur outillage, grâce aux avances que l'État
mettra à leur disposition. Ils formeront de vastes
associations volontaires, libres, qui en se fédé-

alisant, deviendront les maîtresses du marché
t des débouchés, tout en circonscrivant leurs
bénéfices aux nécessités de la consommation socialisée, fédéralisée à son tour. Nécessités réflexes
dont, seules, ces associations se préoccuperont avec
une intelligence propre à en assurer le fonctionnement complet. Lassalle, parlant de ces « associations de travailleurs en vue de la production
et jouissant d'un crédit accordé par l'État », disait
que c'était un *moyen de transition*, un grain de
sénevé destiné à préparer la semence de l'avenir.
Je crois fermement que c'est là une restriction
erronée et que l'avenir dont parlait Lassalle serait
en définitive un retour pur et simple vers les premiers balbutiements de l'humanité. Mais, en
admettant que Lassalle ne se soit pas trompé,
prenons toujours ce moyen qui permettra à la
société d'attendre paisiblement cet avenir sans
courir le risque de se rompre le cou. Par l'organisation de toutes les forces vives du travail que
je viens d'énumérer, la rétribution de la petite
propriété, de la moyenne industrie, c'est-à-dire
la part de bénéfices représentés par le produit intégral du travail proprement dit — déduction faite
des charges inhérentes à l'amortissement et au
jeu du capital-travail — sera assurée et viendra
naturellement augmenter la somme de bien-être
individuel déjà garanti par l'application de « la
loi des besoins ». Que les impatients se rassurent !
Dans ces « moyens de transition », il y a tout un
monde à traverser.

L'œuvre pourtant ne sera pas complète — que

dis-je, pas même ébauchée — tant qu'on n'aura
pas détruit, au profit de cette dernière, la suprématie de la ville sur la campagne. C'est là que
réside le secret de la désertion des travailleurs des
champs, l'exode rural qui doit préoccuper à
juste titre le penseur. L'attrait fascinateur de la
ville sur le « rural » est aussi indiscutable qu'irraisonné. Il s'explique par cette erreur capitale
que la ville est un lieu de fortune et de plaisir,
alors qu'elle n'est la plupart du temps qu'un
repaire de perdition et de misère. Mais cet exode
cessera brusquement le jour où ce que j'ai
nommé le cinquième État, ayant définitivement
conquis ses assises sociales, établira sa sphère
d'action autonome. Ce jour-là, la suprématie de
la ville sur la campagne aura vécu, parce que si
la ville veut lutter, elle sera submergée. La ville
restera le centre de certains plaisirs, de multiples
attractions. La facilité des transports permettra à
la campagne d'aller les y cueillir de sa rude main.
Mais la ville ne sera plus qu'une expression géographique où les forces commerciales concentre-
ront, par la nécessité même des choses, les
moyens de débouchés indispensables à la production. Les forces industrielles elles-mêmes émigre-
ront peu à peu, pour se transporter sur des points
déterminés qui, tout en devenant des centres
industriels, ne seront pourtant plus « des villes ».
L'exode constaté aujourd'hui, se manifestera dès
lors en sens contraire. Les ouvriers iront à leurs
usines, construites là où la main-d'œuvre sera la
plus productive par la suppression des charges

rbaines. Les ruraux demeureront dans leurs terres associées et fédéralisées, non *collectivisées*. La véritable décentralisation économique, politique, sociale, unie à la liberté féconde, régnera en maîtresse souveraine sur les destinées mondiales. Je ne dis pas : *il faut que cela soit;* j'affirme que *cela sera*. Cette loi déterministe ne pourrait être bouleversée que par un effondrement social qui serait la ruine de la société elle-même. Dans cette juxtaposition des forces ouvrières et des forces agricoles, se mouvant les unes et les autres dans leur autonomie essentielle; laissant aux forces intellectuelles leur libre essor de pensée, de création, d'initiative, d'invention; leur assurant la place souveraine et directrice qui leur est incontestablement due, je vois très bien se lever, sous le drapeau du travail universel dont la couleur devient accessoire, l'aube de la société nouvelle. J'en salue avec enthousiasme l'avènement libérateur. Tandis que, dans la suprématie poursuivie avec un aveugle acharnement, d'une seule classe aux dépens de l'humanité toute entière — cette classe fût-elle la classe prolétarienne ouvrière ou agricole — je n'aperçois que le désastre économique, la barbarie, le despotisme, la servitude. Ce concept étrange est œuvre de cerveaux de prêtres! A travers les redites incessantes de l'histoire, le monarchisme et le collectivisme se donnent la main.

En dehors de ces lois théoriques, il est d'autres moyens capables encore de faire disparaître cette suprématie de la ville sur la campagne. Puisque

la concentration des ressources, des plaisirs, des
attractions, des séductions intellectuelles doit
s'opérer dans les villes aux dépens de la campagne, il faut que, par un retour légitime, *la concentration des charges se fasse au détriment des
villes*, pour le profit exclusif des campagnes. Lorsque les villes seront devenues — et l'échéance n'en
est pas éloignée — non seulement des lieux où
l'on s'amuse, mais aussi des centres où l'impôt
atteint son maximum, j'estime que la lumière
du soleil et l'air salubre des champs seront plus
largement appréciés par beaucoup. La terre af-
franchie, c'est la terre peuplée. Car enfin, quelle
que soit la forme sociale à laquelle aura recours
l'humanité de demain, je la mets au défi de se
passer d'impôts. Le nom changera peut-être : les
réformateurs n'en sont pas à un vocable près.
Mais la chose restera la même. Or, l'impôt progressif, tel que le comprennent et veulent l'établir les intransigeances sectaires, ne sera qu'un
expédient transitoire. Par son fonctionnement
rigoureux, implacable, il aboutira logiquement à
niveler les fortunes, sans diminuer pourtant les
besoins sociaux. Le résultat est facile à prévoir.
Puisque les besoins sociaux resteront les mêmes,
tandis que la richesse individuelle décroîtra sans
cesse, il est évident que les charges tendront de
plus en plus à devenir adéquates, sans que cependant le total de ces charges diminue. Ce jour-là,
si les villes — par l'effet d'une répartition proportionnelle des plus équitable — paient beaucoup
plus que les campagnes, vous verrez ces der-

lères se repeupler par enchantement. Les réformateurs socialistes perdent trop souvent de vue
que toute amélioration sociale, si elle est inscrite à
la colonne de l'*avoir* dans le Grand-Livre de la dette
publique, a sa contre-partie dans la colonne du
doit. C'est à cette dernière qu'il faut surtout songer, si on ne veut pas éprouver de mécompte sur
l'autre : car celle-ci est la recette qui doit assurer
la dépense de la première. Tant qu'il y aura des
riches, des « bourgeois », c'est à eux qu'on s'adres-
sera assurément pour combler les déficits. Mais
comme l'avènement dogmatique du prolétariat ne
peut se faire, suivant la pure doctrine, que par la
suppression des riches, il me semble hors de conteste qu'il faudra alors faire payer l'impôt par les
travailleurs universalisés et socialisés. C'est à ce
moment psychologique précis, que l'*égalité* entre
les villes et les campagnes sera rétablie par l'*inégalité* de leurs contributions. Ces idées pourront
de prime saut paraître sinon paradoxales, du
moins étranges. Pas plus cependant que la théorie
de Vandervelde, étudiant, avec sa rudesse de franchise, les réformes et la croissance du socialisme
international : « Certes, pour la réalisation de ces
réformes, il faudra, fatalement, composer avec la
classe bourgeoise, entrer en contact avec elle, compromettre, transiger et, peut-être, laisser des lambeaux d'idéal aux épines du chemin ; mais, n'est-
ce pas la condition même, la rançon inévitable de
tous les progrès[1] ? » Certes l'idéal de la comptabilité

---

1. *Grande Revue*, 1900, n° 11.

publique, en matière de budget social, serait de mettre toutes les contributions à la charge de la collectivité, sans rien faire payer par les membres de cette collectivité. Comme la solution de ce problème — qu'il n'y ait plus de riches ou qu'il n'y ait plus de pauvres — sera peut-être à jamais très difficile, nous laisserons, nous aussi, un lambeau de cet idéal « aux épines du chemin », représentées par la rançon nécessaire des réformes sociales. Et le jour où le prolétariat agricole, dont on ne parle jamais de peur sans doute de le réveiller, aura bien compris que son idéal à lui doit être de mettre sur le dos de la collectivité urbaine seule l'ensemble des charges sociales, ce jour-là vous me donnerez des nouvelles de la suprématie des villes et de l'idiotisme des paysans. Je ne crains pas d'affirmer, au risque de passer pour un de ces gardiens inflexibles de la doctrine qui, au dire de Vandervelde[1], « se glorifient d'être des sectaires et se constituent les Vestales du feu sacré des révolutions » que ce jour luira lorsque le « paysan » le voudra. J'en ai développé ailleurs les raisons décisives : je n'y reviendrai pas.

Il y aura encore une autre réforme, aussi juste que nécessaire, à accomplir et qui, sous ses dehors modestes, fera aussi beaucoup pour diminuer la suprématie de la ville sur les campagnes. Si j'ai admis, sous ses modalités nouvelles, le principe indiscutable de la propriété individuelle, c'est parce que j'ai la conviction profonde que, sous

1. *Grande Revue*, 1900, n° 11, p. 303.

cette forme, la propriété, en développant la puissance de l'initiative personnelle, aura sa répercussion inéluctable sur le bien être social, seule base rationnelle du socialisme. J'ai démontré que la légitimité de la propriété individuelle réside dans la justice inhérente au seul mode possible d'acquisition que je reconnaisse : le travail, et dans l'utilité que la masse collective peut retirer de ce travail. Mais si cette propriété reste improductive, inutile entre les mains de son détenteur, cette propriété dont il n'a que faire puisqu'il ne sait pas ou ne peut pas la faire valoir, devient entre ses mains une sorte de bien de mainmorte qui doit cesser de lui appartenir pour faire retour à la masse commune qui, elle, l'utilisera pour le profit de tous. La définition donnée par les jurisconsultes établit que « la propriété est le droit de jouir et de disposer des choses de la manière la plus absolue »; l'antique *jus utendi et abutendi*. Le droit de jouir et de disposer, ne saurait cependant comporter à mes yeux *le droit de mésuser*. Or, laisser ses terres en friche; jeter son argent par les fenêtres en vaines prodigalités ou en débauches, c'est *mésuser* de ce qui cesse dès lors d'être une propriété, puisque la propriété ne repose, ne peut reposer que sur le travail continué et la production utile. Cette propriété fera donc retour à la communauté, en vertu d'une sorte d'expropriation volontaire prononcée par le détenteur lui-même. Les effets de cette expropriation, de même que ceux de la déshérence successorale en matière de succession collatérale b intestat, ne tarderont pas à se faire sentir dans la colonne du *doit* de la dette publique dont j'ai parlé ci-dessus. Ce retour, en matière mobilière, s'opérera au profit de la masse commune étatique. Mais en ce qui concerne les terres, il devra sans conteste s'effectuer au profit des communes rurales dans lesquelles ces biens fonds seront situés. Ces communes auront à les faire produire, pour le bien-être général, lorsque les lois politiques nécessaires leur auront enfin restitué l'autonomie à laquelle elles ont un droit absolu.

Ce jour-là sera un jour suprême, car il ne faut pas perdre de vue que les réformes sociales doivent aller de pair avec les réformes politiques, ainsi que je me suis efforcé de l'établir. Les réformes sociales sont nécessaires : elles ne seront rien sans les réformes politiques indispensables. Croire ou enseigner le contraire, c'est vouer la réforme sociale à toutes les aventures; c'est la dépouiller, avec une inconscience bénévole, de toutes les garanties politiques qui, sous l'égide gouvernementale, en protège le but, en garantit la sincérité, en assure la durée.

C'est pour cela que l'État républicain socialiste, tout en reconnaissant à chacun une liberté de conscience dont il n'a pas d'ailleurs à se préoccuper, tant que cette liberté se meut dans le domaine circonscrit de la mentalité individuelle, doit nettement, absolument, séparer son action sociale de toutes les théories confessionnelles et religieuses. Il n'a pas à les combattre, mais non

lus à les soutenir et à les entretenir. Chacun
demeure le maître souverain de sa conscience, et
l'État qui symbolise, dans sa forme idéologique,
l'universalité des citoyens, n'a nul droit d'investigation dans cette conscience. Son intervention
répressive ne se manifesterait que le jour où cette
conscience, cessant d'agir dans le for intime de
chacun, chercherait à opprimer la conscience du
voisin. Tout ce qui, dès lors, dans le budget de
la collectivité, peut ressembler à la subvention d'un culte, d'une théorie confessionnelle
quels qu'ils soient, doit être rigoureusement supprimé. Une pareille subvention n'a aucun motif
social de naître; là où elle existe, d'être continuée. Cela, non parce que l'État est athée — l'athéisme étant scientifiquement un mot vide de
sens — mais par cela seul que l'État doit rester
neutre, impassible entre les religions devenues
d'autant plus respectables qu'elles ne demanderont
rien à ceux qui ne les reconnaissent pas. Mais sans
cependant que l'État se désintéresse, ainsi que je
l'ai longuement développé, dans son enseignement,
des nobles problèmes de philosophie spiritualiste, des questions suprêmes d'idéalité religieuse
amoureuses d'infini. Le socialisme doit satisfaire
à tous les besoins matériels et intellectuels de
l'humanité, parce qu'il est la science même de
cette humanité. Limiter son champ d'action, c'est
l'avilir dans son essence, le borner dans sa durée.
Or, s'il est des natures éprises de cet idéal, assoif-
fées de cet infini, *ayant besoin* à leur tour de ces
consolations théoriques qui, en somme, sont la

grandeur et la beauté de l'être moral, de quel droit l'État social les leur refuserait-il ? Ses philosophes ne lui marchanderont pas leur concours. J'ai la conviction que ces pensées feront hausser bien des épaules réformistes. Je m'en console en songeant que « le socialisme » n'a pas seulement pour but ultime l'établissement d'une société dans laquelle l'individu n'aurait plus rien à faire dès qu'il aurait fourni sa somme de labeur ; plus rien à attendre lorsqu'il aurait absorbé sa part de consommation. C'est assurément beaucoup : ce n'est évidemment pas tout. A ce compte, le mulet de ferme qui laboure son plein et mange sa pitance à son appétit, représenterait la perfection de l'être social. Et encore le mulet a-t-il besoin d'une main qui le dirige et d'une volonté qui le gouverne. Si par l'aveuglement et le terre-à-terre de prédications purement réalistes, l'humanité en arrive à n'avoir plus d'autre idéal que le « *panem et circenses* », auquel les révolutionnaires modernes ont ajouté l'apéritif, l'humanité se perdra dans les fanges du Bas-Empire romain. Il faut qu'elle comprenne bien que manger à son appétit est nécessaire, mais qu'il est des angoisses morales qu'il faut apaiser : angoisses mille fois plus cruelles que les souffrances de la faim. Avonsnous donc chassé, au nom de la science, de la raison, du bon sens, de l'Empyrée mythologique les dieux de la légende, pour installer le Dieu Ventre, *Deus Gaster*, dans les cieux embourbés du monde futur ? Félix Pécaut, qui fut un des grands éducateurs du peuple, avait raison quand il disait :

« Deux grands partis se présentent à nous : le premier est celui de se laisser vivre, de ne pas se tourmenter, de rester ce que nous sommes et... de jouir du printemps. Mais vous entendez une autre voix qui vous dit : vous avez à vivre, mais à bien vivre ; vous avez à refaire votre nature : elle est mal faite. Vous n'êtes pas bon naturellement, et vous avez à vous refaire sans cesse, toute la vie... Il faut imposer à la nature une loi supérieure... » Pour Félix Pécaut, cette loi supérieure résidait dans la conscience érigée en juge souverain. « Elle est un oracle, non pas infaillible, mais réel et permanent [1]. » Ce sont là des vérités qu'il y aurait un danger suprême à méconnaître et dont il faut assurer le triomphe à tout prix, si l'on ne veut pas faire dévier l'humanité vers les servitudes éternelles.

Je ne peux tracer, dans ces pages de philosophie politique et sociale, que les grandes lignes générales de la société future. Vouloir entrer dans les détails précis de cette organisation, serait une œuvre aussi dangereuse que prématurée et qui, à cette heure, aboutirait seulement à des amusettes d'enfants. Il ne faut pas s'imaginer en effet que le *socialisme* soit une panacée universelle, guérisseuse de tous les maux dont souffre l'humanité. Maux qui, pour la plupart, sont inhérents à l'humanité elle-même et peut-être incurables. Le socialisme — il ne faut pas se lasser de le répéter — n'est, ne saurait être qu'une

---

1. Gabriel Compayré, *Étude sur Pécaut*, p. 76.

méthode pour le philosophe qui songe non à
ses intérêts propres, mais à ceux de la société.
Méthode d'action par excellence, car elle se propose un but nettement défini et comporte des
enseignements clairement déterminés. Mais cette
méthode ne pourra s'imposer à tous que si elle
demeure *raisonnable*, c'est-à-dire si elle cesse de
vouloir fonder la paix sociale sur l'exacerbation
des haines individuelles. Si cette méthode oublie
au contraire que le monde, fatalement imparfait,
qu'elle prétend organiser, est fait de contingences
passionnées et non d'absolu ; qu'il est fou de vouloir régler l'avenir qu'elle ignore sur des bases
immuables qu'elle imagine ; si elle persiste à
emprunter aux Églises détruites, aux religions
bannies, leurs procédés d'excommunication, leur
dogmatisme étroit, leurs révélations puériles, leurs
Syllabus, elle cesse d'être la méthode pour devenir
la chimère ardente et irréalisable. C'est pour cela
qu'après avoir défini, classé, les éléments primordiaux du problème social à résoudre, il est dangereux, absurde même, de s'enfoncer dans les
précisions orgueilleuses de systèmes complets que
la vérité de demain peut démontrer n'avoir été
que l'erreur prétentieuse d'hier.

Il faut surtout se défier de ce qu'on est convenu
d'appeler les « solutions simplistes ». Le *simplisme*
n'est pas la clarté ; encore moins la *clarté organisée*. Si un rouage m'ennuie, il est « très simple »
de supprimer le rouage. La question est de savoir
si, une fois la suppression opérée, la machine
continuera à fonctionner. Tout détruire, n'est pas

tout créer. Lorsque le collectivisme, qui, en dépit
de ses allures hautaines, n'est qu'une face très
embrouillée et presque embryonnaire du socialisme méthodique, rejette le pur communisme
qui est la face simpliste par excellence de cette
méthode, que lui reproche-t-il ? D'être « enfantin ;
de remplacer, dans la production, l'ordre mauvais
par le désordre ; dans la consommation, la répartition défectueuse par le gaspillage[1] ». Mais ces
reproches ne s'adressent-ils pas tout aussi justement au collectivisme, dont la prétendue simplicité n'en est pas moins fort encombrée par « la
paperasserie » administrative bourgeoise? Ce qui
revient à dire que les systèmes socialistes ont pas
mal de poutres dans leurs yeux candides et que
l'expérience est encore la meilleure base de la
méthode sociale.

Ces considérations essentielles m'amènent naturellement à signaler l'un des problèmes les plus
ardus que la société future aura à résoudre : je
veux parler de l'administration de la justice.
Quelles que soient les lois qui régiront cette
société, ces lois seront des lois qu'il faudra respecter et protéger dans leur application. Qui assurera ce respect et cette protection? Le « simplisme »
affirme que la majesté seule de ces lois pourvoira
largement à tout. Michel de Bourges avait aussi,
à la veille du 2 décembre 1851, parlé de « la sentinelle invisible » qui défendait la constitution
républicaine. Les dix-huit années de despotisme

---

1. TARBOURIECH, *loc. cit.*, p. 80.

césarien ont démontré qu'il était puéril de se fier
à ces métaphores éloquentes. De même serait-il
imprudent de s'en remettre à « cette majesté »
des lois, tout aussi invisible que la fameuse
sentinelle au jour du danger. S'il est en effet un
axiome philosophique indiscutable, c'est bien celui
qui affirme — étant donnée la nature indélébile
de l'homme étudiée par moi dans la philosophie
de l'individu — que l'intérêt particulier primera
toujours l'intérêt général. Il faudra donc des codes
pour réfréner les appétences, les expansions dangereuses, les empiétements certains de cet intérêt particulier que l'on s'imagine vainement faire disparaître en supprimant l'individu lui-même. Il est bon
d'enseigner l'altruisme et la solidarité humaine.
Il sera utile de faire suivre cet enseignement de
quelques articles de lois destinés à le rendre efficace.
Ces codes seront concis et nets? Soit. Mais ils ne
régleront jamais que ce que les jurisconsultes de
tous les temps ont appelé le *quod plerumque fit.*
Il faudra donc des tribunaux pour interpréter les
« espèces » non prévues par les codes, n'en déplaise
à ceux qui, pour faciliter les solutions, suppriment
les tribunaux. Que seront ces tribunaux de l'avenir?
Au point de vue répressif, l'institution du jury
amplifiée et élargie, suffira. Il n'en va pas de
même avec les difficultés d'ordre civil ou industriel.

Je n'ignore pas qu'il est, dans ce dernier ordre
d'idées, une réponse commode pour beaucoup de
réformateurs. La société future ne devant plus,
d'après eux, laisser subsister, grâce à la socialisa-

tion des forces productives et à la disparition du domaine privé, que des intérêts généraux, les procès entre particuliers seront supprimés avec les particuliers eux-mêmes. D'où un singulier allègement pour les tribunaux, qui n'auront plus à régler que de rares litiges d'ordre plutôt administratif que judiciaire. La réponse serait péremptoire, si elle ne comportait pas la suppression de la propriété individuelle, inique en droit, irréalisable en fait. Je ne saurais même, à l'exemple de certains et par une sorte de lâcheté intellectuelle, concéder que les raisons qui militent en faveur de cette suppression soient adéquates aux raisons qui militent contre elle. Tant que la propriété individuelle subsistera, l'objection ne portera donc plus et, dès lors, il y aura encore des *litiges particuliers*. Mais, en supposant même que ces litiges demeurent purement administratifs, il n'en faudra pas moins toute une organisation judiciaire chargée de la solution de ces litiges, car « il est chimérique de supposer sans litiges une société d'une grande activité économique, composée de citoyens se gouvernant eux-mêmes et conscients de leurs droits[1] ». Les magistrats faisant partie de cette organisation auront bien les qualités idéales du magistrat : ils seront savants, intègres ; ils cesseront d'être *les parasites du capitalisme pour devenir les serviteurs de la communauté ;* leur justice sera simple, gratuite, rapide... Je n'y fais aucune difficulté. Je me borne à remar-

---

1. TARBOURIECH, *loc. cit.*, p. 77.

quer que ce qui se passe de nos jours n'est point
déjà peut-être si mauvais, puisque Tarbouriech,
en se résumant sur ce point, avoue que : « pour
la justice *comme pour tout le reste*, le collectivisme
apparaît comme devant utiliser des *institutions
existantes*, sauf à les mettre au point et les porter
à un degré de perfectionnement que le régime
économique actuel ne permet pas d'atteindre ».

Tout cela est entendu, puisque, socialisme, collectivisme, communisme ne sont que des méthodes
de perfectionnement : méthodes qui, de l'aveu
même de Tarbouriech, doivent être bien plutôt
évolutionnaires et réformistes que révolutionnaires. Mais qui nommera ces magistrats? Où se
recruteront-ils ?

On a parlé de « jurys civils » analogues à l'institution des jurys criminels. Le système est beaucoup plus attirant que pratique. D'abord, parce
qu'il sera toujours très difficile de trouver un
nombre suffisant de citoyens ayant les loisirs nécessaires pour faire partie de ces jurys. Ensuite,
parce que, de toute nécessité, il faudra donner la
direction des débats à des magistrats de carrière,
ce qui laisse absolument intactes les difficultés
exposées ci-dessus.

J'estime, quant à moi, qu'avec des garanties
de capacité professionnelle plus étendues et plus
sévères ; d'indépendance absolue des magistrats
vis-à-vis des pouvoirs publics ; avec la diminution
du nombre des tribunaux et des cours, l'augmentation très sensible des traitements, la suppression
de l'avancement, notre organisation judiciaire sera

à peu près parfaite. Trop de méthodistes socialistes
se figurent en effet qu'il suffit — pour la rendre
meilleure — de bouleverser une institution. Le
procédé est puéril et l'illusion enfantine. Je plaide,
depuis de longues années, devant les tribunaux
de mon pays, et je n'emporterai dans ma retraite,
à de bien rares exceptions près, que le souvenir
heureux des braves gens, des nobles esprits,
des honnêtetés indiscutables que j'ai rencontrés
et appréciés durant ma longue course professionnelle. Et encore ces exceptions laissent de
côté les magistrats de carrière, pour ne viser que
les parvenus de la politique et les fruits secs des
barreaux. Ce témoignage désintéressé d'une vieille
expérience me semble avoir sa valeur. Je ne conteste assurément pas les réformes indispensables :
j'en ai même signalé les principales. Mais que l'on
se garde par-dessus tout de songer à une investi-
ture par le peuple souverain. Il vaudrait mieux
supprimer la magistrature que d'en confier le re-
crutement au suffrage universel ; la soumettre à
toutes les fluctuations politiques, l'exposer à toutes
les revanches des passions surexcitées. Toute
magistrature élue par le suffrage universel direct,
sera une magistrature servile. Les juges élus ren-
dront non pas des arrêts, mais des services à
ceux qui les auront nommés. Les électeurs in-
fluents deviendraient les maîtres des tribunaux,
en agitant devant eux le spectre de la réélection.
Que si, pour éviter ce terrible inconvénient, vous
déclarez que le magistrat élu le sera pour sa vie
entière, vous pouvez ainsi proclamer l'inamovibilité

de la sottise, de la vénalité ; la perpétuité de l'erreur momentanée du suffrage universel. Car, quel que soit le degré d'admiration et de respect que l'on professe pour cette institution, désormais inébranlable, du suffrage universel, il est bien permis de dire de lui que, comme le bon Homère, il s'endort quelquefois. Quoi d'étonnant à ce sommeil, puisque le suffrage universel, tel qu'il résulte de la souveraineté populaire, confère *ipso facto* une égalité de puissance à une inégalité de forces et de moyens. Ce que j'en dis d'ailleurs ne vise pas le peuple proprement dit, qui sait ce qu'il veut et qui n'a à redouter que ses passions généreuses, irraisonnées ; ses élans passionnés irréfléchis. Je m'adresse surtout aux classes bourgeoises, à ceux qui s'instituent eux-mêmes des « conservateurs éclairés » et dont les stupidités électorales ne se mesurent ni ne se comptent plus.

Il est un autre problème — non moins ardu, mais d'ordre assurément plus délicat — que la société future aura à résoudre dans le sens du plus complet, du plus large, du plus noble épanouissement : c'est celui de la famille, c'est-à-dire des relations de l'homme et de la femme, organisées, pour le foyer commun, la naissance et l'éducation des enfants. Je suis un de ces pauvres fous qui pensent que la société idéale sera celle où chacun pourra dire avec raison :

« C'est ici ma maison, mon champ et mes amours. »

Les aliénés et les malades, les dégénérés, les impuissants, et ceux que j'appellerais volontiers

« les unisexuels », protesteront seuls contre la
vérité et la simplicité de cette haute maxime de
philosophie sociale. Que par les nécessités implacables de la vie moderne, toujours plus enfiévrée
et plus besogneuse, la famille actuelle ne donne
pas à ses membres la somme de joies, de repos à
laquelle ils ont droit, je n'en disconviens pas.
Elle n'en reste pas moins la base unique, puissante et morale, de toute organisation sociale
durable. Attaquer l'organisation de la famille au nom
du collectivisme, est absolument déraisonnable,
puisque c'est vouloir battre en brèche une société
collectiviste restreinte mais idéale, par la théorie
même du collectivisme. Assurément par les pertes
cruelles qu'entraîne le destin ; par ses douleurs
intimes, par les vides successifs creusés au foyer,
la famille est une cause de faiblesse devant les
fatalités de l'existence humaine. Mais elle est
aussi la génitrice infaillible de toutes les joies, la
source féconde de toutes les énergies. Telle qu'elle
est, surtout telle qu'elle sera, lorsque les affres de
la misère, du chômage, de la vieillesse, auront
été bannies du cercle familial, cette société de
l'homme et de la femme, s'unissant « pour supporter en commun les peines et les joies de la
vie », n'en demeure pas moins le modèle de toutes
les associations humaines. Le mariage civil,
avec le correctif nécessaire du divorce[1], représente
le fondement inébranlable et indestructible de
cette association initiale. Vouloir remplacer le

---

1. CURET, *le Divorce*. Introduction.

mariage civil par l'union libre, n'est qu'un rêve
triste et voluptueux. C'est à la femme elle-même
que je confie la défense de ces lignes. Que les
enfants issus de l'union libre de deux êtres aient
les mêmes droits que les enfants nés en légitime
mariage, cela ne se discute plus. Mais que la
femme, sous le vain prétexte de liberté civile,
d'égalité de droits, se garde de tomber dans le
piège décevant de l'institution sociale de l'union
libre! L'union libre aboutirait au harem national
dans lequel le mâle collectiviste ne viendrait chercher qu'un exutoire à ses lassitudes sociales. La
tolérance doit s'arrêter au seuil des maisons. Légaliser la prostitution n'est pas la détruire. Que
deviendraient, dans cette organisation lamentable,
les pauvres vieilles qui sont les aïeules adorées et
respectées du foyer? Que la femme se méfie de
ces présents des Artaxercès du collectivisme.
L'égalité des sexes aura toujours pour conséquence,
au point de vue moral, la servitude de la femme.
Car la femme, qui est le dévoûment, le sacrifice,
la passion, l'abnégation mêmes, deviendra iné-
luctablement l'esclave du mâle égoïste et jouisseur.
Comment pourrait-elle, sans déchoir, songer à
devenir l'égale de l'homme, elle qui lui est de
tous points supérieure, et qui représente la ma-
ternité dans sa mystérieuse puissance? Tarbouriech, avec une louable candeur[1], proclame bien
que, « quels que soient les arrangements qui pourront intervenir, ils reposeront toujours sur

---

1. *Loc. cit.*, p. 61.

la même base, sur cette règle de morale familiale et sociale : tous pour chacun, chacun pour tous. L'égoïsme n'abusera pas de la bonté ». Hélas! ce sont là des mots par lesquels l'Eve immortelle fera sagement de ne pas se laisser engluer. Ainsi le doux philosophe aperçoit très bien, dans la famille, « la coopération et la division du travail; ici, ce sera l'homme qui fera la cuisine, là une femme; dans telle maisonnée, les associés se spécialiseront chacun dans une tâche ou bien encore ils organiseront des roulements et des remplacements et chacun sera semainier à son tour ». Il faut avoir une robuste confiance dans la naïveté féminine pour imaginer de pareilles sornettes. J'entends d'ici la femme demander à Tarbouriech s'il a pensé aussi au « roulement » de la grossesse? Que si, par extraordinaire, la femme acceptait la combinaison, qui ne comprend que sa semaine serait éternelle? Le mâle aimé passerait vite sa semaine à ne rien faire, à l'aide de quelques caresses et de pas mal de raisons de toute sorte. Le dévoûment et le sacrifice deviendraient l'apanage de la malheureuse dupée. Est-ce qu'à l'examen consciencieux et philosophique de la raison, ces théories alliciantes ne se transforment pas en purs enfantillages? Les rêves d'organisation sociale, les utopies d'aujourd'hui qui seront les vérités légiférées de demain, doivent porter plus haut et plus loin. Laissez à chacun sa liberté intégrale, limitée et précisée par la liberté d'autrui; garantissez l'initiative individuelle, en ne lui demandant, par la loi du travail obligatoire, que sa part de devoir, de dette sociale ; supprimez la misère injuste, en assurant à chacun la pleine satisfaction de « la loi des besoins », et vous aurez, dans le sens du bonheur social, bouleversé l'humanité tout en ne demandant à l'homme que ce qu'il peut et doit donner ; en le prenant tel qu'il est, tel qu'il a été, tel qu'il sera toujours. Si vous voulez le considérer comme indéfiniment perfectible, n'oubliez pas que cette *perfectibilité est absolument individualiste* et que les imperfections de la nature humaine, par suite des tares originelles indélébiles, peuvent seules être *universalisées*. Laissez à l'intelligence humaine son expansion illimitée ! Que les résultantes pratiques des conceptions géniales fassent retour à la masse, à la bonne heure ! N'est-ce pas d'ailleurs ce qui s'est toujours passé ? Mais sous le prétexte d'un nivellement chimérique, n'allez pas emprisonner et murer le génie dans une géhenne noire, de peur de froisser la commune bêtise, ou tenter de *socialiser* le génie, parce que tous les hommes sont égaux. Vous me répondrez que nul n'y songe et que ce que l'on veut, c'est assurer le libre essor de ce génie, là où il se trouve, dans la mansarde du pauvre, comme dans le logis du riche. Est-il besoin de mettre l'humanité en coupe réglée, d'anéantir ce qui existe, de le remplacer par l'inconnu instable et troublant, pour obtenir un résultat auquel notre « misérable société bourgeoise » assiste tous les jours ? Je ne vois pas les enfants de la « société capitaliste » proprement dite, fils de nobles ou de bourgeois, accaparer les

avenues du génie au détriment des enfants du
peuple. Le contraire n'a-t-il pas été absolument
vrai, dans tous les temps, à toutes les époques,
même aux périodes les plus sombres de l'humanité? La liste serait bien courte des hommes de
génie éclos dans les palais ou dans les demeures
somptueuses; si courte que l'on pourrait presque
établir en principe que la pauvreté et la misère
sont les éléments essentiels de la vitalité de
l'intelligence. Ce qui, d'ailleurs, est on ne peut
plus naturel et logique, puisque le génie suppose
une série d'efforts incompatibles avec la mollesse
et l'oisiveté de la richesse. Le génie n'est presque
jamais le fils de la richesse, qu'il crée au contraire.

Et puis laissez faire, laissez venir et laissez
passer. La terrible et égoïste maxime de l'économie politique, contient en germe les lignes primordiales d'une évolution sociale que rien n'arrêtera, parce qu'elle est fatale, nécessaire, et que
réellement, à ce point de vue, ce qui est écrit est
écrit. On a dit, il y a longtemps, que le meilleur
système était de n'en pas avoir. Cela est vrai,
surtout en matière de philosophie sociale où les
formules toutes prêtes, les plans les mieux conçus,
sont la plupart du temps dérangés, bouleversés
et contredits par la matérialité implacable et brutale des faits. Le but à atteindre pour le socia-
lisme-méthode est nettement déterminé: les chemins divers qui conduisent à ce but ne le sont
pas. Seule l'expérience peut permettre de choisir,
entre ces routes, celles qui mènent à ce but et
celles qui s'en écartent, tout en ayant l'air de s'en

rapprocher. Parce qu'une chose est mauvaise, il ne faut pas s'imaginer que tout est bon pour la remplacer : car on risquerait fort de tomber dans le pire. A chaque jour suffit sa peine, est une devise de l'éternelle sagesse. Seulement il faut — pour parvenir — que ces jours ne soient jamais interrompus. Sous prétexte de lumière, n'allez pas amener l'obscurité aveugle et profonde. L'humanité ne doit pas revenir en arrière, retourner aux limbes, d'où elle est sortie à travers tant de larmes, de luttes sanglantes, de douleurs. Si vous regardez le passé, c'est pour marcher vers l'avenir, non pour revenir aux cycles maudits des écrasements de l'homme. La tyrannie, qu'elle soit monarchique, féodale, cléricale ou populaire, est toujours la tyrannie odieuse contre laquelle il faut lutter sans trêve, sans même le souci ni le choix des moyens. Si vous voulez affranchir l'humanité, n'allez pas — réformateurs ridicules — l'enfermer dans un cercle d'airain dont elle sortira malgré vous, en brisant le moule d'une égalité mensongère et chimérique. « Chacun pour tous », soit ! Mais en retour, « tous pour chacun ». Si comme individu, je me dois à la société, en revanche la société se doit à moi, dont la personnalité volontaire, agissante, ne saurait disparaître ni même diminuer. De ce que je fais partie intégrante de cette société, je n'en suis pas devenu pour cela l'esclave : sinon qu'on me ramène aux carrières. Il ne faut pas se lasser de le dire, parce qu'on ne se lasse pas de l'oublier : toute doctrine qui prépare ou facilite l'anéantissement de l'indi-

vidu par la collectivité, est d'atavisme essentiellement monarchique et sacerdotal. Le progrès, bien
au contraire, c'est l'accroissement incessant de
l'individu dans la collectivité laborieuse et féconde.
Ce n'est pas son écrasement, son absorption dans
un tout impossible et niveleur. Si vous ne donnez
pas à la collectivité future, dans cet avenir vers
lequel nous marchons à pas résolus, sans le craindre
ni le limiter, la soupape de sûreté qu'est l'individualisme dans toutes ses conséquences et avec la
plénitude de ses droits, votre collectivité sautera
en l'air par une inévitable explosion. Cette collectivité sera-t-elle mondiale ou fédérative? J'avoue
que je l'ignore et qu'au surplus, je ne m'en préoccupe pas. L'essentiel est de commencer par le commencement, c'est-à-dire par la libération sociale
de notre patrie que j'aime comme ma mère, d'un
amour exclusif et ardent. Le reste viendra après ;
très probablement dans une union d'intérêts et
une variété de méthodes qui, en laissant intacts
les peuples et les races, n'unifieront que les théorèmes indispensable à une commune et solidaire
organisation sociale. Mais races et peuples conserveront, en dépit de tout, leur individualité
ethnique, de même que les régions et les pays gar-
deront leur configuration géographique. Ce n'est
là d'ailleurs qu'un rêve caché dans les profondeurs
obscures d'un avenir inconnu qu'il serait fou de
vouloir préciser et puéril d'étudier.

Beaucoup souriront, en lisant ces vérités indiscutables, et je l'ajoute vite, presque banales. Le
dédain est aussi facile que la critique est aisée.

D'autres encore — avant de me relire — me traiteront de « socialiste bourgeois ». Je me console d'avance, en leur répondant que j'ai écrit un livre que je crois bon, rien qu'en réfutant les chimères de la Social-Méthode. Cela ne m'a point empêché pourtant de rendre une respectueuse justice, aux solutions qui s'imposeront à la société future et formeront l'Evangile des temps nouveaux. Mais il y a loin, je le proclame sans crainte, de ces solutions nécessaires aux chimères, même généreuses, qui ne sont au fond que la résurrection, à peine déguisée, des dogmes surannés d'oppression brutale pesant, depuis tant de siècles, sur les destinées et l'essor des humanités.

FIN

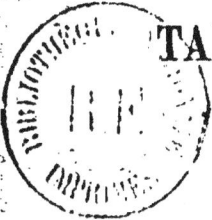

TABLE DES MATIÈRES

TOURS, IMPRIMERIE DESLIS FRÈRES, 6, RUE GAMBETTA.

www.ingramcontent.com/pod-product-compliance
Lightning Source LLC
Chambersburg PA
CBHW072010270326
41928CB00009B/1601